高等院校早期教育（0—3岁）专业系列教材
中国学前教育研究会教师发展专业委员会组织编写

婴幼儿营养与喂养

主编　康松玲　贺永琴

上海科技教育出版社

图书在版编目（CIP）数据

婴幼儿营养与喂养/康松玲，贺永琴主编.—上海：上海科技教育出版社，2017.9（2022.11重印）

高等院校早期教育（0—3岁）专业系列教材

ISBN 978-7-5428-6569-4

Ⅰ.①婴… Ⅱ.①康… ②贺… Ⅲ.①婴幼儿—保健—食谱—高等学校—教材 Ⅳ.① TS972.162

中国版本图书馆CIP数据核字（2017）第158594号

责任编辑　师宇楠　陈雅璐
封面设计　符　劼

婴幼儿营养与喂养
康松玲　贺永琴　主编

出版发行	上海科技教育出版社有限公司
	（上海市闵行区号景路159弄A座8楼　邮政编码201101）
网　　址	www.sste.com　　www.ewen.co
经　　销	各地新华书店
印　　刷	常熟华顺印刷有限公司
开　　本	787×1092　1/16
印　　张	15.75
版　　次	2017年9月第1版
印　　次	2022年11月第5次印刷
书　　号	ISBN 978-7-5428-6569-4/G·3757
定　　价	48.00元

高等院校早期教育（0—3岁）专业系列教材编写委员会

主　任　张明红　郑健成

委　员　（以姓氏拼音为序）

贺永琴　康松玲　凌　玲
刘　馨　马　梅　皮军功
钱　文　师宇楠　孙　杰
王　婷　叶平枝

总　序

　　0—3岁是人生的开端，是个体发展的起点，是教育启蒙和最基础的阶段。心理学、脑科学等研究表明，0—3岁是大脑、语言、精细动作等发育最快、可塑性最强的关键期，遵循0—3岁婴幼儿身心发展的特点与规律，为婴幼儿提供适宜的发展与教育条件，才能起到事半功倍的效果。重视0—3岁儿童的早期发展与教育已逐渐成为全世界学前教育发展的重要趋势。21世纪初，我国政府开始加大对早期教育的关注程度和投入力度。《中国儿童发展纲要（2001—2010年）》对2001年到2010年的0—3岁婴幼儿教育发展提出了目标和策略措施。2003年，教育部等部委颁布的《关于幼儿教育改革与发展的指导意见》明确提出，要"全面提高0—6岁儿童家长及看护人员的科学育儿能力"。《国家中长期教育改革和发展规划纲要（2010—2020年）》在学前教育发展任务中也强调要"重视0—3岁婴幼儿教育"。

　　我国第六次人口普查数据显示，0—3岁婴幼儿约7 000万。同时，国家生育政策的调整和实施，势必带来未来几年新生人口的增长，也必然会对社会、经济和教育等各个层面产生影响；人们对0—3岁婴幼儿早期教育的重视程度越来越高，无疑也给0—3岁婴幼儿早期教育的发展提出了新的要求。科学、健康的早期教育需要高素质、专业的早教教师队伍。截至2017年，教育部已批准54所高专、高职院校开办早期教育专业。如何加快推进0—3岁早期教育专业建设，规范0—3岁早期教育专业课程与教材建设，尽快培养和培训一批专业化程度较高的0—3岁早教教师队伍，从而引领科学和高质量的婴幼儿早期教育，是一个亟待研究解决的现实问题。

　　针对这一现实需求，中国学前教育研究会教师发展专业委员会组建了早教教师委员会，于2015年、2016年分别召开了早期教育专业建设研讨会、早期教育课程与教材建设工作推进会，积极组织全国有关领域的专家学者，已经开设和准备开设早期教育专业的高专、高职院校相关负责人深入研究制订早期教育专业人才培养方案，并组织华东师范大学、北京师范大学、广州大学、天津师范大学、哈尔滨幼儿师范高等专科学校、福建幼儿师范高等专科学校、贵阳幼儿师范高等专科学校、国家卫健委（原国家卫计委）等有关院校和政府部门的专业人员组成了早期教育专业课程与教材建设专家委员会，组建了由部分幼高专、卫生、保健等专业人员组成的早期教育专业课程建设与教材编写委员会领导小组，围绕0—3岁早期教育专业的核心课程建设，精心组织研究编写了这套0—3岁早教系列教材，由上海科技教育出版社出版。相信这套教材的编写与出版，不仅可以为已经开设、准备开设和拟加强早期教育专业建设的有关培养院校与机构提供0—3岁早期教育专业课程建设的试用、使用和实验参考，也能成为在幼儿园、早教机构、社区早教基地等相关机构从事早期教育、早期保育护理工作、早期家庭教育指导、早教管理与科研的教育者和工作者的参考用书。同时，也期望使用本教材的院校、培养培训单位和教育工作者能够根据实践，不断予以补充、修改和完善，共同推进0—3岁早期教育专业的课程与教材建设。

中国学前教育研究会教师发展专业委员会
洪秀敏
2017年7月于北京师范大学

前 言

　　0—3岁婴幼儿教养问题是当前社会的热门话题。随着0—6岁学前儿童教育的一体化，0—3岁婴幼儿的教养模式，由以传统散居家庭养育为主转化为由全社会参与的养教、医教相整合的教育模式。自2010年天津师范大学学前教育学院首开早期教育专业后，全国几十所高职院校陆续开设早期教育专业，进行早教师资培养。所以，早期教育专业教材的建设就成了师资培养中亟须解决的问题。在这样的背景下，我们应上海科技教育出版社的邀请，在中国学前教育研究会教师发展专业委员会早期教育专家委员会指导下，编写了《婴幼儿营养与喂养》一书。

　　本书主要介绍0—3岁婴幼儿的营养与喂养，共包括7章内容。第一章介绍营养学的基础知识，重点阐述了合理摄取食物中的营养素和能量对健康的作用及对婴幼儿生长发育的重要性；第二章介绍各类食物的营养价值，重点分析了各类食物的营养成分及对婴幼儿的影响、食物营养价值评价的常用指标及其影响因素；第三章介绍婴幼儿的营养需要和合理喂养，重点分析了婴幼儿消化系统发育的特点、各月龄营养需要、合理喂养的方法及常见喂养问题的解决策略，明确了母乳喂养的重要性、食物转换内容与顺序、断乳及合理配膳对婴幼儿健康的意义；第四章介绍婴幼儿良好饮食行为习惯的养成教育，明确了良好饮食行为习惯培养的时间、内容、原则、方法及常见饮食不良行为问题的解决策略；第五章介绍婴幼儿的膳食调查和营养不良状况评价，分析了膳食调查、营养状况评价的常用方法及对婴幼儿健康成长的意义；第六章介绍婴幼儿常见的营养不良症，重点分析其原因、临床表现及防治措施；第七章介绍婴幼儿的食品安全与管理，重点描述了食物中的安全隐患、食物中毒、食品添加剂安全管理，分析了托幼机构食品安全问题和管理措施。

　　本书编写的思路是希望学习者在了解基本营养知识的基础上，了解婴幼儿的营养需要，根据其需要对不同月龄的婴幼儿给予合适的食物并进行科学、合理的喂养，避免婴幼儿常见喂养问题的产生和不良饮食行为习惯的形成，预防食物安全问题对婴幼儿健康的危害。本书内容理论与实践结合，基础理论深入浅出，易于理解；实践活动形式多样，丰富多彩。各章节根据内容的需要配备了图片、数据统计图表、案例等，便于学习者理解和掌握。同时，章前设置了"学习目标"，简明扼要地指出了学习者应知应会的内容；章中穿插典型案例资料和统计数据，加强对重点内容的辨析，以便学习者巩固、理解和应用；章后小结是对本章重点知识和技能的概括，能帮助学习者理清思路，把握重点。另外，考虑文中知识技能的层次、深度和重要性，各章节后都设计了延伸学习，包括"拓展阅读""学习活动""思考与练习"3个部分："拓展阅读"是章节某知识点的拓展，可以开阔眼界，深入了解；"学习活动"是理论联系实际的建议，可以根据实际情况进行尝试；"复习与思考"是传统的作业方式，是对章节重点知识的掌握和巩固。

本书适合早期教育专业、学前教育专业早教方向的专业课程教师和学生学习，也适合社区妇幼保健人员、托幼机构儿童营养保健人员、育婴师资培训使用，还可供家长科学育儿参考。

给教师的教学建议。教材是课程的主要表现形式，本书是按照《高职高专三年制早期教育专业人才培养方案》中早期教育专业核心课程"婴幼儿营养与喂养"的内容、学时、理论与实践比例要求编写的。若是高中起点的早期教育专业学生，可以按照每周2课时，理论和实训（和实践）比例约4∶6教学，一个学期完成（表1）；若是学前教育早教方向学生，第一、二、五章可以选学，重点学习第三、四、六、七章，每周1—2课时；对于其他人员的培训，可以根据培训者的水平及培训安排，灵活使用。

表1　早教期教育专业用书课时安排建议

章	教学内容	周课时	理/实比例
第一章	营养学基础	4	2/2
第二章	各类食物的营养价值	5	3/2
第三章	婴幼儿的营养需要与合理喂养	10	3/7
第四章	婴幼儿饮食习惯培养	5	2/3
第五章	婴幼儿的膳食调查与营养状况评价	4	1/3
第六章	婴幼儿营养相关疾病	4	2/2
第七章	婴幼儿食品安全与管理	4	2/2
小计		36	15/21

给学生的学习建议。首先，要了解章节学习目标，明确应知应会的内容；接下来，应通读教材，选择性地拓展阅读；再来，结合章节案例、数据资料等认真思考、辨析；最后，积极完成学习活动，结合日常生活、课堂实训、见习、实习、实践的机会，理论联系实际，学以致用。通过学习积累必要的知识技能，能够给予家长正确的指导和帮助。

给其他学习者的建议。对于家长，根据所需，可有针对性地选读。但要明确，每个孩子都有其自身的发展特点，不要盲目套用书中标准。其他人员的学习，可以各尽所需，灵活使用。

首先，感谢本书编写的各位作者。本书由天津师范大学学前教育学院康松玲老师主编、统稿、修改，上海市普陀区市场监督管理局的李欣老师，上海健康医学院的王力强老师，上海市营养学会的侯建星老师，福建省妇幼保健院的欧萍老师、李国波老师，天津市和平保育院的刘红老师，天津师范大学学前教育学院的乌焕焕老师和贵阳幼儿师范高等专科学校的秦铭老师等参与编写。其中李欣老师负责第一章第一、三节，第二章第二、三节，第五章第二节和第七章第一、三、四节内容的编写；王力强老师负责第一章第二节和第五章第一节内容的编写；侯建星老师负责第二章第一节和第七章第二节内容的编写；欧萍老师和李国波老师负责第三章内容的编写；刘红老师负责第四章第三节内容的编写；乌焕焕老师负责第四章第一、二节内容的编写；秦铭老师负责第六章内容的编写。编写团队中的作者专业资历深厚，经验丰富，互相配合。编写团队中有长期工作在儿童营养卫生保健、食品安全监督管理一线的专家、学者、医生和托幼园所的早教教师，他们专业知识过硬、育儿和实践经验丰富；有来自全国高职高专院校的教授、讲师，他们长期进行专业课程教学和早教研究，积累了大量教学经验并有独到见解，保证了本书内容的专业性、实践性和创新性。

其次，感谢中国学前教育研究会教师发展专业委员会、早期教育专家委员会和早期教育专业课程与教材领导小组的各位领导和专家。本书名称、编写大纲、编写板块设计等的确定，均由编委会专家审定。专家们认真负责，对本书的编写内容提出了很好的意见和建议，保证了本书内容的科学性、适用性和统一性。

最后，特别感谢上海科技教育出版社的领导和本书的编辑人员。一是为从事早期教育的工作者提供了交流学习的平台和机会，二是为我们完成编写任务提供大力的支持和帮助，三是由于他们的认真负责和辛勤工作使我们能如期完成书稿并顺利出版此书！

由于本书编写时间紧、任务重，不足之处，敬请业内专家、学者、同行及读者批评指正！

康松玲

2017 年 5 月于天津师范大学

目 录

1	第一章	营养学基础
1	第一节	概述
3	第二节	营养素
16	第三节	能量
25	第二章	各类食物的营养价值
25	第一节	各类食物的营养价值
41	第二节	食品营养价值的评价及常用指标
43	第三节	食品营养价值的影响因素
52	第三章	婴幼儿的营养需要与合理喂养
52	第一节	婴幼儿消化系统发育特点
59	第二节	0—1 岁婴儿的营养需要与合理喂养
90	第三节	1—3 岁幼儿的营养需要与合理喂养
106	第四章	婴幼儿饮食习惯培养
106	第一节	婴幼儿饮食习惯概述
111	第二节	0—1 岁婴儿饮食习惯的培养
120	第三节	1—3 岁幼儿饮食习惯的培养
136	第五章	婴幼儿的膳食调查与营养状况评价
136	第一节	婴幼儿的膳食调查
140	第二节	婴幼儿的营养状况评价
157	第六章	婴幼儿营养相关疾病
157	第一节	常见营养不良症

163	第二节	常见营养缺乏症
171	第三节	常见食物过敏及不耐受

178	第七章	婴幼儿食品安全与管理
178	第一节	食品中的安全隐患
181	第二节	各类食品卫生、食品添加剂管理
191	第三节	食物中毒
194	第四节	托幼机构食品安全管理

199	参考文献

200	附录
200	儿童喂养与营养指导技术规范
208	常用食物成分表（部分，摘录）

239	后记

第一章 营养学基础

学习目标

1. 知识目标

（1）了解营养与健康的关系、膳食营养素参考摄入量、各营养素缺乏或过量对健康的危害。

（2）熟悉0—3岁婴幼儿能量消耗及能量需要量。

（3）掌握营养学相关基本概念，机体所需营养素的种类、生理功能和良好食物来源。

2. 能力目标

（1）能正确理解食物中所含营养素与婴幼儿生长发育的关系。

（2）会查找不同年龄和生理特点人群营养素摄入量标准。

第一节 概 述

食物是婴幼儿维持正常生长发育和身体健康的物质基础，它对于婴幼儿生长发育的影响是一个长期渐进的过程，而0—3岁婴幼儿正处于生长发育极为旺盛的时期，合理营养尤为重要。对于有些成年期疾病的预防，也需要从婴幼儿时期开始调整饮食营养。因此，学习和掌握婴幼儿营养卫生知识具有十分重要的意义。

一、营养学基本概念

（一）营养学

营养学是研究膳食、营养素及其他食物成分对健康影响的科学。营养学的研究内容在其发展的过程中，不仅包括食物进入机体内的变化，如参与生化反应、结合到组织细胞中，还包括指导人们如何选择食物以保障机体的正常生长、发育与细胞的繁殖。营养事关国民素质提高和经济发展，所以营养学除了有其科学意义外，还有其社会经济等方面的意义。

（二）营养与营养素

1. 营养

营养是机体摄取、消化、吸收和利用食物中的营养物质以满足生理需要的生物学过程。狭义的营养也指食物中营养素含量的多少和质量的好坏。

2. 营养素

食物中可为人体提供能量、构成机体成分和修复组织，以及调节生理功能的化学物质称为营养素。一般分为蛋白质、脂肪、碳水化合物、矿物质、维生素、水和纤维素7种，根据每天需要量的多少可以分为宏量营养素（包括蛋白质、脂肪、碳水化合物、水和纤维素）和微量营养素（包括矿物质和维生素）。食物中除了营养素外还含有一些对人体健康具有重要作用的物质，如植物化学物、肉碱和牛磺酸等。

3. 膳食营养素摄入量的表示方法

尽管营养素对维护机体健康有着非常重要的作用，但是摄入量过多也会对机体造成危害，因此，营养素须适量摄入。膳食营养素参考摄入量（dietary reference intakes, DRIs）是不同年龄、性别、体力活动水平和生理状态的人群每日平均膳食营养素摄入量的参考标准，包括：①平均需要量（EAR）：指某一特定性别、年龄及生理状态的群体中个体对某营养素需要量的平均值。按照EAR水平摄入营养素，根据某些指标判断可以满足某一特定性别、年龄及生理状态的群体中50%个体需要量的水平，但不能满足另外50%个体对该营养素的需要。②推荐摄入量（RNI）：指可以满足某一特定性别、年龄及生理状态的群体中绝大多数个体（97%—98%）需要量的某种营养素摄入水平。长期摄入RNI水平可以满足机体对该营养素的需要，维持组织中有适当的储备以保障机体健康。③适宜摄入量（AI）：指通过观察或实验获得的健康群体对某种营养素的摄入量，是当某种营养素的个体需要量研究资料不足而不能计算出EAR，从而无法推算RNI时的营养素摄入量目标。④可耐受最高摄入量（UL）：指营养素或食物成分的每日摄入量的安全上限，是一个健康群体中几乎所有个体都不会产生毒副作用的最高摄入水平。

二、营养与健康的关系

（一）食物中的营养成分是构成人体的基本原料

人类生命自胚胎形成第一天，从只有直径为0.15 mm的受精卵，到出生时的身长50 cm左右、体重约3.5 kg，再到长大成人，在这个过程中，食物是构成人体成分的基本物质来源，它在整个生命体的构建中发挥着不可替代的作用。人体是由多种成分构成的复杂有机体，人体含有60余种元素，其中碳、氢、氧、氮约占人体总重量的96%；人体含有蛋白质、脂类、水等成分，一个体重为70 kg的正常成年人（年龄<50岁），体内的蛋白质、脂肪和水分含量大约分别为12 kg、12 kg和42 kg。此外，从生理结构来看，人体还是一个以细胞为基本构成单位，由组织、器官、系统等组成的生命体。在不同生理时期，人体成分都会呈现一定的变化，通过测量某些指标可以反映和评价人体的营养状况。

（二）食物中的能量和营养成分是身体健康的基础

人们通过科学饮食获得机体所需要的各种营养素和能量，不但能保证优生优育，维持儿童生长发育和各项生理功能，增强体质，预防多种疾病的发生发展，还能加快机体从疾病中恢复，延缓机体衰老，提高机体的整体健康水平。

不合理的饮食，营养过度或不足，都会给健康带来不同程度的危害。长期能量和营养素摄入不足，可导致营养不良、贫血、维生素缺乏等，影响儿童智力和生长发育，导致机体抗病能力及劳动、工作、学习能力等下降。而营养素摄入过多会造成营养过剩，可能导致肥胖症、糖尿病、胆石症、高脂血症、高血压等多种疾病，甚至诱发肿瘤，如乳腺癌、结肠癌等，不仅严重影响健康，甚至会缩短寿命。

三、合理营养与合理膳食

（一）人体营养素缺乏的常见原因

营养素是健康之本，但由于种种原因常造成人体营养素缺乏，其中，以维生素和矿物质缺乏较为多见。造成营养素缺乏的常见原因有：①由于经济贫困、各种灾荒导致食物摄入严重不足。②因营养知识缺乏，膳食搭配和结构不合理、不科学导致营养类摄入不足或不平衡。③因年龄或疾病因素导致机体对营养素吸收利用降低。④因生长发育、妊娠哺乳、工作生活环境特殊或疾病恢复需要导致营养素需要量相对增加。

（二）合理膳食的基本要求

要保障人体健康，须做到合理营养。合理营养是指人体每天从食物中摄入的能量和各种营养素的量及其相互间的比例能满足在不同生理阶段、不同劳动环境及不同劳动强度下的需要，并使机体处于良好的健康状态。人们可以通过合理膳食达到合理营养，合理膳食又称平衡膳食，是指能满足合理营养要求的膳食，是合理营养的物质基础。合理膳食的要求为：①能确保所用食材的安全。②能提供种类齐全、数量充足、比例合适的营养素。③具有良好的膳食习惯。④采用科学的加工烹饪方法。中国居民膳食指南和膳食宝塔可以更好地帮助人们做到合理膳食。

第二节　营　养　素

一、蛋白质

（一）概述

蛋白质（protein）是生命的物质基础，没有蛋白质就没有人类生命。蛋白质是一种生物大分子，其基本构成单位是氨基酸。构成人体蛋白质的氨基酸有 20 种，各种氨基酸按一定的顺序由肽键连接，并形成一定的空间结构，就构成了无数种功能各异的蛋白质。有 8 种氨基酸人体不能合成或合成速度不能满足机体需要，而必须从食物中直接获得，被称为必需氨基酸，包括异亮氨酸、亮氨酸、赖氨酸、蛋氨酸、苯丙氨酸、苏氨酸、色氨酸和缬氨酸。此外，组氨酸是婴儿的必需氨基酸。半胱氨酸和酪氨酸可以在体内由蛋氨酸和苯丙氨酸两种必需氨基酸转化而来，若食物能直接提供半胱氨酸和酪氨酸，则可减少人体对上述两种必需氨基酸的需要量。因此，半胱氨酸和酪氨酸被称为条件必需氨基酸或半必需氨基酸。其他氨基酸人体可以自身合成，不一定需要从食物中直接供给，被称为非必需氨基酸。

小肠是蛋白质消化吸收的最主要场所，胰腺分泌的蛋白酶使蛋白质在小肠被分解为氨基酸，再通过小肠黏膜细胞进入肝门静脉而被运送到肝脏和其他组织或器官被机体利用。

（二）生理功能

1. 构建人体组织

蛋白质参与构成人体所有的组织和器官，是机体组织更新和修复的主要原料。人体从细胞膜到细胞内的各种结构均含有蛋白质，肌肉、心脏、肝脏、肾脏等组织器官含有大量蛋白质。正常成年人体内蛋白质含量占体重的 16%—19%。人体内的蛋白质始终处于不断分解和合成的动态平衡。成年人体内每天更新约 3% 的蛋白质。婴幼儿、儿童和青少年还需要额外的蛋白质以满足生长发育的需要。

2. 调节人体生理功能

蛋白质是构成酶、抗体和激素等重要生理活性物质的基本原料，这些物质参与调节机体的各种生理活动。酶在机体物质代谢过程中起到催化作用；抗体可以抵御外来微生物等对机体的危害；激素调节着各种生理过程并维持着机体内环境的稳定。总之，人体的各项生理活动都与蛋白质有关。

3. 供给人体能量

1 g 蛋白质在体内氧化分解可产生 16.7 kJ（4.0 kcal）的能量，但蛋白质不是人体热能的主要来源，产热也不是其主要生理功能。

（三）食物蛋白质的营养评价

一般来讲食物的蛋白质含量越高、越容易被人体消化吸收和利用，则食物蛋白质的营养价值就越高。蛋白质的机体利用率与食物蛋白质中各种必需氨基酸的构成比例即氨基酸模式（amino acid pattern）相关，与人体蛋白质氨基酸模式越接近，必需氨基酸被机体利用的程度就越高，食物蛋白质的营养价值也相对越高。所含必需氨基酸种类齐全、数量充足、比例适当的蛋白质可促进儿童的生长发育，维持人体的健康，这类蛋白质被称为完全蛋白或优质蛋白，如蛋、奶、肉、鱼等动物性食物中的蛋白质以及大豆蛋白等。食物蛋白质虽然含有的必需氨基酸种类齐全，但氨基酸模式与人体蛋白质氨基酸模式差异较大，其中一种或几种必需氨基酸相对含量较低，导致其他必需氨基酸在体内不能被充分利用而浪费，造成其蛋白质营养价值降低，虽可维持生命，但不能促进生长发育，这类蛋白质被称为半完全蛋白，如大多数植物蛋白都是半完全蛋白。这些含量相对较低的必需氨基酸被称为限制氨基酸（limiting amino acid），其中含量最低的为第一限制氨基酸。食物蛋白质中的必需氨基酸种类不全，既不能维持生命也不能促进儿童生长发育，被称为不完全蛋白，如玉米胶蛋白、动物结缔组织中的胶质蛋白等。

为了提高食物蛋白质的营养价值，往往将两种或两种以上的食物同时混合食用，以相互补充不足的必需氨基酸，称为蛋白质互补作用（complementary action），如肉类和大豆蛋白可弥补米、面蛋白质中赖氨酸的不足。为更好地发挥蛋白质互补作用，应遵循以下3个原则：①搭配食物的生物学种属越远越好。②搭配食物的种类越多越好。③食用时间越近越好，同时食用最好。

（四）参考摄入量及良好食物来源

成年男、女蛋白质推荐摄入量分别为65 g/d 和 55 g/d，婴幼儿和儿童的生长发育旺盛，蛋白质的需求量相对高于成年人，推荐摄入量见表1-1，且为了更好地满足生长发育的需要，优质蛋白应占每日蛋白总摄入量的50%以上。

因饥饿、疾病或营养不良引起的蛋白质摄入量不足称为蛋白质—热能营养不良（protein-energy malnutrition，PEM），会造成儿童生长发育迟缓、易疲劳、贫血、机体抵抗力下降、机体损伤不易愈合或恢复缓慢、营养不良性水肿，严重缺乏时甚至会导致死亡。成人蛋白质摄入不足，同样可引起体力下降、水肿、抗病力减弱等症状。

表1-1　婴幼儿和儿童蛋白质推荐摄入量（RNI）（g/d）

年龄	男	女
0.5—	20	20
1—	25	25
2—	25	25
3—	30	30
4—	30	30
5—	30	30
6—	35	35
7—	40	40
8—	40	40
9—	45	45
10—	50	50

蛋白质摄入过多，尤其是动物性蛋白，对人体健康同样不利。过量摄入的蛋白质在体内代谢会增加肝肾负担；转变为脂肪储存在体内增加患肥胖的风险。过多的动物性蛋白质

摄入的同时，会摄入较多的饱和脂肪酸和胆固醇，增加患心血管疾病的风险。

蛋白质按食物来源可分为植物性蛋白质和动物性蛋白质，总体上动物性蛋白质含量更高，质量更好。禽畜肉的蛋白质含量约10%—20%，鱼的肌肉含蛋白质约15%—25%，蛋类蛋白质含量11%—14%，是优质蛋白的主要来源。奶类（鲜牛奶）蛋白质含量平均为3%，且易消化吸收，是婴幼儿除母乳外的蛋白质最佳来源。谷类蛋白质含量不高，约10%，但由于是主食摄入量大，因此，谷类是蛋白质的主要来源之一。大豆蛋白质含量丰富可达36%—40%，且为优质蛋白，是一种应引起消费者重视的良好蛋白质来源。为改善膳食蛋白质质量，发挥蛋白质互补作用，膳食中优质蛋白应占到蛋白质总量的30%—50%。

二、脂类

（一）概述

脂类（lipids）包括脂肪（主要有甘油三酯）和类脂（主要有磷脂和固醇类）。食物中的脂类95%是甘油三酯，5%是类脂；人体内的脂类99%是甘油三酯。脂类具有脂溶性，不仅易溶解于有机溶剂，而且可溶解其他脂溶性物质，如脂溶性维生素等。

甘油三酯也称脂肪或中性脂肪，甘油三酯是3分子脂肪酸与1分子的甘油所形成的酯。脂肪酸按其碳链长度可分为长链脂肪酸（含14—24个碳）、中链脂肪酸（含8—12个碳）和短链脂肪酸（含6个以下碳）；根据饱和程度可分为饱和脂肪酸（没有不饱和双键）和不饱和脂肪酸（有1个以上不饱和双键），根据不饱和双键的数量又可分为单不饱和脂肪酸（只有1个不饱和双键）和多不饱和脂肪酸（2个以上不饱和双键）；按脂肪酸的空间结构可分为顺式脂肪酸和反式脂肪酸。脂肪因其所含的脂肪酸碳链的长短、饱和程度和空间结构不同，而呈现不同的特性和功能。有一类脂肪酸人体不可缺少而自身又不能合成，必须通过食物供给，称为必需脂肪酸，包括亚油酸和α-亚麻酸两种。磷脂是甘油三酯中1个或2个脂肪酸被磷酸或含磷酸的其他基团所取代的一类脂类物质，在体内含量较多，尤以脑、神经组织和肝脏中含量最高。脂类物质的主要消化场所为小肠，胆汁首先将脂类乳化，以利于胰脂肪酶和肠脂肪酶等脂肪酶将甘油三酯和磷脂水解吸收。总体上植物油脂比动物油脂更易消化吸收。

（二）生理功能

1. 脂肪

（1）提供和贮存能量

1 g脂肪在体内氧化分解可产生约39.7 kJ（9.46 kcal）的能量，是能量密度最大、产热最高的营养素。当人体摄入能量不能及时被利用或过多时，就转变为脂肪贮存起来，脂肪是人体储存能量的最主要形式。

（2）机体重要的构成成分

脂肪是一切人体组织的重要组成物质，是人体细胞维持正常结构和功能必不可少的重要构成成分。

（3）维持体温、保护脏器

皮下脂肪组织还可以起到隔热保温的作用，维持体温正常和恒定，有助于御寒。在人体脏器周围的脂肪对器官有支撑和衬垫作用，可保护内部器官免受外力伤害。

（4）促进脂溶性维生素的吸收

有些食物中的脂肪含有脂溶性维生素（如鱼肝油富含维生素A、维生素D）并可作为脂溶性维生素的溶媒，能促进脂溶性维生素的吸收。长期脂肪摄入不足或消化吸收障碍可造成脂溶性维生素缺乏。

（5）使机体更有效利用碳水化合物和节约蛋白质

脂肪在体内的代谢产物可以促使碳水化合物更有效地释放能量。充足的脂肪还可以避免消耗体内蛋白质或食物蛋白质用于产热，而使其有效地发挥其他重要的生理功能。

2. 类脂

类脂的主要生理功能是构成机体组织的重要成分和重要的生理活性物质。磷脂是细胞膜的重要构成成分，促进婴幼儿和儿童大脑、神经的发育；帮助脂类或脂溶性物质顺利通过细胞膜，促进细胞内外的物质交换；防止胆固醇在血管内沉积，降低血液的黏度，促进血液循环，预防心血管疾病；改善脂肪的吸收和利用等。胆固醇是细胞膜的重要成分，也是胆汁、性激素、肾上腺素和维生素D_3等人体内许多重要活性物质的合成材料。存在于植物性食品中的植物固醇具有降低人和动物血清胆固醇的作用。磷脂的缺乏会造成细胞膜结构受损引起皮疹，还会造成脂肪代谢障碍引起脂肪肝、动脉粥样硬化等。

3. 必需脂肪酸

必需脂肪酸参与磷脂的合成，并以磷脂的形式构成细胞膜和线粒体的主要结构成分；参与合成具有多种多样生理功能的前列腺素前体物质，参与动物精子的形成；能促进机体胆固醇代谢并有维护视力等作用。必需脂肪酸的缺乏可发生在婴儿、以脱脂奶或低脂膳食喂养的幼儿、长期全胃肠外营养的患者和有慢性肠道疾病的患者中，可以引起生殖障碍、生长迟缓、皮肤损伤，以及神经和视觉等方面的多种疾病。

（三）参考摄入量及良好食物来源

脂肪的摄入量标准以其提供的能量占总能量百分比表示，婴儿的摄入量标准为40%—48%，幼儿的摄入量标准为35%，儿童、青少年和成年人则为20%—30%。脂肪摄入过多，可导致肥胖、心血管疾病和某些癌症发病率升高。

膳食脂肪主要来源于植物油、动物性食物和油料作物的种子，动物脂肪较植物脂肪含饱和脂肪酸和单不饱和脂肪酸多，而多不饱和脂肪酸含量较少。必需脂肪酸的最好来源是植物油（棕榈油、椰子油、可可油除外），一般来说，只要保证摄入一定量的植物油，便不会造成必需脂肪酸的缺乏。加之动物油脂中饱和脂肪酸和胆固醇含量较高，因此，要求植物来源的脂肪不低于总脂肪量的50%。含磷脂较多的食物主要有鸡蛋、肝脏、大豆和花生等。固醇类广泛存在于动植物食品中，但只有动物性食品中含有胆固醇，富含胆固醇食物有肝脏、肾脏等动物内脏和蛋类（蛋黄）。由于机体既可从食物中获得胆固醇，也可利用内源性胆固醇，因此，一般不存在胆固醇缺乏。

三、碳水化合物

（一）概述

碳水化合物（carbohydrate）也称糖类，是由碳、氢、氧3种元素组成的一大类有机化合物，按照聚合程度将其分为糖、寡糖和多糖3类。

1. 糖

糖包括单糖、双糖和糖醇3种。单糖是结构最简单的碳水化合物，主要有葡萄糖、果糖和半乳糖。其中葡萄糖是构成食物中各种糖类的最基本单位，是机体代谢中最基本的糖。双糖是由两分子单糖缩合而成，常见的天然食品中的双糖有蔗糖、乳糖和麦芽糖等。糖醇多存在于水果、蔬菜之中，如山梨醇、甘露醇、木糖醇和麦芽糖醇等。

2. 寡糖

寡糖是指由3—9个单糖构成的一类小分子多糖，如低聚果糖、异麦芽低聚糖等，多数寡糖不能被人体吸收，但可被肠道有益细菌利用，对健康有一定益处。

3. 多糖

多糖是由10个以上单糖组成的一类大分子碳水化合物的总称，主要有糖原、淀粉和纤维3种。糖原也称动物淀粉，在肝脏和肌肉中合成并储存。淀粉存在于谷类、根茎类等植物中，是人类碳水化合物的主要食物来源，也是人体最主要的供能营养素。纤维是指存在于植物体中不能被人体消化吸收的多糖，也称为非淀粉多糖，包括纤维素、半纤维素和果胶等。

小肠是碳水化合物分解和吸收的主要场所，食物中碳水化合物最终以单糖的形式被机体吸收进入血液。

（二）生理功能

1. 提供能量

碳水化合物是人体最主要的能量来源，可快速给人体供能，1 g葡萄糖在体内可产生16.7 kJ（4 kcal）热能，且中枢神经系统只能利用葡萄糖供能，若婴儿时期缺少碳水化合物会影响脑细胞的生长发育。贮存在肌肉和肝脏内的糖原可迅速分解提供能量，肌糖原提供运动所需能量，肝糖原分解为葡萄糖进入血液循环维持机体正常的血糖水平，提供机体尤其是红细胞、脑和神经组织对能量的需要。母体内合成的乳糖是乳汁中主要的碳水化合物。

2. 构成机体组织细胞及遗传物质

碳水化合物是构成机体组织细胞的重要物质，主要以糖脂、糖蛋白和蛋白多糖形式存在于细胞中，如结缔组织中的黏蛋白、神经组织中的糖脂及细胞膜表面具有信息传递功能的糖蛋白等。核糖参与构成遗传中起着重要作用的遗传分子DNA和RNA。

3. 节约蛋白质和抗生酮作用

当摄入足够的碳水化合物时，可以防止体内和膳食中的蛋白质转变为葡萄糖，以免机体动用体内蛋白质产生能量，即节约蛋白质作用。若碳水化合物不足，脂肪酸不能被彻底氧化而产生过多酮体，影响机体的酸碱平衡，摄入充足的碳水化合物就可以起到抗生酮作用。

4. 其他

膳食纤维是指植物性食物中不能被人体小肠消化和吸收，但对人体有健康意义的碳水化合物，包括纤维素、半纤维素和果胶等。膳食纤维有促进粪便排出和预防结肠癌等功能。此外，虽然膳食纤维不利于食物的消化和营养素的吸收，但利于控制体重、降低血糖和血胆固醇。

（三）参考摄入量及良好食物来源

中国营养学会推荐 1 岁以上我国居民碳水化合物的膳食推荐摄入量占总能量的 50%—65% 为宜，1 岁以内婴儿碳水化合物需要量约 12 g/（kg·bw）（克/每千克体重）。因蔗糖等精制糖易于转化为脂肪储存在体内，因此，4 岁以上人群精制糖摄入量应占总能量 10% 以下。

膳食中碳水化合物的主要来源是富含淀粉的粮谷类（如小麦、大米等）、薯类（如土豆、红薯等）和杂豆类（如绿豆、红豆等）食物，粮谷类一般含碳水化合物 60%—80%，薯类含量为 15%—29%，杂豆类含量为 40%—60%。膳食纤维的良好食物来源是全谷类、豆类和新鲜蔬果等。糕点、糖果和饮料等食物含精制糖较多，且深受小朋友们的喜爱，为避免摄入过多能量导致肥胖，应限制食用。

四、维生素

（一）概述

维生素（vitamin）是维持机体生命活动所必需的一类微量低分子有机化合物。维生素的种类很多，虽然不能构成机体组织，也不能为机体提供能量，但它们在机体物质代谢和能量代谢过程中起着重要作用。虽然需要量很小，但由于大多数的维生素人体不能合成，也不能在机体中大量储存，因此，必须由日常饮食来提供。根据维生素的溶解性可将其分为脂溶性维生素和水溶性维生素两大类。

1. 脂溶性维生素

脂溶性维生素是指不溶于水而溶于脂肪及有机溶剂的维生素，包括维生素 A、维生素 D、维生素 E、维生素 K。在食物中常与脂类物质共存，肠道中的脂类利于其吸收；易储存于体内（主要在肝脏），而不易排出体外（除维生素 K 外）；摄取过多，易在体内蓄积而导致毒性作用。因此，服用含有此类维生素补充剂时，应考虑膳食等各种来源，以免超量引起毒副作用。

2. 水溶性维生素

水溶性维生素是指可溶于水的维生素，包括 B 族维生素（维生素 B_1、维生素 B_2、烟酸、

维生素 B_6、叶酸、维生素 B_{12}、泛酸、生物素等）和维生素 C，在体内仅有少量储存，在机体内饱和后，摄入的维生素从尿中排出。水溶性维生素一般无毒性，但过量摄入时也可能出现毒性。

（二）维生素 A

维生素 A 类是指含有视黄醇结构，并具有其生物活性的一大类物质，它包括存在于动物性食物中已形成的维生素 A（视黄醇、视黄醛和视黄酸等）和植物性食物中能在机体中转变为维生素 A 的维生素 A 原（α-胡萝卜素、β-胡萝卜素和 γ-胡萝卜素等）。

1. 生理功能

生成感受弱光的视紫红质，维持正常的暗视觉功能；参与上皮细胞生长和分化，维护上皮组织细胞健康；促进细胞增殖与生长，维持骨骼正常生长，促进机体生长发育，维护正常生殖功能；调节细胞和体液免疫，增强机体抵抗力；抗氧化作用；抑制肿瘤生长等。

2. 缺乏与过量

维生素 A 缺乏的发生率在贫穷落后的发展中国家很高，缺乏维生素 A 会导致暗适应能力下降，对儿童尤为明显，严重时导致夜盲症；眼结膜干燥角化形成干眼病，严重时导致失明；皮肤干燥、增生、角化；缺乏维生素 A 的孕妇所生的新生儿体重减轻；缺乏维生素 A 的儿童生长停滞，发育迟缓，骨骼发育不良，抵抗力低下，易发呼吸道感染和腹泻。

过量摄入维生素 A 可引起急性、慢性及致畸毒性，多由摄入维生素 A 浓缩制剂引起，摄入普通食物一般不会引起维生素 A 过多。急性毒性产生于一次或多次连续摄入大量的维生素 A（成人大于 RNI100 倍，儿童大于 RNI120 倍），症状为恶心、呕吐、头痛、眩晕、视觉模糊和婴儿囟门突起等，严重时可出现嗜睡、厌食和反复呕吐。慢性中毒更为常见，发生于维生素 A 使用剂量为其 RNI 的 10 倍以上时，常见症状是头痛、食欲降低、脱发、肝大、肌肉疼痛和皮肤干燥瘙痒等。大量摄入类胡萝卜素一般不会引起毒性作用，但可导致高胡萝卜素血症，出现皮肤黄染，停止食用后症状会逐渐消失。

3. 参考摄入量及良好食物来源

膳食或食物中全部维生素 A 供给量常用视黄醇活性当量（RAE）来表示，包括已形成的维生素 A 和维生素 A 原的总量（μg），换算关系是：

膳食或食物中总视黄醇活性当量（RAE，μg）= 膳食或补充剂来源的全反式视黄醇（μg）+ 补充剂纯品全反式 β-胡萝卜素（μg）×0.5+ β-胡萝卜素（μg）×0.083+ 其他维生素 A 原（μg）×0.042

根据我国成人维生素 A 推荐摄入量（RNI），男性为 800 μg RAE/d，女性为 700 μg RAE/d，儿童参考摄入量见本章拓展阅读表 1-5。

维生素 A 的良好食物来源是动物性食物，如肝脏、鱼肝油、全奶、禽蛋等。深绿色或红黄色蔬菜、水果等植物性食物富含类胡萝卜素，如胡萝卜、番茄、辣椒、西兰花、菠菜、芒果、杏及柿子等。

(三）维生素 D

维生素 D 类是指含环戊氢烯菲环结构并具有钙化醇生物活性的一大类物质,常见的有维生素 D_2（麦角钙化醇）及维生素 D_3（胆钙化醇）。维生素 D_3 是由储存于皮下的胆固醇的衍生物——7-脱氢胆固醇经紫外线照射下转变而成。

1. 生理功能

食物或皮肤来源的维生素 D 在体内经过酶的作用才具有生理活性,促进小肠对钙、磷的吸收和肾脏对钙、磷的重吸收,维持血钙稳定,促进骨骼和牙齿的正常生长与钙化。

2. 缺乏与过量

维生素 D 缺乏影响骨钙化,导致婴儿佝偻病（详见第六章）。对于成年人,尤其是孕妇、乳母和老人,缺乏维生素 D 可使骨骼脱钙而发生骨质软化症和骨质疏松症。此外,还可引起肌肉痉挛和小腿抽筋等。

过量摄入维生素 D 可出现厌食、恶心、呕吐、腹泻、多尿、头痛、烦渴和发热等症状。

3. 参考摄入量及良好食物来源

儿童、青少年和成年人维生素 D 的 RNI 为 $10~\mu g/d$。

维生素 D 的良好食物来源是动物肝脏、蛋黄和海水鱼等,蔬菜、谷类及其制品和水果含量很少。母乳和牛奶中维生素 D 含量低,因此,未添加辅食的婴幼儿应注意补充鱼肝油。此外,经常晒太阳是人体获取维生素 D 的重要途径。

（四）维生素 B_1

维生素 B_1 也称硫胺素、抗脚气病因子或抗神经炎因子,酸性环境下较稳定,在中性和碱性条件下遇热易破坏。

1. 生理功能

维生素 B_1 是构成脱羧辅酶的主要成分,参与体内能量和物质代谢；维持神经和心脏的正常功能；促进胃肠蠕动和消化腺分泌,维持正常消化功能。

2. 缺乏与过量

维生素 B_1 缺乏症又称脚气病,主要损害神经—血管系统,成年人脚气病分为以下 3 类：①干性脚气病,以多发性周围神经炎症状为主,表现为肢端麻痹、功能障碍、肌肉酸痛。②湿性脚气病,多以水肿和心脏症状为主,表现为肢体水肿、心悸、气短、心动过速,可出现右心室扩大,严重时出现心力衰竭。③混合型脚气病的特征是既有神经炎症状又有心力衰竭和水肿。

婴儿脚气病多发生于 2—5 个月的婴儿,多是因其乳母缺乏维生素 B_1 所致。发病急,初期有食欲不振、呕吐、心跳快、呼吸急促等症状,晚期有紫绀、水肿、心力衰竭和强直性痉挛等症状。婴儿先天性脚气病常因母亲孕期缺乏维生素 B_1 所致,主要症状有皮肤青紫、吮吸无力和嗜睡等。维生素 B_1 过量引起的毒副作用罕见。

3. 参考摄入量及良好食物来源

机体对维生素 B_1 的需要量与体内热能供给量成正比,维生素 B_1 的 RNI 成年男性为

1.4 mg/d，女性为 1.2 mg/d，儿童参考摄入量见本章拓展阅读表 1–5。

维生素 B_1 广泛存在于天然食物中，含量丰富的食物有粮谷类、豆类、坚果类、动物内脏、瘦肉和禽蛋等。

（五）维生素 B_2

维生素 B_2 又称核黄素，在酸性溶液中较稳定，易被碱和光分解破坏。

1. 生理功能

维生素 B_2 构成黄酶辅酶，参与体内生物氧化和能量代谢；参与细胞生长，促进正常的生长发育，维护皮肤和黏膜的完整性。

2. 缺乏与过量

维生素 B_2 缺乏的主要临床表现为眼、口腔和皮肤的炎症反应，如睑缘炎、口角炎、唇炎、舌炎和脂溢性皮炎。维生素 B_2 缺乏影响体内铁的吸收、贮存及动员，严重时可造成缺铁性贫血；影响儿童生长发育；妊娠期缺乏维生素 B_2 可导致胎儿骨骼畸形。维生素 B_2 一般不会引起过量中毒。

3. 参考摄入量及良好食物来源

核黄素的需要量与机体能量代谢及蛋白质的摄入量成正比，我国成年人膳食核黄素的 RNI 男性为 1.4 mg/d，女性为 1.2 mg/d，儿童参考摄入量见本章拓展阅读表 1–5。

核黄素广泛存在于动植物性食品中，动物内脏、蛋类和奶类含量尤为丰富，植物性食品以绿色蔬菜、豆类含量较高。

（六）维生素 C

维生素 C 又称抗坏血酸，水溶液呈强酸性（pH<3），遇空气、热、光、碱性物质，以及铜、铁等重金属离子存在时，易被氧化破坏。

1. 生理功能

维生素 C 参与体内羟化反应，可促进胶原蛋白合成，维护血管壁完整；促进胆固醇代谢，降低血清胆固醇；促进神经递质的合成；促进毒物和药物在体内的解毒。此外，维生素 C 具有还原性，在体内发挥抗氧化作用，减少机体氧化损伤；促进膳食中铁的吸收和提高机体对叶酸的生物利用；促进抗体形成，提高机体免疫力。

2. 缺乏与过量

维生素 C 缺乏时主要引起坏血病，早期症状有全身乏力、食欲减退，婴幼儿会出现生长迟缓、烦躁和消化不良。典型症状为全身点状出血、牙龈肿胀出血，严重者可有皮下组织、肌肉、关节和腱鞘等处出血，甚至形成血肿或瘀斑，并有贫血、骨质疏松和心脏衰竭等症状。维生素 C 毒性很低。

3. 参考摄入量及良好食物来源

成年人维生素 C 的 RNI 值为 100 mg/d，UL 值为 2000 mg/d，儿童参考摄入量见本章拓展阅读表 1–5。

维生素 C 主要来源为新鲜蔬菜和水果，叶菜类含量一般多于根茎类，酸味水果比无酸味水果含量多，如辣椒、油菜、卷心菜、菜花、芥蓝、柑橘、柠檬、柚子和草莓等蔬果中维生素 C 含量丰富。

五、矿物质

（一）概述

构成人体的元素除了碳、氢、氧、氮之外，其余元素均称为矿物质，亦称无机盐或灰分。体内含量大于体重 0.01% 的矿物质称为常量元素，有钙、磷、钠、钾、氯、镁和硫 7 种；体内含量小于体重 0.01% 的矿物质称为微量元素，目前认为铁、铜、锌、硒、铬、碘、钴和钼为维持正常人体生命活动不可缺少的必需微量元素。钙、硒、碘、锌和锰等缺乏可影响胎儿的生长发育，铁、锌、铜和钴缺乏可引起贫血，锌、硒、铜和锰等缺乏可影响精子发育和精子活力。

（二）钙

钙是人体含量最多的矿物质，其中约 99% 集中在骨骼和牙齿中，其余 1% 的钙分布于软组织、细胞外液和血液中，称为混溶钙池，混溶钙池中的钙与骨骼钙保持着动态平衡，以维持体内细胞正常生理功能。

1. 生理功能

钙是构成骨骼和牙齿的重要成分，维持神经和肌肉的活动，维护细胞膜的稳定性，促进体内酶的活性，参与激素的分泌，维持体液酸碱平衡，调节细胞的正常生理功能。

2. 缺乏与过量

我国人群中钙的缺乏比较普遍，对健康的危害同维生素 D 缺乏。

过量钙的摄入可能增加肾结石的危险性，此外，因钙与铁、镁、磷等矿物质存在机体吸收拮抗作用，故高钙膳食可明显抑制对它们的吸收，并降低锌的生物利用率。

3. 参考摄入量及良好食物来源

成人钙的 RNI 为 800 mg/d，根据不同生理条件适当增加青少年、孕妇、乳母和老人钙的供给量，详见本章拓展阅读表 1-6。

在选择补充某种营养素的食物时，应考虑食物中该营养素含量、吸收率和食物摄入量等因素。奶和奶制品中钙的含量较高，吸收率高，且价格较便宜、易于获取，从而能保证每日一定的摄入量，是钙的理想来源；大豆及其制品含钙量丰富，且经过加工去除了其中膳食纤维等影响钙吸收的因素，也是钙的良好食物来源；虾皮含钙量虽高，但是难以保证一定摄入量，因此不能作为钙的良好食物来源。此外，海带、绿叶蔬菜和坚果等含钙量也较丰富。

（三）铁

1. 生理功能

铁是构成血红蛋白、肌红蛋白、细胞色素，以及某些呼吸酶的组成成分，参与体内氧的运送和组织呼吸过程，维持正常的造血功能；维持正常的免疫功能；促进 β-胡萝卜素转化为维生素 A、嘌呤与胶原的合成、脂类在血液中转运，以及药物在肝脏分解代谢等。

2. 铁的缺乏

体内铁缺乏可导致缺铁性贫血，影响儿童生长和智力发育，多见于婴幼儿、孕妇及乳母，其典型表现为注意力不集中，免疫力下降，伴有乏力、头晕、气短、心悸、脸色苍白、皮肤干燥和毛发枯黄等症状。

3. 参考摄入量及良好食物来源

铁的 RNI 成年男性为 12 mg/d，女性为 20 mg/d，由于儿童生长发育，女性月经、妊娠等原因，机体对铁的需要量增加，如孕早期 15 mg/d，孕中期和哺乳期为 24 mg/d，孕后期为 29 mg/d，儿童参考摄入量见本章拓展阅读表 1-6。

动物性食物含有丰富且易吸收的铁，如猪肝、瘦肉、动物全血、禽类、鱼类等均是铁的良好来源；蔬菜和牛奶及奶制品中含铁量不高且生物利用率低。

（四）锌

1. 生理功能

锌是人体多种酶或酶的激活剂的构成成分，从而在组织呼吸、能量代谢及抗氧化过程中发挥重要作用；参与细胞生长、分裂、分化及蛋白质合成等过程，能促进生长发育；提高机体免疫力；维持正常味觉，促进食欲；保护皮肤和视力。

2. 缺乏与过量

儿童缺乏锌可引起食欲不振、味觉减退、异食癖、皮肤粗糙和上皮角化、免疫力降低、生长发育迟缓、性器官发育不良，长期缺乏锌可导致侏儒症；成人长期缺锌可导致性功能减退、精子数减少，孕妇缺锌易出现胎儿畸形。

成人摄入 2 g 以上锌可发生锌中毒，引起急性腹痛、腹泻、恶心、呕吐等症状。摄入过量的锌可干扰铜、铁和其他微量元素的吸收和利用，并造成免疫功能受损。

3. 参考摄入量及良好食物来源

锌的供给量标准，分别为 1—3 岁 4 mg/d，4—7 岁 5.5 mg/d，成年男性 12.5 mg/d，女性 7.5 mg/d。

贝壳类海产品（如牡蛎、海蛎肉、蛏干、扇贝）、畜肉及其内脏、蛋类、豆类、燕麦、花生等均为锌的良好食物来源。

（五）硒

1. 生理功能

硒是人体谷胱甘肽过氧化物酶的组成成分，保护细胞膜及组织免受过氧化物损伤；保护心血管和维护心肌健康；增强免疫功能；重金属解毒及抗肿瘤等作用。

2. 缺乏与过量

硒缺乏是发生克山病的重要原因，易感人群为 2—6 岁儿童和育龄妇女，表现为心肌凝固性坏死，伴有明显心脏扩大，心律失常和心功能不全，严重时发生心源性休克或心力衰竭，死亡率高。机体缺乏硒也是发生大骨节病的重要原因，还可降低机体细胞免疫、体液免疫功能和机体抗氧化能力。

摄入过量的硒可引起中毒，出现头发和指甲脱落，皮肤损伤及神经系统异常，肢端麻木、抽搐等症状，严重者可致死亡。

3. 参考摄入量及良好食物来源

成人硒的 RNI 为 60 μg/d，孕妇为 65 μg/d，乳母为 78 μg/d，儿童参考摄入量见本章拓展阅读表 1-6。

牡蛎和蛤蛎等海产品、动物内脏和杂豆类是硒的良好食物来源。植物性食物的硒含量与种植土壤中硒的含量水平有关。

（六）碘

1. 生理功能

碘在体内主要参与甲状腺素的合成，甲状腺素维护正常的物质和能量代谢；促进生长发育，尤其是神经系统和智力发育；促进维生素的吸收和利用等。

2. 缺乏与过量

碘缺乏可引起甲状腺肿大，孕妇严重缺碘可影响胎儿神经和肌肉的发育，甚至引起胚胎期和围产期死亡率上升，婴幼儿缺碘可引起生长发育迟缓、智力低下，严重时发生呆小症（克汀病）。

碘摄入量长期过高可导致高碘性甲状腺肿。

3. 参考摄入量及良好食物来源

中国营养学会推荐碘的 RNI，成年人为 120 μg/d，乳母为 240 μg/d，儿童参考摄入量见本章拓展阅读表 1-6。

海带、紫菜、蛤干和淡菜等海产品含碘较丰富，是碘的良好食物来源，其次为蛋、奶等动物性食物。食品碘强化措施是防治碘缺乏的重要途径，如在全国范围内食盐加碘的措施取得了良好的防治效果。

六、水

（一）生理功能

水是维持生命的重要物质基础，水是人体含量最多的成分，断水比断食对生命的威胁更为严重。

1. 构成机体的重要成分

婴幼儿体重的 70% 是水，随着年龄的增长，水分含量逐渐降低，约占成年人体重的 65%。水广泛分布在细胞内外，构成人体的内环境，维持机体的组织形态与功能。

2. 参与人体内新陈代谢

水是一种良好的溶剂，利于人体所需营养物质的消化、吸收、运输和利用，以及代谢产物的排泄。水可直接参加水解、脱水等多种体内生化反应，使体内的新陈代谢和生理反应得以顺利进行。

3. 调节体温

高温下体热可随水分经皮肤蒸发散热，且因水的流动性好，可使机体产生的热能随着血液循环在体内均匀分布，避免体温随外界环境温度的变化而发生明显的变化。

4. 润滑作用

水分存在于关节、胸腔、腹腔和胃肠道等部位，对关节、肌肉等组织器官起到缓冲、润滑和保护的作用。

（二）参考摄入量及良好食物来源

健康成年人每日通过各种途径排出水约 2500 mL（其中尿液 1500 mL、皮肤 500 mL、呼吸 350 mL 和粪便 150 mL），正常人体对水的需要量与排出量应保持动态平衡，受机体代谢、年龄、环境、体力活动和膳食等多种因素的影响，人体对水的需要量变化很大。健康成年人每天需水约 2500 mL，每日至少饮水 1500 mL。婴儿和儿童体内水分含量和代谢率较高，活动量大排汗多，且肾脏对水的浓缩功能差，故水的需要量相对成人较多。各年龄段儿童每公斤体重每日需水量大致是 0—1 岁为 120—160 mL，1—3 岁为 100—150 mL，4—7 岁为 90—100 mL。

水的来源包括食物、饮用水或饮料，以及蛋白质、脂肪、碳水化合物在体内代谢产生的水（约 300 mL）。除了从每日的膳食中获取一定量的水外，每日还要饮用一定量的水，白开水和茶水可作为成年人水的来源，儿童应以白开水、汤水、液态奶制品（应与乳饮料区别开）和不添加糖的果蔬汁为主，避免吃饭前后大量饮水，并养成定时定量饮用温开水的好习惯。

第三节 能 量

一、概述

人体为了维持生命、进行各类活动和保证正常生长发育，就需要能量。能量来自食物中的碳水化合物、脂肪和蛋白质 3 种产能营养素。

国际上通用的能量单位是焦耳（J）、千焦耳（kJ）和兆焦耳（MJ），营养学上使用最多的是卡路里［简称卡（cal）］和千卡（kcal），两者之间的换算关系如下：1 kJ=0.2388 kcal，1 kcal=4.186 kJ，1 MJ=238.8 kcal。

食物中的每克产能营养素在体内氧化产生的实际可被机体利用的能量值称为能量系数，碳水化合物、脂肪和蛋白质的能量系数分别为 4 kcal（16.81 kJ）/g、9 kcal（37.56 kJ）/g、4 kcal（16.74 kJ）/g。

二、人体的能量消耗

人体的能量消耗主要用于维持基础代谢、体力活动、食物热效应和生长发育等方面的需要,以保持健康的体质和良好的工作效率。在理想的平衡状态下,机体的能量需要等于其能量消耗。

（一）基础代谢能量消耗

又称基础能量消耗,是指机体在安静和恒温条件下（18℃—25℃）,禁食12小时后,静卧、放松而又清醒时的能量消耗。基础代谢的能量用于维持体温、肌肉张力、血液循环、呼吸、胃肠蠕动、神经和腺体活动等基本生理功能。它受多种因素的影响,特别是体型、性别、年龄、生理状态的影响。由于学前儿童生长发育迅速,体表面积与体重的比值大于成人,能量的散失相对较多,儿童年龄越小,基础代谢率就越高。儿童的基础代谢率约比成人高10%—12%,婴儿期的基础代谢所需能量约占总能量的60%,约需要230 kJ/（kg·bw）（千焦/每千克体重）,能量消耗随着年龄的增长而逐渐减少。

（二）食物特殊动力作用

机体由于摄取食物而引起体内能量消耗增加的现象称为食物特殊动力作用,也叫食物热效应。各种营养素的特殊动力作用是不一样的。其中以蛋白质的特殊动力作用为最大,相当于其本身所供热量的20%左右,脂肪约为4%—5%,碳水化合物约为5%—6%。摄入普通混合膳食时,食物特殊动力作用约占人体每日基础代谢的10%左右。婴儿期食物特殊动力作用约占每日基础代谢的7%—8%,而较大儿童为5%左右。

（三）体力活动

0—3岁婴幼儿用于体力活动的热能个体间差异很大。1岁以内婴儿活动较少,故用于肌肉活动等的能量需要量相对较低,平均为62.8—82.7 kJ（15—20 kcal）/（kg·d）。活动量越大,活动时间越长,动作越不熟练,消耗的热能就越多;反之则相对较低。因此,好哭好动的婴幼儿比同龄安静的婴幼儿用于体力活动的热量要高3—4倍。

（四）生长发育消耗能量

这是处于生长发育期的婴幼儿特有的能量消耗,其需要量与生长发育的速度成正比。每增加1 g新组织需要能量18.4—23.8 kJ（4.4—5.7 kcal）,此项所需约占总能量的25%左右。如能量供给不足,可导致生长发育迟缓甚至停顿。0—3岁婴幼儿正处在生长发育阶段,所需要的各种营养素和热能比成人相对要多。如果供应不足则会造成发育迟缓、机体抵抗力下降;反之,如果供应过量或各种营养素比例不均衡,则可能导致体重超重或肥胖症。

三、婴幼儿一日能量需要量的确定

婴幼儿膳食中3种产能营养素所供给的热能应占总热能比例一般建议为蛋白质占12%—15%，脂肪占35%，碳水化合物占50%—65%。年龄越小，蛋白质和脂肪供能比例应适当增加，但成年人脂肪摄入量不宜超过总能量的30%。由于婴幼儿基础代谢率高，生长发育迅速，活动量比较大，与成年人相比，需要消耗的热能相对较多，而且年龄越小，单位体重需要的热能越多。当然，由于个体差异，同年龄同性别个体热能的消耗有所不同。

能量摄入长期不足，可使生长迟缓或停滞；而能量摄入过多可导致肥胖。通常按婴儿的健康状况、是否出现饥饿的症状，以及婴幼儿的体重增加情况来判断能量供给量是否适宜。中国营养学会推荐婴幼儿每日能量摄入量为：初生至1岁为95 kcal/（kg·d）；1—2岁分别为1100 kcal/d（男），1050 kcal/d（女）；2—3岁分别为1200 kcal/d（男），1150 kcal/d（女）。

四、能量的食物来源

人体的能量来源是食物中的碳水化合物、脂肪和蛋白质，其中以碳水化合物为主。这3种产能营养素普遍存在于食物中，粮谷类、薯类和杂豆类食物富含碳水化合物，是膳食能量最经济的来源，动物性食物一般比植物性食物含有较多的蛋白质和脂肪，但大豆等油料作物和坚果例外，蔬菜和水果能量较少。

本 章 小 结

营养与健康息息相关，人体主要从食物中获取能量和营养素，合理营养是婴幼儿正常生长发育的基本保障。食物中的营养素主要包括蛋白质、脂肪、碳水化合物、矿物质、维生素、水和纤维素，其中蛋白质、脂肪和碳水化合物是产能营养素。来自食物的能量和营养素对维持机体的生理功能、构成人体的基本成分、促进机体生长发育和健康发展都起着重要作用。若能量和营养素摄入量过多或过少，都可能对健康造成危害，摄入量标准应参照中国居民膳食营养素参考摄入量，合理膳食是保证获取均衡营养的唯一途径。

延伸学习

 拓展阅读

表 1-2 中国居民膳食能量需要量

年龄(岁)/生理阶段	能量(MJ/d)						能量(kcal/d)					
	轻体力活动水平		中体力活动水平		重体力活动水平		轻体力活动水平		中体力活动水平		重体力活动水平	
	男	女	男	女	男	女	男	女	男	女	男	女
0-	-	-	0.38MJ/(kg·d)	0.38MJ/(kg·d)	-	-	-	-	90kcal/(kg·d)	90kcal/(kg·d)	-	-
0.5-	-	-	0.33MJ/(kg·d)	0.33MJ/(kg·d)	-	-	-	-	80kcal/(kg·d)	80kcal/(kg·d)	-	-
1-	-	-	3.77	3.35	-	-	-	-	900	800	-	-
2-	-	-	4.60	4.18	-	-	-	-	1100	1000	-	-
3-	-	-	5.23	5.02	-	-	-	-	1250	1200	-	-
4-	-	-	5.44	5.23	-	-	-	-	1300	1250	-	-
5-	-	-	5.86	5.44	-	-	-	-	1400	1300	-	-
6-	5.86	5.23	6.69	6.07	7.53	6.90	1400	1250	1600	1450	1800	1650
7-	6.28	5.65	7.11	6.49	7.95	7.32	1500	1350	1700	1550	1900	1750
8-	6.9	6.07	7.74	7.11	8.79	7.95	1650	1450	1850	1700	2100	1900
9-	7.32	6.49	8.37	7.53	9.41	8.37	1750	1550	2000	1800	2250	2000
10-	7.53	6.90	8.58	7.95	9.62	9.00	1800	1650	2050	1900	2300	2150
11-	8.58	7.53	9.83	8.58	10.88	9.62	2050	1800	2350	2050	2600	2300
14-	10.46	8.37	11.92	9.62	13.39	10.67	2500	2000	2850	2300	3200	2550
18-	9.41	7.53	10.88	8.79	12.55	10.04	2250	1800	2600	2100	3000	2400
50-	8.79	7.32	10.25	8.58	11.72	9.83	2100	1750	2450	2050	2800	2350
65-	8.58	7.11	9.83	8.16	-	-	2050	1700	2350	1950	-	-
80-	7.95	6.28	9.20	7.32	-	-	1900	1500	2200	1750	-	-
孕妇(早)	-	+0	-	+0	-	+0	-	+0	-	+0	-	+0
孕妇(中)	-	+1.25	-	+1.25	-	+1.25	-	+300	-	+300	-	+300
孕妇(晚)	-	+1.90	-	+1.90	-	+1.90	-	+450	-	+450	-	+450
乳母	-	+2.10	-	+2.10	-	+2.10	-	+500	-	+500	-	+500

注：1. 未制定参考值者用"-"表示；2. 1 kcal=4.186 kJ，1 MJ=238.8 kcal

表 1-3 中国居民膳食蛋白质、碳水化合物、脂肪和脂肪酸的参考摄入量

年龄（岁）/生理阶段	蛋白质				总碳水化合物 EAR（g/d）	亚油酸 AI（%E）	α-亚麻酸 AI（%E）	EPA+DHA AI（mg）
	EAR（g/d）		RNI（g/d）					
	男	女	男	女				
0~	−	−	9（AI）	9（AI）	−	7.3（150 mg[a]）	0.87	100[b]
0.5~	15	15	20	20	−	6.0	0.66	100[b]
1~	20	20	25	25	120	4.0	0.60	100[b]
4~	25	25	30	30	120	4.0	0.60	−
7~	30	30	40	40	120	4.0	0.60	−
11~	50	45	60	55	150	4.0	0.60	−
14~	60	50	75	60	150	4.0	0.60	−
18~	60	50	65	55	120	4.0	0.60	−
50~	60	50	65	55	120	4.0	0.60	−
65~	60	50	65	55	120	4.0	0.60	−
80~	60	50	65	55	120	4.0	0.60	−
孕妇（早）	−	+0	−	+0	130	4.0	0.60	250（200[b]）
孕妇（中）	−	+10	−	+15	130	4.0	0.60	250（200[b]）
孕妇（晚）	−	+25	−	+30	130	4.0	0.60	250（200[b]）
乳母	−	+20	−	+25	160	4.0	0.60	250（200[b]）

注：1. 未制定参考值者用"−"表示；2. [a] 为花生四烯酸，[b] 为 DHA；3. %E 为占能量的百分比

表 1-4 中国居民膳食宏量营养素的可接受范围（U-AMDR）

年龄（岁）/生理阶段	总碳水化合物（%E）	糖*（%E）	总脂肪（%E）	饱和脂肪酸（%E）	n-6 多不饱和脂肪酸（%E）	n-3 多不饱和脂肪酸（%E）	EPA+DHA（g/d）
0~	60（AI）	−	48（AI）	−	−	−	−
0.5~	85（AI）	−	40（AI）	−	−	−	−
1~	50~65	−	35（AI）	−	−	−	−
4~	50~65	≤10	20~30	<8	−	−	−
7~	50~65	≤10	20~30	<8	−	−	−
11~	50~65	≤10	20~30	<8	−	−	−
14~	50~65	≤10	20~30	<8	−	−	−

（续表）

年龄（岁）/生理阶段	总碳水化合物（%E）	糖*（%E）	总脂肪（%E）	饱和脂肪酸（%E）	n-6 多不饱和脂肪酸（%E）	n-3 多不饱和脂肪酸（%E）	EPA+DHA（g/d）
18 –	50–65	≤10	20–30	<10	2.5–9	0.5–2.0	0.25–2.0
50 –	50–65	≤10	20–30	<10	2.5–9	0.5–2.0	0.25–2.0
65 –	50–65	≤10	20–30	<10	2.5–9	0.5–2.0	–
80 –	50–65	≤10	20–30	<10	2.5–9	0.5–2.0	–
孕妇（早）	50–65	≤10	20–30	<10	2.5–9	0.5–2.0	–
孕妇（中）	50–65	≤10	20–30	<10	2.5–9	0.5–2.0	–
孕妇（晚）	50–65	≤10	20–30	<10	2.5–9	0.5–2.0	–
乳母	50–65	≤10	20–30	<10	2.5–9	0.5–2.0	–

注：1. 未制定参考值者用"–"表示；2. * 为外加的糖；3. %E 为占能量的百分比

表 1-5 中国居民膳食维生素的推荐摄入量或适宜摄入量

年龄（岁）/生理阶段	VA μgRAE/d	VD μg/d	VE（AI）mg α-TE/d	VK（AI）μg/d	VB_1 mg/d	VB_2 mg/d	VB_6 mg/d	VB_{12} mg/d	泛酸（AI）mg/d	叶酸 μgDFE/d	烟酸 NE/d 男	烟酸 NE/d 女	胆碱（AI）mg/d 男	胆碱（AI）mg/d 女	生物素（AI）μg/d	VC mg/d
0 –	300（AI）	10（AI）	3	2	0.1（AI）	0.4（AI）	0.2（AI）	0.3（AI）	1.7	65（AI）	2（AI）		120		5	40（AI）
0.5 –	350（AI）	10（AI）	4	10	0.3（AI）	0.5（AI）	0.4（AI）	0.6（AI）	1.9	100（AI）	3（AI）		150		9	40（AI）
1 –	310	10	6	30	0.6	0.6	0.6	1.0	2.1	160	6		200		17	40
4 –	360	10	7	40	0.8	0.7	0.7	1.2	2.5	190	8		250		20	50
7 –	500	10	9	50	1.0	1.0	1.0	1.6	3.5	250	11	10	300		25	65
11 –	670	630	10	13	70	1.3	1.1	1.3	2.1	4.5	350	14	12	400	35	90
14 –	820	620	10	14	75	1.6	1.3	1.5	1.2	1.4	2.4	5.0	400	16	13	500	400	40	100
18 –	800	700	10	14	80	1.4	1.2	1.4	1.4	2.4	5.0	400	15	12	400	40	100
50 –	800	700	10	14	80	1.4	1.2	1.4	1.6	2.4	5.0	400	14	12	500	40	100
65 –	800	700	15	14	80	1.4	1.2	1.4	1.6	2.4	5.0	400	14	11	400	40	100
80 –	800	700	15	14	80	1.4	1.2	1.4	1.6	2.4	5.0	400	13		500	40	100
孕妇（早）	–	+0	+0	+0	+0	–	+0	–	+0	+0.8	+0.5	+1.0	+200	–	+0	+20	+0
孕妇（中）	–	+70	+0	+0	+0	+0.2	–	+0.2	+0.8	+0.5	+1.0	+200	–	+0	+20	+15
孕妇（晚）	–	+70	+0	+0	+0	+0.3	–	+0.3	+0.8	+0.5	+1.0	+200	–	+0	+20	+15
乳母	–	+600	+0	+3	+5	+0.3	–	+0.3	+0.3	+0.8	+2.0	+150	–	+3	–	+120	+10	+50

注：1. 未制定参考值者用"–"表示；2. RAE 指视黄醇活性当量，α-TE 指生育酚当量，DFE 指膳食叶酸当量，NE 指烟酸当量

表 1-6 中国居民膳食矿物质的推荐摄入量或适宜摄入量

年龄(岁)/生理阶段	钙 mg/d	磷 mg/d	钾(AI) mg/d	镁 mg/d	钠(AI) mg/d	氯(AI) mg/d	铁 mg/d 男	铁 mg/d 女	锌 mg/d 男	锌 mg/d 女	碘 μg/d	硒 μg/d	铜 mg/d	钼 μg/d	氟(AI) mg/d	锰(AI) mg/d	铬(AI) μg/d
0-	200(AI)	100(AI)	350	20(AI)	170	260	0.3(AI)		2.0(AI)		85(AI)	15(AI)	0.3(AI)	2(AI)	0.01	0.01	0.2
0.5-	250(AI)	180(AI)	550	65(AI)	350	550	10		3.5		115(AI)	20(AI)	0.3(AI)	3(AI)	0.23	0.7	4.0
1-	600	300	900	140	700	1100	9		4.0		90	25	0.3	40	0.6	1.5	15
4-	800	350	1200	160	900	1400	10		5.5		90	30	0.4	50	0.7	2.0	20
7-	1000	470	1500	220	1200	1900	13		7.0		90	40	0.5	65	1.0	3.0	25
11-	1200	640	1900	300	1400	2200	15	18	10	9.0	110	55	0.7	90	1.3	4.0	30
14-	1000	710	2200	320	1600	2500	16	18	12	8.5	120	60	0.8	100	1.5	4.5	35
18-	800	720	2000	330	1500	2300	12	20	12.5	7.5	120	60	0.8	100	1.5	4.5	30
50-	1000	720	2000	330	1400	2200	12	12	12.5	7.5	120	60	0.8	100	1.5	4.5	30
65-	1000	700	2000	320	1400	2200	12	12	12.5	7.5	120	60	0.8	100	1.5	4.5	30
80-	1000	670	2000	310	1300	2000	12	12	12.5	7.5	120	60	0.8	100	1.5	4.5	30
孕妇(早)	+0	+0	+0	+40	+0	+0	—	+0	—	+2	+110	+5	+0.1	+10	+0	+0.4	+1.0
孕妇(中)	+200	+0	+0	+40	+0	+0	—	+4	—	+2	+110	+5	+0.1	+10	+0	+0.4	+4.0
孕妇(晚)	+200	+0	+0	+40	+0	+0	—	+9	—	+2	+110	+5	+0.1	+10	+0	+0.4	+6.0
乳母	+200	+0	+400	+0	+0	+0	—	+4	—	+4.5	+120	+18	+0.6	+3	+0	+0.3	+7.0

注：未制定参考值者用"—"表示

表 1-7 中国居民膳食微量营养素平均需要量

年龄(岁)/生理阶段	VA μgRAE/d 男	VA μgRAE/d 女	VD μg/d	VB₁ mg/d 男	VB₁ mg/d 女	VB₂ mg/d 男	VB₂ mg/d 女	VB₆ mg/d	VB₁₂ μg/d	叶酸 μgDFE/d	烟酸 mgNE/d 男	烟酸 mgNE/d 女	VC mg/d	钙 mg/d	磷 mg/d	镁 mg/d	铁 mg/d 男	铁 mg/d 女	锌 mg/d 男	锌 mg/d 女	碘 μg/d	硒 μg/d	铜 mg/d	钼 μg/d
0-	—	—	—	—	—	—	—	—	—	—	—	—	—	—	—	—	—	—	—	—	—	—	—	—
0.5-	—	—	—	—	—	—	—	—	—	—	—	—	—	—	—	—	7		3.0		—	—	—	—
1-	220		8	0.5		0.5		0.5	0.8	130	5	5	35	500	250	110	6		3.0		65	20	0.25	35
4-	260		8	0.6		0.6		0.6	1.0	150	7	6	40	650	290	130	7		4.5		65	25	0.3	40
7-	360		8	0.8		0.8		0.8	1.3	210	9	8	55	800	400	180	10		6.0		65	35	0.4	55
11-	480	450	8	1.1	1.0	1.1	0.9	1.1	1.8	290	11	10	75	1000	540	250	11	14	8.0	7.5	75	45	0.55	75
14-	590	440	8	1.3	1.1	1.3	1.0	1.2	2.0	320	14	11	85	800	590	270	12	14	9.5	7.0	85	50	0.6	85
18-	560	480	8	1.2	1.0	1.2	1.0	1.2	2.0	320	12	10	85	650	600	280	9	15	10.5	6.0	85	50	0.6	85
50-	560	480	8	1.2	1.0	1.2	1.0	1.3	2.0	320	12	10	85	800	600	280	9	9	10.5	6.0	85	50	0.6	85
65-	560	480	8	1.2	1.0	1.2	1.0	1.3	2.0	320	11	9	85	800	590	270	9	9	10.5	6.0	85	50	0.6	85

（续表）

年龄(岁)/生理阶段	VA µgRAE/d 男	VA µgRAE/d 女	VD µg/d	VB₁ mg/d 男	VB₁ mg/d 女	VB₂ mg/d 男	VB₂ mg/d 女	VB₆ mg/d	VB₁₂ mg/d	叶酸 µgDFE/d	烟酸 mgNE/d 男	烟酸 mgNE/d 女	VC mg/d	钙 mg/d	磷 mg/d	镁 mg/d	铁 mg/d 男	铁 mg/d 女	锌 mg/d 男	锌 mg/d 女	碘 µg/d	硒 µg/d	铜 mg/d	钼 µg/d
80-	560	480	8	1.2	1.0	1.2	1.0	1.3	2.0	320	11	8	85	800	560	260	9	9	10.5	6.0	85	50	0.6	85
孕妇（早）	-	+0	+0	-	+0	-	+0	+0.7	+0.4	+200	-	+0	+0	+0	+0	+30	-	+0	-	+1.7	+75	+4	+0.1	+7
孕妇（中）	-	+50	+0	-	+0.1	-	+0.1	+0.7	+0.4	+200	-	+0	+10	+160	+0	+30	-	+4	-	+1.7	+75	+4	+0.1	+7
孕妇（晚）	-	+50	+0	-	+0.2	-	+0.2	+0.7	+0.4	+200	-	+0	+10	+160	+0	+30	-	+7	-	+1.7	+75	+4	+0.1	+7
乳母	-	+400	+0	-	+0.2	-	+0.2	+0.2	+0.6	+130	-	+2	+40	+160	+0	+0	-	+3	-	+3.8	+85	+15	+0.5	+3

注：未制定参考值者用"-"表示

表1-8 中国居民膳食微量营养素的可耐受最高摄入量

年龄(岁)/生理阶段	VA µgRAE/d	VD µg/d	VE mg α-TE/d	VB₆ mg/d	叶酸 µg/d	烟酸 mgNE/d	烟酰胺 mg/d	胆碱 mg/d	VC mg/d	钙 mg/d	磷 mg/d	铁 mg/d	锌 mg/d	碘 µg/d	硒 µg/d	铜 mg/d	钼 µg/d	氟 mg/d	锰 mg/d
0-	600	20	-	-	-	-	-	-	-	1000	-	-	-	-	55	-	-	-	-
0.5-	600	20	-	-	-	-	-	-	-	1500	-	-	-	-	80	-	-	-	-
1-	700	20	150	20	300	10	100	1000	400	1500	-	20	8	-	100	2	200	0.8	-
4-	900	30	200	25	400	15	130	1000	600	2000	-	30	12	200	150	3	300	1.1	3.5
7-	1500	45	350	35	600	20	180	1500	1000	2000	-	35	19	300	200	4	450	1.7	5.0
11-	2100	50	500	45	800	25	240	2000	1400	2000	-	40	28	400	300	6	650	2.5	8
14-	2700	50	600	55	900	30	280	2500	1800	2000	-	40	35	500	350	7	800	3.1	10
18-	3000	50	700	60	1000	35	310	3000	2000	2000	3500	40	40	600	400	8	900	3.5	11
50-	3000	50	700	60	1000	35	310	3000	2000	2000	3500	40	40	600	400	8	900	3.5	11
65-	3000	50	700	60	1000	35	300	3000	2000	2000	3000	40	40	600	400	8	900	3.5	11
80-	3000	50	700	60	1000	30	280	3000	2000	2000	3000	40	40	600	400	8	900	3.5	11
孕妇（早）	3000	50	700	60	1000	35	310	3000	2000	2000	3500	40	40	600	400	8	900	3.5	11
孕妇（中）	3000	50	700	60	1000	35	310	3000	2000	2000	3500	40	40	600	400	8	900	3.5	11
孕妇（晚）	3000	50	700	60	1000	35	310	3000	2000	2000	3500	40	40	600	400	8	900	3.5	11
乳母	3000	50	700	60	1000	35	310	3000	2000	2000	3500	40	40	600	400	8	900	3.5	11

注：1. 未制定参考值者用"-"表示；2. 有些营养素未制定可耐受摄入量，主要是因为研究资料不充分，并不表示过量摄入没有健康风险

学习活动

1. 通过本章的学习，大家明确了能量和营养素对婴幼儿生长发育的重要性，请总结分析营养素的缺乏会对儿童的生长发育造成哪些影响。

2. 有人说，既然能量和营养素对孩子生长发育这么重要，那么为了防止营养素缺乏，让孩子多吃有营养的饭菜就可以了。这样的观点对吗？请以小组为单位展开讨论。

复习与思考

1. 简述产能营养素的生理功能、产能系数及良好食物来源。
2. 0—3岁婴幼儿能量消耗主要有哪几个方面？能量的主要来源是什么？
3. 试用表格的形式总结维生素和矿物质的缺乏或过量对健康的危害。
4. 请总结各种营养素对婴幼儿生长发育的促进作用。

第二章 各类食物的营养价值

学习目标

1. 知识目标
（1）熟悉各类食物的营养价值及影响因素。
（2）了解食物营养价值的评价及常用指标。
2. 能力目标
（1）学会评价某一具体食物的营养价值。
（2）学会在加工、烹调、储存等方面避免食物营养素的流失。

第一节 各类食物的营养价值

人类需要多种多样的食物，了解各种食物的营养价值，从中合理选择、合理利用，组成平衡的膳食。

一、谷薯类

谷类主要包括小麦、大米、玉米、高粱、荞麦、小米、燕麦等。薯类包括马铃薯、甘薯、木薯等。我国居民膳食中，50%—60%的能量和50%—55%的蛋白质是由谷类食品提供的，同时谷类食品也是矿物质和B族维生素的重要来源。

（一）谷类

1. 谷类的结构

各种谷类种子形态大小不一，但其结构基本相似，主要由谷皮、糊粉层、胚乳和胚芽4部分组成。

（1）谷皮

谷皮主要由纤维素、半纤维素等组成，含有一定量的蛋白质、脂肪和维生素。

（2）糊粉层

糊粉层位于谷皮与胚乳之间，纤维素含量较多，并含有较高的蛋白质、脂肪、维生素和矿物质，营养价值较高。如谷类加工过细，会损失掉大部分营养素。

（3）胚乳

胚乳是谷粒的主要组成部分，含大量淀粉和较多的蛋白质，还含有少量的脂肪、矿物质和维生素。

（4）胚芽

胚芽位于谷粒的一端，富含脂肪、蛋白质、矿物质、B族维生素和维生素E。胚芽在加工过程中容易损失，造成营养素的丢失。

2. 谷类的营养素种类与特点

（1）蛋白质

不同谷类食品中蛋白质的含量差别较大，多数谷类食品蛋白质含量在7.5%—15%之间，主要由谷蛋白、醇溶蛋白、白蛋白和球蛋白组成。不同谷类各种蛋白质所占的比例不同。

谷类蛋白质氨基酸组成中赖氨酸含量少，苏氨酸、色氨酸、苯丙氨酸、蛋氨酸偏低，因此，谷类食品蛋白质营养价值低于动物性食物。3种主要的谷类食品小麦、大米和玉米中，小麦的蛋白质含量最高，而大米的含量相对较低，但从氨基酸模式的角度来看，大米蛋白质的质量优于玉米和小麦，其生物利用率也高。谷类蛋白质的生物价：大米77，小麦67，大麦64，高粱56，小米57，玉米60。

（2）脂肪

谷类食品中脂肪含量普遍较低，大米、小麦约为1%—2%，玉米和小米约为4%，莜麦可达7.2%。谷类中的脂肪主要集中在糊粉层和胚芽，在谷类加工时，易转入糠麸中。

谷类脂肪主要为不饱和脂肪酸，质量较好，从米糠中可提取与机体健康有密切关系的米糠油、谷维素和谷固醇。从玉米和小麦胚芽中提取的胚芽油，营养价值较高，80%为不饱和脂肪酸，其中亚油酸占60%。亚油酸是一种必需脂肪酸，在人体内发挥着特殊的营养学作用，亚油酸的缺乏可以引起婴幼儿生长迟缓、生殖障碍、皮肤损伤（出现皮疹），以及肾脏、肝脏、神经组织和视觉器官疾病。亚油酸同时具有降低血清胆固醇，防止动脉粥样硬化的作用。

（3）碳水化合物

碳水化合物是谷类的主要成分，其主要形式为淀粉，集中在胚乳的淀粉细胞内，含量在70%—80%，其他成分为糊精、戊聚糖、葡萄糖和果糖等。大米中的碳水化合物含量最高，小麦粉次之，玉米较低。

谷类中的淀粉，可分为直链淀粉和支链淀粉，其含量因品种而异，可直接影响谷类食品的风味。与支链淀粉相比，直链淀粉使血糖升高的幅度较小。

（4）矿物质

谷类中矿物质含量约为1.5%—3%，主要在谷皮和糊粉层中，其中主要是磷、钙，此外还有镁、钾、钠、硫、氯、锰、锌、钼、镍、钴、硼等。这些矿物质由于多以植酸盐形式存在，消化吸收较差。谷类食物含铁少，约 1.5—3.0 mg/100 g。

（5）维生素

谷类是膳食 B 族维生素的重要来源，如硫胺素、核黄素、烟酸、泛酸和吡哆醇，主要分布在糊粉层和胚部。谷类加工的精度越高，保留的胚芽和糊粉层越少，维生素损失就越多。玉米和小米含有少量的胡萝卜素。玉米和小麦胚芽中含有较多的维生素 E，是提取维生素 E 的良好原料。玉米中的烟酸为结合型，不易被人体利用，故以玉米为主食地区居民容易发生烟酸缺乏症。谷类几乎不含维生素 A、维生素 C 和维生素 D。

3. 谷类食品的营养价值

谷类食品主要成分是碳水化合物，谷类经过加工可以生产出各种食品，包括面包、饼干、各类点心等。谷类食品的原料面粉或米饭若加工精细，微量营养素丢失较多。谷类食品蛋白质中的赖氨酸含量普遍较低，宜与含赖氨酸多的豆类和动物性食品混合食用，以提高谷类蛋白质的营养价值。

谷类中的碳水化合物是淀粉，淀粉烹调后容易消化吸收和利用，是人类最理想、最经济的能量来源，其营养价值较高；谷类食品蛋白质含量较少，且生物利用率较低，其营养价值相对较低；谷类食品脂肪质量较好但含量太低，其营养价值相对较低；由于谷类食品含有膳食纤维和植酸，影响了矿物质的消化吸收和利用，其营养价值相对较低；就 B 族维生素而言，谷类食品的营养价值较高，但易受烹调加工的影响。尽管谷类食品存在一些缺点与不足，但作为我国居民膳食结构中的主食，仍是人体能量、蛋白质、矿物质和 B 族维生素的重要来源。

（二）薯类

薯类包括马铃薯、甘薯、芋头、山药等，薯类中碳水化合物含量为 25% 左右，蛋白质和脂肪的含量较低，含一定量的维生素和矿物质，也含有各种植物化学物。马铃薯中钾的含量非常丰富；薯类中的维生素 C 含量较谷类高；甘薯中的胡萝卜素含量比谷类高；甘薯中还含有丰富的纤维素、半纤维素、果胶等，可促进肠道蠕动，预防便秘。

（三）全谷物、薯类食品与健康的关系

大量分析表明，增加全谷物或谷物纤维摄入以及用全谷物替代精制谷物，对预防 2 型糖尿病、心血管疾病、癌症、肥胖具有潜在的有益作用。增加燕麦的摄入对预防血脂异常有显著作用。增加薯类的摄入可降低便秘的发病风险，但是油炸薯条和薯片没有此种作用，且对超重和肥胖的影响较大，不建议婴幼儿食用。

二、豆类及豆制品

豆类一般分为大豆类和其他豆类。大豆按种皮的颜色可分为黄豆、黑豆、青豆、褐豆及双色大豆，其他豆类包括豌豆、蚕豆、绿豆、小豆、芸豆等。豆制品是由大豆或其他豆类作为原料制作的食品，如豆浆、豆腐、豆腐干等，是膳食中优质蛋白质的重要来源。

（一）豆类的营养素种类与特点

1. 蛋白质

豆类蛋白质含量较高，一般为 20%—36%，是植物性食品中蛋白质含量最多的食品，其中大豆类最高，在 30% 以上。豆制品蛋白质含量差别较大，高者可达 16%—20%，如素鸡、豆腐干；低者只有 2% 左右，如豆浆、豆腐脑。大豆蛋白质的氨基酸模式接近人体氨基酸模式，具有较高的营养价值，但赖氨酸含量较多，蛋氨酸含量较少，与谷类食品混合食用，可较好地发挥蛋白质互补作用。

2. 脂肪

豆类脂肪含量约为 15%—20%，以黄豆及黑豆较高。豆制品脂肪含量差别较大，豆腐、豆腐干等较高，豆浆等较低。所含脂肪以不饱和脂肪酸居多，约占总脂量的 85%，其中油酸含量约为 32%—36%，亚油酸为 51.7%—57.0%，亚麻酸 2%—10%。此外，大豆油中还含有 1.64% 的磷脂和抗氧化能力较强的维生素 E。大豆油是我国居民主要的烹饪用油。由于大豆富含不饱和脂肪酸，所以是高血压、动脉粥样硬化等疾病患者的理想食物。

3. 碳水化合物

豆类中的碳水化合物多数含量在 55% 以上，如绿豆、豌豆、赤小豆等含量在 65% 左右；大豆类含量中等，在 34% 左右；豆制品含量普遍较低，高者为 10% 左右，如豆腐干，低者在 5% 以下，豆浆中仅含 1%。大豆类碳水化合物组成比较复杂，多为纤维素和可溶性糖，几乎不含淀粉，在体内较难消化，其中有些在大肠内成为细菌的营养素来源，在肠道细菌作用下发酵产生二氧化碳和氨，可引起肠胀气。

4. 维生素

豆类所含有的维生素主要有：胡萝卜素、维生素 B_1、维生素 B_2、烟酸、维生素 E 等，其含量相对谷物而言，胡萝卜素含量和维生素 E 较高，但维生素 B_1 的含量较低。干豆类几乎不含维生素 C，但经发芽做成豆芽后，其含量明显提高，如黄豆芽每 100 g 含有 8 mg 维生素 C。

5. 矿物质

豆类矿物质含量在 2%—4%，包括钾、钠、钙、镁、铁、锌、硒等。大豆中的矿物质含量略高于其他豆类，在 4% 左右，其他豆类在 2%—3%，豆制品多在 2% 以下。与谷类比较，钙、钾、钠的含量较高，但微量元素含量略低于谷类。大豆中铁的含量比较丰富，每 100 g 可达 7—8 mg，而谷类中多在 3 mg 左右。

此外，豆类含有丰富的膳食纤维，每 100 g 可达 5—10 g，其中黄豆中含量最高，为 15.5%，其次为黑豆和青豆。豆制品中膳食纤维含量较少，多数不到 1%。

（二）豆类及豆制品的合理利用

不同的加工和烹饪方法，对大豆的消化率有明显的影响。整粒大豆蛋白质的消化率仅为 65.3%，但加工成豆浆消化率可达到 84.9%，加工成豆腐可提高到 92%—96%。大豆中含有抗胰蛋白酶因子，它能抑制胰蛋白酶的消化作用，使大豆难以分解为人体吸收利用的各类氨基酸，经过加工煮熟后，这种因子即被破坏，消化率随之提高，所以大豆及其制品须经充分加热煮熟后再食用。

豆类中膳食纤维含量较高，因此，食用豆类食品可以明显降低血清胆固醇，对冠心病、糖尿病及肠癌也有一定的预防作用。

三、蔬菜

蔬菜根据其结构及可食部位分为叶菜类、根茎类、瓜茄类、鲜豆类和花芽类，所含营养素因其种类不同，差异较大。

（一）蔬菜的营养素种类与特点

1. 叶菜类

主要包括白菜、菠菜、油菜、韭菜、苋菜等。叶菜类是维生素 C、胡萝卜素、核黄素和叶酸的重要来源。一般深绿颜色蔬菜维生素 C 含量较浅色蔬菜高。蔬菜中含有钙、磷、铁、钾、钠、镁、铜等矿物质，含量在 1% 左右，其中以钾最多，钙、镁含量也较丰富，是我国居民膳食中矿物质的重要来源。蛋白质含量较低，一般为 1%—2%，脂肪含量不超过 1%，碳水化合物含量约 4% 左右，膳食纤维 1% 左右。

2. 根茎类

主要包括萝卜、胡萝卜、藕、马铃薯、葱、蒜、竹笋等。蛋白质含量一般为 1%—2%，脂肪不足 0.5%，碳水化合物相差较大，约 3%—20%，膳食纤维 1% 左右。胡萝卜中含胡萝卜素最高，硒的含量以大蒜、芋头、洋葱、马铃薯中最高。

3. 瓜茄类

包括冬瓜、南瓜、丝瓜、黄瓜、茄子、番茄、辣椒等。瓜茄类因含水分高，营养素含量较低。蛋白质含量一般为 0.4%—1.3%，脂肪微量，膳食纤维 1% 左右。胡萝卜素以南瓜、番茄和辣椒中最高；维生素 C 以辣椒、苦瓜中较高；辣椒中还含有丰富的硒、铁和锌，是一种营养价值较高的食物。

4. 鲜豆类

包括毛豆、豇豆、四季豆、扁豆、豌豆等。鲜豆类蛋白质含量一般为 2%—14%，除毛豆外，脂肪不足 0.5%，碳水化合物含量一般为 4% 左右，膳食纤维 1%—3%，胡萝卜素普遍含量较高，此外，含有钙、铁、钾、锌、硒等。鲜豆中的核黄素与绿叶蔬菜相似。

5. 菌藻类

菌藻类食物包括食用菌和藻类食物，常见的有蘑菇、香菇、银耳、木耳等品种。供人类食用的藻类有海带、紫菜、发菜等。菌藻类食物含丰富的蛋白质、膳食纤维、碳水化合物、维生素和微量元素。蘑菇和香菇蛋白质达 20% 以上，脂肪约 1%，碳水化合物含量差别较大，干品在 50% 以上，如蘑菇、香菇、银耳、木耳等干品，鲜品较低，不足 7%，如金针菇、海带等；胡萝卜素在紫菜和蘑菇中含量丰富，其他菌藻中比较低，维生素 B_1 和维生素 B_2 含量也比较高；微量元素含量丰富，尤其是铁、锌和硒，其含量是其他食物的数倍甚至 10 余倍，在海产植物海带、紫菜中还含有丰富的碘。

（二）蔬菜的营养价值

蔬菜是人体维生素和矿物质的主要来源，还含有较多的纤维素、果胶和有机酸，能刺激胃肠的蠕动和消化液的分泌，促进食欲，帮助消化。蔬菜中含有一些酶类、杀菌物质和具有特殊功能的生理活性成分。如萝卜中含有淀粉酶，生食时有助于消化；大蒜中含有植物杀菌素和含硫化合物，具有抗菌消炎、降低血清胆固醇作用；洋葱、甘蓝、西红柿等含有的类黄酮物质为天然抗氧化剂，除具有清除自由基、抗衰老、抗肿瘤、保护心脑血管等作用外，还可保护维生素 C、维生素 A、维生素 E 等不被氧化破坏；南瓜、苦瓜已被证实有明显降低血糖的作用等。

（三）蔬菜的合理利用

1. 选择新鲜、色泽深的蔬菜

蔬菜含丰富的维生素，一般叶部的维生素含量比根茎部高，深色的比浅色的高，应选择新鲜、色泽深的蔬菜。

2. 合理加工与烹饪

蔬菜所含的维生素和矿物质易溶于水，所以宜先洗后切，以减少蔬菜与水和空气的接触面积，避免营养损失。洗好的菜放置时间不宜太长，以避免维生素因氧化而破坏，尤其要避免将切碎的蔬菜长时间浸泡在水中。烹饪时要尽可能做到急火快炒，菜汤不要舍弃，宜勾芡。

3. 菌藻食物的合理利用

菌藻类食物除了提供丰富的营养素外，还有明显的保健作用，具有提高人体的免疫能力和抗肿瘤的作用。海带因含有大量的碘，可用于预防和治疗缺碘性甲状腺肿。

四、水果类

水果与蔬菜一样，主要提供维生素和矿物质，水果可以分为鲜果、干果和坚果。

（一）水果的营养素种类与特点

1. 鲜果

鲜果的种类很多，主要有苹果、橘子、桃、李、杏、葡萄、香蕉、菠萝等。新鲜水果含水分多，蛋白质、脂肪含量均不超过1%。水果中所含碳水化合物在6%—28%之间，主要以双糖和单糖形式存在，所以味道甘甜。水果是果糖、葡萄糖和蔗糖的良好来源。新鲜水果中含维生素 C 和胡萝卜素较多，但维生素 B_1、维生素 B_2 含量不高。水果以鲜枣、草莓、柑橘、猕猴桃中维生素 C 含量较多，芒果、柑橘、杏等含胡萝卜素较多。水果含有人体所需的各种矿物质，以钾、钙、镁、磷含量较多。枣中铁的含量丰富。除个别水果外，矿物质含量相差不大。

2. 干果

干果是新鲜水果经过加工、晒干制成，如葡萄干、杏干、蜜枣和柿饼等。由于受到加工的影响，维生素损失较多，尤其是维生素C。干果便于储运，且别具风味，有一定的食用价值。

3. 坚果

坚果是以种仁为食用部分，按照脂肪含量不同，可以分为油脂类坚果和淀粉类坚果。油脂类坚果包括核桃、榛子、杏仁、松子、腰果、花生、葵花籽、西瓜子、南瓜子等；淀粉类坚果包括栗子、银杏、芡实、莲子等。坚果蛋白质含量12%—30%，脂肪含量多在40%左右，坚果中的脂肪多为不饱和脂肪酸，富含必需氨基酸，是优质的植物性脂肪，碳水化合物的含量多在15%以下。坚果是维生素E和B族维生素的良好来源。坚果富含磷、铁、钾、钠、镁、锌、硒、铜等矿物质。

（二）水果的营养价值

许多水果常含有各种芳香物质、有机酸和色素，使水果具有特殊的香味和颜色，可赋予水果良好的感官性状。此外，水果中还含有一些生物活性物质，如类黄酮物质、白藜芦醇等，具有抗氧化、抗炎、抗衰老、抗肿瘤、免疫调节、降低血脂、保护心脑血管等作用。

（三）水果的合理利用

水果除了含有丰富的维生素和矿物质外，还含有大量的非营养素的生物活性物质，可以防病治病也可以致病，食用时应予以注意。如梨有清热降火、润肺去燥等功能，对于肺结核、急性或慢性支气管炎和上呼吸道感染患者出现的咽干、喉痛、痰多而稠等有辅助疗效，但产妇、胃寒及脾虚泄泻者不宜食用。又如红枣，可增加机体抵抗力，对于体虚乏力、贫血者适用，但龋齿疼痛、下腹胀满、大便秘结者不宜食用。杏仁中有杏仁苷，柿子中含有柿胶酚，食用不当可以引起溶血性贫血、消化性贫血、消化不良、柿结石等疾病。

鲜果类水分含量高，易于腐烂，宜冷藏。坚果水分含量低而较耐储藏，但含油坚果的脂肪含有不饱和脂肪酸的比例较高，易受氧化而酸败变质，故而应当保存于干燥阴凉处，并尽量隔绝空气。

五、畜禽类、水产品

畜禽肉、水产类属动物性食品，是人体优质蛋白质、脂肪、矿物质、脂溶性维生素和B族维生素的主要来源，还可加工成各种制品和菜肴，是人类重要的食物资源。

（一）畜禽肉

畜肉是指猪、牛、羊、马、骡、驴、鹿、狗、兔等牲畜的肌肉、内脏及其制品。禽肉包括鸡、鸭、鹅、鸽、鹌鹑等的肌肉、内脏及其制品。畜禽肉的营养价值高，饱腹作用强，可以加工成各种美味佳肴。

1. 畜禽肉的营养素种类与特点

（1）蛋白质

畜禽肉蛋白质大部分存在于肌肉组织中，含量为10%—20%。牲畜、禽类的品种不同，蛋白质含量也不同。猪肉的蛋白质平均含量在13.2%；牛肉、羊肉、马肉、兔肉的蛋白质可达20%左右；在禽肉中，鸡肉、鹌鹑肉的蛋白质含量最高，约为20%，鸭肉的蛋白质约为16%，鹅肉的蛋白质约为18%。动物不同部位的肉，因肥瘦程度不同，其蛋白质含量差异较大。例如，猪里脊肉蛋白质含量为20%，后臀尖肉为15%，肋条肉约为10%，奶脯肉仅为8%；鸡胸肉的蛋白质含量约为20%，鸡翅约为17%。

畜禽类心、肝、肾等内脏器官蛋白质的含量较高，而脂肪较少。不同内脏的蛋白质含量也有差异。牲畜肝脏含蛋白质为18%—20%，心、肾为14%—17%；禽类的内脏中，胗的蛋白质含量高，为18%—20%，肝、心为13%—17%。畜禽肉类蛋白质含有人体必需的各种氨基酸，而且必需氨基酸的构成比例接近人体需要，因此容易被人体消化吸收和利用，营养价值高，为优质蛋白质。

（2）脂肪

畜肉的脂肪含量因牲畜的品种、年龄、肥瘦程度及部位不同有较大差异，低者为2%，高者可达89%。猪肉的脂肪含量最高，羊肉次之，牛肉最低；在禽肉中，火鸡和鹌鹑的脂肪含量较低，约3%左右；鸡和鸽子为9%—14%，鸭和鹅为20%。畜肉类脂肪以饱和脂肪酸为主，其主要成分是甘油三酯，还有少量卵磷脂、胆固醇和游离脂肪酸。禽肉脂肪含有较多的亚油酸，熔点低，易于消化吸收。胆固醇多存在于动物内脏。

（3）碳水化合物

畜肉中的碳水化合物以糖原形式存在于肌肉和肝脏中，一般为1%—3%。牲畜在宰前过度疲劳，糖原含量下降，宰后的动物肉尸放置时间过长，也可因酶的分解作用，使糖原含量降低，乳酸相应增高，pH值下降。

（4）维生素

畜肉可提供多种维生素，其中主要以B族维生素和维生素A为主。内脏含量高于肌肉，其中肝脏的含量最为丰富，特别富含维生素A和核黄素。维生素A的含量以牛肝和羊肝最高，维生素B_2含量则以猪肝最丰富。在禽肉中还含有较多的维生素E。

（5）矿物质

畜禽肉中矿物质的含量为0.8%—1.2%，瘦肉高于肥肉，内脏高于瘦肉。畜禽肉中铁的含量以猪肝、鸭肝最为丰富，为23 mg/100 g左右，是膳食铁的良好来源，且主要以血红素形式存在，生物利用率高，消化吸收率很高。畜禽肉中钙含量虽然不高，约为7.9 mg/100 g，但其吸收利用率较高。牛肾和猪肾中硒的含量较高，是其他一般食品的数十倍。此外，畜肉还含有较多的磷、硫、钾、钠、铜等。

2. 畜禽肉的营养价值

畜禽肉的营养价值较高,含有较多的赖氨酸,宜与谷类食品搭配食用,以发挥蛋白质的互补作用。为了充分发挥畜禽肉的营养作用,应注意将畜禽肉分散到每餐膳食中,不应集中食用。

畜肉的脂肪和胆固醇含量较高,脂肪主要由饱和脂肪酸组成。食用过多易引发肥胖和高脂血症等疾病,因此,膳食中畜禽肉的比例不宜过多。

(二)水产品

水产品是蛋白质、矿物质和维生素的良好来源,主要为鱼类、甲壳类和软体类。鱼类有海水鱼和淡水鱼之分,海水鱼又分为深海鱼和浅海鱼。

1. 蛋白质

鱼类蛋白质含量一般为 15%—25%。含有人体必需的各种氨基酸,尤其富含亮氨酸和赖氨酸,但色氨酸含量偏低。鱼类肌肉组织中肌纤维细短,间质蛋白少,水分含量较多,因此组织柔软细嫩,较畜禽肉更易消化,其营养价值与畜禽肉近似。存在于鱼类结缔组织和软骨中的含氮浸出物主要是胶原蛋白和黏蛋白,是鱼汤冷却后形成凝胶的主要物质。其他水产品中河蟹、对虾、章鱼的蛋白质含量约为 17%,软体动物的蛋白质含量约为 15%。

2. 脂肪

鱼类含脂肪很少,一般为 1%—10%。鱼类脂肪主要分布在皮下和内脏周围,肌肉组织中含量很少。鱼的种类不同,脂肪含量差别也较大,如鳗鱼含脂肪可高达 12.8%,而鳕鱼仅为 0.5%。

鱼类脂肪多由不饱和脂肪酸组成(占 80%),熔点低,常温下呈液态,消化吸收率约为 95%。不饱和脂肪酸的碳链较长,其碳原子数多在 14—22 之间。鱼类脂肪中含有的长链多不饱和脂肪酸,如二十碳五烯酸(EPA)和二十二碳六烯酸(DHA),是婴幼儿视网膜、脑发育的重要物质。

鱼类的胆固醇含量一般约为 100 mg/100 g,但鱼籽中含量较高,如鲳鱼子胆固醇含量为 1070 mg/100 g。

3. 碳水化合物

鱼类碳水化合物的含量很低,约为 1.5%,主要以糖原形式存在。有些鱼不含碳水化合物,如草鱼、青鱼、乌鳢、银鱼、鲢鱼、鳜鱼、鲈鱼等。其他水产品中如海蜇、牡蛎和螺蛳等含量较高,可达 6%—7%。

4. 矿物质

鱼类矿物质含量为 1%—2%,磷的含量占总灰分的 40%,钙、钠、氯、钾、镁含量丰富。钙的含量较畜禽肉高,为钙的良好来源。海水鱼类含碘丰富,有的海水鱼含碘 0.05—0.1 mg/100 g。此外,鱼类含锌、铁、硒也较丰富。

河虾的钙含量高达 325 mg/100 g,虾类锌含量也较高;软体动物中矿物质含量为 1.0%—1.5%,其中钙、钾、铁、锌、硒也较丰富。

5. 维生素

鱼类肝脏是维生素 A 和维生素 D 的重要来源,也是维生素 B_2 的良好来源,维生素 E、维生素 B_1 和烟酸的含量较高,但几乎不含维生素 C。如黄鳝含维生素 B_2 为 2.08 mg/100 g,河蟹为 0.28 mg/100 g,海蟹为 0.39 mg/100 g。海水鱼的肝脏、鱼油中富含维生素 A 和维生素 D。一些生鱼中含有硫胺素酶,当生鱼存放或生吃时可破坏维生素 B_1,但加热时会破坏硫胺素酶。软体动物维生素的含量与鱼类相似,但维生素 B_1 较低,贝类食物中维生素 E 含量较高。

六、蛋类及蛋制品

蛋类主要包括鸡蛋、鸭蛋、鹅蛋、鹌鹑蛋、鸽蛋、火鸡蛋等,以及蛋制品,如皮蛋、咸蛋、糟蛋、冰蛋、干全蛋粉、干蛋白粉、干蛋黄粉等。蛋类在我国居民膳食构成中约占 1.4%,蛋类的营养素含量丰富、质量好,是一类营养价值较高的食品。

(一)蛋的结构

各种蛋类大小不一,但结构基本相似,都是由蛋壳、蛋清、蛋黄 3 部分组成(图 2-1)。以鸡蛋为例,每只鸡蛋平均重约 50 g,蛋壳占全蛋重的 11%—13%。蛋壳主要由碳酸钙构成,壳上布满细孔,蛋壳最外面有一层水溶性胶状黏蛋白,对微生物进入蛋内以及蛋内水分过度向外蒸发起保护作用,外观无光泽,呈霜状,根据此膜特征可鉴别蛋的新鲜程度。

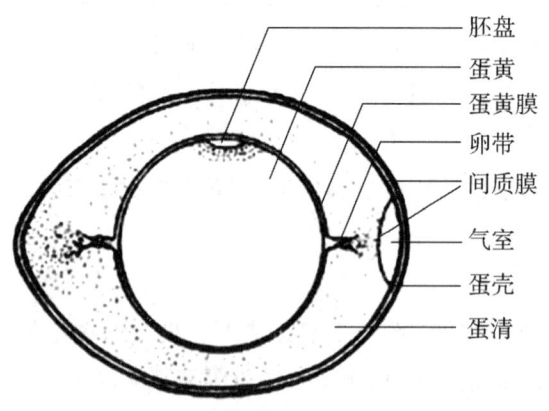

图 2-1 蛋的结构示意图

蛋壳内面紧贴一层厚约 70 μm 的间质膜。在蛋的钝端,间质膜分离成一气室。蛋壳的颜色从白色到棕色,因鸡的品种而异,与蛋的营养价值无关。

蛋清为白色半透明黏性溶胶状物质,分为 3 层:外层的稀蛋清、中层的浓蛋清和内层的稀蛋清。蛋黄由无数富含脂肪的球形微胞所组成,为浓稠、不透明、半流动黏稠物,表面包围蛋黄膜,由两条卵带将蛋黄固定在蛋的中央。

（二）蛋类的营养价值

蛋类的微量营养素含量受品种、饲料、季节等多方面的影响，而宏量营养素含量基本稳定。蛋类各部分的主要营养素含量见表2-1。

表2-1 蛋类各部分的主要营养素含量（g/100 g）

营养成分	全蛋	蛋清	蛋黄
水分	69.3—75.8	84.4—88.4	44.9—57.8
蛋白质	11.1—14.4	8.9—11.6	14.5—15.5
脂类	6.4—15.6	0.1	26.4—33.8
碳水化合物	1.3—5.6	1.0—3.2	3.4—6.2
矿物质	1.0—1.2	0.6—0.8	1.4—2.8

1. 蛋白质

蛋类含蛋白质一般都在10%以上。全鸡蛋蛋白质含量为12.8%，蛋清中较低，蛋黄中较高，加工成咸蛋或皮蛋后，蛋白质含量变化不大。蛋清中所含蛋白质种类超过40种，主要有卵清蛋白、卵伴清蛋白、卵黏蛋白、卵胶黏蛋白、卵类黏蛋白、卵球蛋白等。蛋黄中蛋白质主要是卵黄磷蛋白和卵黄球蛋白。蛋类蛋白质氨基酸组成与人体需要最接近，因此生物价高达94，是其他食物蛋白质的1.4倍左右。

2. 脂肪

蛋清中含脂肪极少，98%的脂肪集中在蛋黄内，呈乳化状，分散成细小颗粒，故易消化吸收。蛋黄中的脂肪大部分为中性脂肪，约占62%—65%，磷脂占30%—33%，固醇占4%—5%，还有微量脑苷脂类。中性脂肪的脂肪酸主要是油酸，约占50%，亚油酸约占10%。

蛋黄是磷脂的良好食物来源，蛋黄中的磷脂主要是卵磷脂和脑磷脂，除此之外还有神经鞘磷脂。卵磷脂具有降低血胆固醇的作用，并能促进脂溶性维生素的吸收。

蛋类胆固醇含量很高，主要集中在蛋黄，以乌骨鸡蛋黄含量最高，每100 g达2057 mg。

3. 碳水化合物

蛋类含碳水化合物较少，蛋清中主要是甘露糖和半乳糖，蛋黄中主要是葡萄糖，大部分以与蛋白质结合的形式存在。

4. 矿物质

蛋类的矿物质主要存在于蛋黄内，蛋清中含量极低，其中以磷、钙、钾、钠含量较多，如磷为240 mg/100 g，钙为112 mg/100 g。此外，还含有丰富的铁、镁、锌、硒等矿物质。蛋黄中的铁含量虽然较高，但由于是以非血红素铁形式存在，并与磷蛋白结合，因此生物利用率不高，仅为3%左右。蛋中的矿物质含量受饲料影响较大。

5. 维生素

蛋类维生素含量较为丰富，而且种类较为齐全，包括所有的B族维生素、维生素A、维生素 D、维生素 E、维生素 K 和微量的维生素 C。绝大部分的维生素都集中在蛋黄内。蛋类的维生素含量受到品种、季节和饲料的影响。煎鸡蛋和炒蛋中的维生素 B_1、维生素 B_2 的损失率可达 15% 和 20%，叶酸损失可达 65%，而煮鸡蛋几乎不会引起维生素的损失。

七、乳及乳制品

乳类是指动物的乳汁，包括牛奶、羊奶。乳类经浓缩、发酵等工艺可制成乳制品，如奶粉、酸奶、炼乳等。乳及乳制品具有很高的营养价值，是婴幼儿的主要食物，也是各年龄组人群的理想食品。

（一）乳的营养价值

乳中几乎含有人体所需的所有营养素，除维生素 C 比较低以外，其他营养素含量都比较丰富。乳的水分含量为 80%—90%。

1. 蛋白质

牛奶中蛋白质含量平均为 3.0%，羊奶中的蛋白质含量为 1.5%。人乳中蛋白质含量为 1.3%。牛奶的蛋白质主要由酪蛋白（79.6%）、乳清蛋白（11.5%）和乳球蛋白（3.3%）组成。酪蛋白属于结合蛋白，与钙、磷等结合，形成酪蛋白胶粒，并以胶体悬浮液的状态存在于牛乳中。乳清蛋白对热不稳定，加热时发生凝固并沉淀，对酪蛋白具有保护作用。乳球蛋白与机体免疫有关。奶蛋白质消化吸收率为 87%—89%，生物价为 85，属优质蛋白质。

牛奶中蛋白质含量较人乳高 2 倍多，而且酪蛋白与乳清蛋白的构成比与人乳恰好相反（表 2-2 和表 2-3）。因此，一般利用乳清蛋白来改变牛奶中酪蛋白与乳清蛋白的构成比，使之近似母乳的蛋白质构成，故通过调整乳清蛋白与酪蛋白含量比例可生产出适合婴幼儿生长发育需要的配方奶粉。

表 2-2　牛奶及人乳中氮的分布

	牛奶		人乳	
	含量 mg/100 mL	占总氮量的百分比（%）	含量 mg/100 mL	占总氮量的百分比（%）
总氮	540	100	162	100
酪蛋白	430	79.6	49	30
乳清蛋白	80	14.8	77	48

表 2-3　不同奶中主要营养素含量比较（每 100g）

营养成分	人乳	牛乳	羊乳
水分（g）	87.6	89.9	88.9
蛋白质（g）	1.3	3.0	1.5

(续表)

营养成分	人乳	牛乳	羊乳
脂肪（g）	3.4	3.2	3.5
碳水化物（g）	7.4	3.4	5.4
热能（kJ）	272	226	247
钙（mg）	30	104	82
磷（mg）	13	73	98
铁（mg）	0.1	0.3	0.5
视黄醇当量（μg）	11	24	84
硫胺素（mg）	0.01	0.03	0.04
核黄素（mg）	0.05	0.14	0.12
尼克酸（mg）	0.20	0.10	2.10
抗坏血酸（mg）	5.0	1.0	—

2. 脂肪

奶中脂肪含量一般为 3.0%—5.0%，其中油酸占 30%，亚油酸和亚麻酸分别占 5.3% 和 2.1%。乳脂肪以微粒状的脂肪球分散在乳浆中，呈高度乳化状态，容易消化吸收，吸收率达 97%。乳脂肪中脂肪酸组成复杂，短链脂肪酸（如丁酸、己酸、辛酸）含量较高，这是乳脂肪风味良好及易于消化的原因。此外，奶中还有少量的卵磷脂和胆固醇。乳脂肪是脂溶性维生素的载体。

3. 碳水化合物

奶中碳水化合物含量为 3.4%—7.4%，人乳中含量最高，羊奶居中，牛奶最少。碳水化合物的主要形式为乳糖，其甜度为蔗糖的 1/6，有调节胃酸、促进胃肠道蠕动和消化液分泌作用，还能促进钙的吸收和助长肠道乳酸杆菌繁殖，抑制腐败菌的生长，因此对婴儿的消化道健康具有重要意义。牛奶中乳糖含量较低，用牛奶喂养婴儿时，除调整蛋白质含量和构成外，还应注意适当增加甜度，部分不经常饮奶的成年人体内乳糖酶活性过低，大量食用乳制品可能引起乳糖不耐症。

4. 矿物质

奶中富含钙、磷、钾、镁、氯、铁等，其中大部分与有机酸结合形成盐类。矿物质含量一般为 0.70%—0.75%，100 mL 牛乳中含钙 110 mg，且吸收率高，是钙的良好来源。奶中铁含量很低，用奶喂养婴儿时应注意铁的补充。此外，牛乳中还有多种微量元素，如铜、锌、硒、碘等。乳中的矿物质含量因品种、饲料、泌乳期等因素而有所差异，初乳中含量最高，常乳中含量略有下降。发酵乳中钙的含量高并具有较高的生物利用率，为膳食中最好的天然钙来源。

5. 维生素

奶中含有人体所需的各种维生素，包括维生素 A、维生素 D、维生素 E、维生素 K、B 族维生素和微量维生素 C，只是这些维生素的含量差异较大。牛奶中维生素含量与饲养方式和季节有关，如放牧期牛奶中维生素 A、维生素 D、胡萝卜素和维生素 C 含量较冬春季在棚内饲养明显增多。牛奶中维生素 D 含量较低，但夏季日照多时，其含量有一定的增加。牛奶是 B 族维生素的良好来源，特别是维生素 B_2。

（二）乳制品的营养价值

乳制品是指将原料奶根据不同的需要加工而成的各种奶类食品，主要包括奶粉、酸奶、炼乳、复合奶、奶油、奶酪、含乳饮料等。因加工工艺的不同，奶制品的营养素含量有很大差异。

1. 奶粉

奶粉是将消毒后的乳类经脱水、浓缩、干燥制成的粉状食品。根据食用要求和成分不同奶粉又分为全脂奶粉、脱脂奶粉、调制奶粉。

（1）全脂奶粉

全脂奶粉是鲜奶消毒后除去 70%—80% 的水分，经喷雾干燥制成。喷雾干燥法生产的奶粉质量好，粉粒较小，受热均匀，溶解度高，无异味，对营养成分影响很小。一般全脂奶粉的营养素含量约为鲜奶的 8 倍。

（2）脱脂奶粉

脱脂奶粉是将鲜奶脱去脂肪，再经上述方法制成的奶粉。由于脱脂该奶粉脂肪含量仅为 1.3%，并损失较多的脂溶性维生素，其他营养成分变化不大。此种奶粉适合于腹泻的婴儿及要求低脂膳食的患者食用。

（3）调制奶粉

调制奶粉又称"母乳化奶粉"，是以牛奶为基础，参照人乳的组成模式和适用人群特点，对牛奶的营养组成成分加以适当调整和改善。使各种营养素的含量、种类和比例更适合婴幼儿的生理特点和营养需要。调制奶粉改变了牛奶中酪蛋白的含量和酪蛋白与乳清蛋白的比例，补充乳糖的不足，以适当比例强化维生素 A、维生素 D、维生素 B_1、维生素 B_2、维生素 C、叶酸和微量元素铁、铜、锌、锰等。除婴幼儿配方奶粉外，还有孕妇奶粉、儿童奶粉、中老年奶粉等。

2. 酸奶

酸奶是一种发酵奶制品，是以消毒牛奶等为原料接种乳酸菌，经过不同工艺发酵而成，其中以酸牛奶最为常见。牛奶经过乳酸菌发酵后，乳糖变成乳酸，蛋白质凝固、游离氨基酸和肽增加，脂肪不同程度地水解，形成独特的风味，营养价值更高，如蛋白质的生物价由 85 提高到 87.3，叶酸含量增加 1 倍。酸奶更易消化吸收，还可刺激胃酸分泌。乳酸菌中的乳酸杆菌和双歧杆菌为肠道益生菌，可抑制肠道腐败菌的生长繁殖，防止腐败胺类产生，对维护人体的健康有重要作用。酸奶适合消化功能不良的婴幼儿、老年人食用，并能使乳糖不耐受症状减轻。

3. 炼乳

炼乳是一种浓缩乳，按其成分不同可分为甜炼乳、淡炼乳、全脂炼乳、脱脂炼乳，若添加维生素 D 等营养素可制成各种强化炼乳。目前，市场上的炼乳主要是甜炼乳和淡炼乳。

（1）甜炼乳

甜炼乳是在牛奶中加入约 16% 的蔗糖，并经减压浓缩到原体积 40% 的一种乳制品。成品中蔗糖含量可达 40%—45%，渗透压增大，利用其渗透压的作用抑制微生物的繁殖，因此成品保质期较长。甜炼乳因糖分过高，食前须加大量水冲淡，造成蛋白质等营养素含量相对降低，故不宜长期喂养婴儿。

（2）淡炼乳

新鲜牛奶经巴氏消毒和均质后，在低温真空条件下浓缩，除去约 2/3 的水分，装罐密封再经加热灭菌制成。淡炼乳经高温灭菌后，维生素受到一定的破坏，因此常用维生素加以强化，按适当的比例冲稀后，其营养价值基本与鲜奶相同。高温处理后形成的软凝乳块，且经均质处理后脂肪球变小，有利于消化吸收，适合喂养婴幼儿。

4. 复合奶

复合奶是将脱脂奶粉和无水奶油分别溶解，按一定比例混合，再加入 50% 的鲜奶复合而成，其营养价值与鲜奶基本相似。

5. 奶油

奶油是由牛奶中分离的脂肪制成的产品，一般含脂肪 80%—83%，含水量低于 16%，主要用于制作佐餐面包、糕点等。

6. 奶酪

奶酪是一种营养价值较高的发酵乳制品，是在原料奶中加入适量的乳酸菌发酵剂或凝乳酶，使蛋白质发生凝固，并加盐、压榨排除乳清之后的产品。奶酪制作过程中，维生素 D 和维生素 C 被破坏和流失，其他维生素大部分保留。由于发酵作用，乳糖含量降低，蛋白质被分解成肽和氨基酸等产物，不仅赋予奶酪独特味道，也利于消化吸收。奶酪蛋白质消化率高达 98%。硬质干酪是钙的极佳来源，软干酪含钙较低。

7. 含乳饮料

包括乳饮料、乳酸菌类乳饮料、乳酸饮料、乳酸菌类饮料等。乳饮料和乳酸菌类乳饮料成品蛋白质含量不低于 1.0%，乳酸饮料、乳酸菌类饮料成品蛋白质含量不低于 0.7%。均以鲜乳或乳制品为原料，加入水、糖或甜味剂、果汁、有机酸、香精等，营养价值低于液态乳类产品。含乳饮料严格来说不属于乳制品范畴，其主要原料为水和牛乳。

（三）乳及乳制品的合理利用

鲜奶水分含量高，营养素种类齐全，十分有利于微生物生长繁殖，因此须严格消毒灭菌后方可食用。消毒方法常用煮沸法和巴氏消毒法。煮沸法会造成营养素一定程度的损失。正确地进行巴氏消毒法对奶的组成和性质均无明显影响，但维生素 C 可损失 20%—25%。奶应避光保存，以保护其中的维生素。

七、调味品

调味品是以粮食、蔬菜等为原料,经发酵、腌渍、水解、混合等工艺制成的各种用于烹饪调味和食品加工的产品以及各种食品添加剂。

（一）调味品分类

1. 发酵调味品

这一类是以谷类、豆类为原料,经微生物发酵的酿造工艺而生产的调味品,其中又包括酱油类、食醋类、酱类、腐乳类、豆豉类、料酒类等多个门类。其中每一个门类又包括天然酿造品和配制品。

2. 酱腌菜类

包括酱渍、糖渍、糖醋渍、盐渍、糟渍等各类制品。

3. 香辛料类

以天然香料植物为原料制成的产品,包括辣椒制品、胡椒制品、其他香辛料干制品及配制品等。大蒜、葱、洋葱、香菜等生鲜蔬菜类调味品。

4. 复合调味料

包括固态、半固态和液态复合调味料。

5. 其他调味料

包括盐、糖、调味油,以及水解植物蛋白、海带浸出物、香菇浸出物等。

6. 各种食品添加剂

这一类指为改善食品品质和色、香、味,以及防腐和因加工工艺的需要而加入食品中的化学合成或天然物质。

（二）主要调味品的特点和营养价值

调味品除去具有调味价值外,大多也具有一定的营养价值和保健价值,部分调味品构成了日常饮食的一部分,并对维持健康起着不可忽视的作用。

1. 酱油和酱类调味品

酱油和酱是以小麦、大豆及其制品为主要原料,接种曲霉菌种,经发酵酿制而成。酱油和酱的鲜味主要来自含氮化合物,含量高低是其品质的重要标志。以大豆为原料制作的酱蛋白质含量比较高,可达10%—12%,若在制作过程中加入芝麻等蛋白质含量高的原料,则蛋白质含量可达20%以上。酱油中还含有少量还原糖和糊精,两者也是构成酱油浓稠度的重要成分。酱油中含有一定数量的B族维生素。酱油和酱中的咸味来自氯化钠,酱油中所含的氯化钠在12%—14%,是膳食中钠的主要来源之一。酱油的香气成分主要为酯类物质,酱类香气物质产生越多,其质量也更好。

2. 醋类

醋是常用的调味品,按原料可以分为粮食醋和水果醋；按照生产工艺可以分为酿造醋、配制醋和调味醋；按颜色可以分为黑醋和白醋。目前,大部分食醋都属于以酿造醋为基础调味制成的复合调味酿造醋。与酱油相比，醋中蛋白质（总氮）、脂肪和碳水化合物的含量都不高，但含有较丰富的钙和铁。

3. 味精和鸡精

味精是谷氨酸单钠结晶而成的晶体，是以粮食为原料，经谷氨酸细菌发酵产生的天然物质，作为蛋白质的氨基酸成分之一，存在于几乎所有食品中。味精是一种安全的物质，除了 2 岁以内婴幼儿食品不宜添加外，可添加于任何食品中。味精在 pH 值为 6.0 左右时鲜味最强，pH<6 时鲜味下降，pH>7 时失去鲜味。目前市场上销售的"鸡精""牛肉精"等复合鲜味调味品中含有味精、鲜味核苷酸、糖、盐、肉类提取物、蛋类提取物、香辛料、淀粉等成分。核苷酸类物质容易被食品中的磷酸酯酶分解，最好在菜肴加热完成后再加入这类调味品。

4. 盐

咸味是食物中最基本的味道，而膳食中咸味的来源是食盐，食盐按来源可分为海盐、矿盐、井盐和池盐，按加工工艺可以分为粗盐、洗涤盐、精制盐。食盐不仅提供咸味，也是食品保存中最常用的抑菌剂。健康人群每日摄入 6 g 食盐即可完全满足机体对钠的需要。摄入食盐过量，与高血压的发生具有相关性。

一个需要注意的问题是，咸味和甜味可以互相抵消，在 1%—2% 的食盐溶液中添加 10% 的糖，几乎可以完全抵消甜味。另一方面，酸味可以强化咸味，因此，烹饪时加入醋调味可以减少食盐的用量，有利于减少钠的摄入。

5. 糖和甜味剂

日常使用的食糖主要是蔗糖，是食品中甜味的主要来源，食品用蔗糖主要分为白糖和红糖两类，可以为食物提供纯正愉悦的甜味，也具有调和百味的作用，在炖烧菜肴过程中还具有促进美拉德反应使食物增色增香作用。

第二节　食品营养价值的评价及常用指标

食品的营养价值（nutritional value）是指某种食品所含营养素和能量满足人体营养需要的程度。食品营养价值的高低，取决于其所含营养素的种类是否齐全、数量及相互比例是否适宜，以及是否容易被人体消化吸收和利用。不同食品因所含营养素的种类和数量不同，其营养价值也就不同。即使是同一种食品由于其品种、部位、产地、成熟程度和烹调加工方法的不同，营养价值也会存在一定的差异。因此，食品的营养价值是相对的。

目前，还没有任何一种天然食物能够满足人体的全部营养需要。因此，人们应当根据不同食品的营养价值特点，合理地选择多种食品食用，以保证营养平衡，满足人体的营养需要。

一、食品营养价值的评价方法

食品营养价值的评定主要是从食品所含营养素种类及含量和营养素质量两个方面进行。

（一）营养素种类及含量

评定一种食品营养价值高低时，首先应对其所含营养素的种类和含量进行测定和分析。一般认为，食品中所提供营养素的种类和含量，越接近人体需要，该食品的营养价值就越高。在实际工作中，除用化学分析法、仪器分析法、微生物法、酶分析法等方法来测定食品中营养素的种类和含量外，还可通过查阅食物成分表，初步评定食品的营养价值。如粮谷类食品，能供给人体较多的碳水化合物和能量，但蛋白质的营养价值较低；蔬菜和水果能提供丰富的维生素、矿物质及膳食纤维，但其蛋白质、脂肪含量极少。

（二）营养素质量

在评价某食品或某营养素的营养价值时，营养素的质与量是同等重要的。质的优劣体现于营养素可被人体消化吸收和利用程度。消化吸收率和利用率越高，其营养价值就越高。如动物性蛋白质的吸收率、利用率比植物性蛋白质要高，因此，动物性蛋白质的营养价值要比植物性蛋白质高。

二、食品营养价值评价的常用指标

对食品营养价值的评价，主要有下述常用指标。

（一）食品中各种营养素含量是否丰富

食品中营养素含量大、种类多，营养价值高。食品所含营养素的量，对蛋白质应考虑必需氨基酸的含量及其相互间的比例，对脂类应考虑饱和脂肪酸与不饱和脂肪酸的比例。

（二）食品中的营养素人体利用率是否较高

主要是指对蛋白质，脂类，钙、铁、锌等无机盐和微量元素的消化、吸收程度。

食物利用率＝增重值（g）/食物消耗量（g）。食用的食物越少，体重增加越多，表明这种食物的营养价值越高。

（三）食品的来源是否经济

如鸡蛋、海参等都含有丰富的必需氨基酸，但鸡蛋价格便宜，是更经济的氨基酸来源。因此，食品价格越高，食品的营养价值不一定越高。

（四）食品的感官状态是否有利于消化

食品的色、香、味、形，即感官状态，可通过条件反射影响人的食欲及消化液分泌的质与量，从而直接影响人体对该食物的消化能力。

（五）食品的营养质量指数是否大于等于1

食品营养价值的高低是相对的。同一类食品的营养价值可因品种、产地、成熟程度、碾磨程度、加工烹调方式等不同而有很大区别。

营养质量指数(index of nutrition quality, INQ)由 Hansen RG 等人提出并推荐将其作为评价食品营养价值的指标。INQ 是指营养素密度(待测食品中某营养素与其参考摄入量的比)与能量密度(该食品所含能量与能量参考摄入量的比)之比。公式如下:

$$INQ = \frac{某营养素密度}{能量密度} = \frac{某营养素含量/该营养素参考摄入量}{所产生能量/能量参考摄入量}$$

INQ=1,表示食品的该营养素供给与能量供给达到平衡;INQ>1,表示食品中该营养素的供给量高于能量的供给量,故 INQ≥1 为营养价值高;INQ<1,说明此食品中该营养素的供给少于能量的供给,长期食用此种食品,可能发生该营养素不足或能量过剩的情况,故该食品的营养价值低。INQ 是评价食品营养价值的一个简明实用的指标。

以成年男子轻体力劳动的营养素与能量参考摄入量为例分别计算出鸡蛋、大米和大豆中蛋白质、视黄醇、硫胺素和核黄素的 INQ,见表 2-4。

表 2-4 鸡蛋、大米和大豆中几种营养素的 INQ

	能量（kJ）	蛋白质（g）	视黄醇（μg）	硫胺素（mg）	核黄素（mg）
成年男子轻体力劳动参考摄入量	10042	75	800	1.4	1.4
100 g 鸡蛋中能量及营养素含量 INQ	653	12.80 2.62	194 3.73	0.13 1.43	0.32 3.52
100 g 大米中能量及营养素含量 INQ	1456	8.00 0.74	— —	0.22 1.08	0.05 0.25
100 g 大豆中能量及营养素含量 INQ	1502	35.10 3.13	37.00 0.31	0.41 1.96	0.20 0.96

第三节 食品营养价值的影响因素

食品营养价值的高低一般取决于食品营养素种类和含量、加工、烹调、储存等因素的影响。

一、食品中营养素的种类、含量因素

评定一种食品营养价值高低时,首先应对其所含营养素的种类和含量进行测定和分析。一般认为,食品中所提供营养素的种类和含量越接近人体需要,该食品的营养价值就越高;反之,营养素种类越单一、含量越不接近人体需要,则营养价值就越低。

二、食品的加工、烹调因素

（一）加工对食品营养价值的影响

1. 谷类加工

谷类加工主要有制米和制粉两种，由于谷类结构的特点，其所含各种营养素分布极不均匀，因此，加工精度与谷类营养素的保留程度有着密切关系，见表2-5。

表2-5　不同加工精度大米和小麦中主要营养素含量（g/100 g）

	大米出米率（%）			小麦出粉率（%）		
	92	94	96	72	80	85
水分	15.5	15.5	15.5	14.5	14.5	14.5
粗蛋白	6.2	6.6	6.9	8—13	9—14	9—14
粗脂肪	0.8	1.1	1.5	0.8—1.5	1.0—1.6	1.5—2.0
糖	0.3	0.4	0.6	1.5—2.0	1.5—2.0	2.0—2.5
矿物质	0.6	0.8	1.0	0.3—0.6	0.6—0.8	0.7—0.9
纤维素	0.3	0.4	0.6	微量—0.2	0.2—0.4	0.4—0.9

加工精度越高，糊粉层和胚芽损失越多，营养素损失越大，尤以B族维生素损失显著。不同出粉率小麦中B族维生素含量的变化见表2-6。

表2-6　不同出粉率小麦B族维生素含量的变化（mg/100 g）

	出粉率（%）				
	50	72	80	85	95—100
硫胺素	0.08	0.11	0.26	0.31	0.40
核黄素	0.03	0.04	0.05	0.07	0.12
尼克酸	0.70	0.72	1.20	1.60	6.00
吡哆醇	0.10	0.15	0.25	0.30	0.50

谷类加工粗糙时，虽然出粉（米）率高、营养素损失减少，但感官性状差，而且消化吸收率也相应降低。此外，因植酸和纤维素含量较多，还会影响其他营养素的吸收。我国于20世纪50年代初加工生产的标准米（九五米）和标准粉（八五粉），既保留较多的B族维生素、纤维素和矿物质，又保持较好感官性状和消化吸收率，在节约粮食和预防某些营养缺乏病方面起到了积极作用。近年来，随着经济的发展和人民生活水平的不断提高，人们对精白米、精白面的需求日益增长，导致谷类食物中B族维生素、纤维素和矿物质摄入量减少。为保障人民身体健康，应采取对米面的营养强化措施，改良谷类加工工艺，提倡粗细粮搭配等方法来克服精白米、精白面在营养方面的缺陷。

2. 豆类加工

豆类通过不同的加工方法可制成各种豆制品。经过加工的豆类蛋白质，其消化率和利用率都有所提高。大豆经浸泡、磨浆、加热、凝固等多道工序后，不仅除去了大豆中的纤维素、抗营养因素，而且还使大豆蛋白质的结构从密集变成疏松状态，蛋白质分解酶容易进入分子内部，从而提高了蛋白质的消化率。

大豆经发酵工艺可制成豆腐乳、豆瓣酱、豆豉等，此时，蛋白质因部分分解而容易被人体消化吸收，并且某些营养素含量也会增加，如豆豉在发酵过程中，由于微生物的作用可合成核黄素，每100 g 豆豉中核黄素含量为0.61 mg。

大豆经浸泡和保温发芽后制成豆芽，在发芽的过程中经各种水解酶的作用使大分子营养物质或以复合物形式存在的各种营养素分解成可溶性小分子有机物，有利于人体吸收。特别是维生素C 从0 增至5—10 mg/100 g 左右。近来还发现每100 g 黄豆芽中维生素B_{12}的含量达20 mg 左右。在发芽的过程中，各种水解酶的存在促使大豆中的植酸降解，更多的钙、磷、铁等矿物元素被释放出来，增加了大豆中矿物质的消化利用率。

3. 蔬菜、水果类加工

蔬菜、水果经加工可制成罐头食品、果脯、菜干、干菜等，加工过程中受损失的主要是维生素和矿物质，特别是维生素C。

4. 畜、禽、鱼类加工

畜、禽、鱼类食品可加工制成罐头食品、熏制食品、干制品、熟食制品等，与新鲜食品相比更易贮存且具有独特风味。加工过程对蛋白质、脂肪、矿物质影响不大，但高温制作时会损失部分B 族维生素（如维生素B_1、维生素B_2和烟酸）。

5. 蛋类加工

鲜蛋经加工制成的皮蛋、咸蛋、糟蛋等，其蛋白质、脂肪的含量变化不大，但由于碱的作用使皮蛋内的B 族维生素全部被破坏，碱和盐的作用使皮蛋和咸蛋中的矿物质明显增加。糟蛋是用鲜蛋泡在酒糟中制作而成的，在乙醇的作用下，蛋壳中的钙盐渗透到糟蛋中，所以糟蛋中钙的含量是鲜蛋的40 倍。

（二）烹调对食品营养价值的影响

食品经过烹调处理，可以杀菌并增进食品的色、香、味，且容易消化吸收，提高其所含营养素在人体的吸收利用率；但在烹调过程中，食品也会发生一系列的物理化学变化，使某些营养素遭到破坏。因此，在烹调过程中，一方面要尽量利用其有利因素提高营养价值，促进消化吸收，另一方面要控制不利因素，尽量减少营养素的损失。

1. 谷类烹调

米类食物在烹调前一般都要经过淘洗，在淘洗的过程中一些营养素特别是水溶性维生素和矿物质都有部分丢失，致使米类食物营养价值降低。大米经过淘洗，维生素B_1的损失率达30%—60%，维生素B_2和尼克酸的损失率达20%—25%，矿物质的损失率可达70%，碳水化合物的损失率约为2%。淘洗的次数越多，水温越高，浸泡的时间越长，营养素的损失就越多。

谷类的烹调方法有煮、焖、蒸、烙、烤、炸、炒等，不同的烹调方法造成营养素损失的程度不同，主要是对 B 族维生素的影响。如制作米饭，采用蒸的方法 B 族维生素的保存率比捞蒸方法（即弃米汤后再蒸）要高得多；在制作面食时，一般蒸、烤、烙的方法，B 族维生素损失较少，但用高温油炸时损失较多，如油条制作时因加碱及高温油炸致使维生素 B_1 全部损失，维生素 B_2 和尼克酸仅保留一半。不同烹调方法下米饭和面食中 3 种 B 族维生素的保存率见表 2-7。

表 2-7 不同烹调方法下米饭和面食中 3 种 B 族维生素的保存率

食物	原料	烹调方式	硫胺素			核黄素			尼克酸		
			烹调前（mg）	烹调后（mg）	保存率（%）	烹调前（mg）	烹调后（mg）	保存率（%）	烹调前（mg）	烹调后（mg）	保存率（%）
饭	稻米（标一）	捞蒸	0.21	0.07	33	0.06	0.03	50	4.1	1.0	24
饭	稻米（标一）	蒸	0.21	0.13	62	0.06	0.06	100	4.1	1.6	30
粥	小米	熬	0.66	0.12	18	0.10	0.03	30	1.8	1.2	67
馒头	富强粉	发酵、蒸	0.07	0.02	28	0.08	0.05	62	1.2	1.1	91
馒头	标准粉	发酵、蒸	0.27	0.19	70	0.07	0.06	86	2.0	1.8	90
面条	富强粉	煮	0.29	0.20	69	0.07	0.05	71	2.6	1.8	73
面条	标准粉	煮	0.61	0.31	51	0.07	0.03	43	2.8	2.2	78
大饼	富强粉	烙	0.35	0.34	97	0.07	0.06	86	2.4	2.3	96
大饼	标准粉	烙	0.48	0.38	79	0.07	0.06	86	2.4	2.4	100
油条	标准粉	炸	0.49	0	0	0.06	0.03	50	1.7	0.9	52
窝头	玉米面	蒸	0.33	0.33	100	0.14	0.14	100	2.1	2.3	109

另外，米饭在电饭煲中保温时，随着时间的延长，维生素 B_1 的损失增加，可损失所余部分的 50%—90%，因此，煮好的米饭不宜长时间保温。面食在焙烤时，蛋白质中赖氨酸的 ε-氨基与羰基化合物（尤其是还原糖）发生褐变反应（又称美拉德反应），产生的褐色物质在消化道中不能水解，故无营养价值，而且使赖氨酸失去营养价值，为此，应注意焙烤温度和糖的用量。

2. 畜、禽、鱼、蛋类烹调

畜、禽、鱼等肉类的烹调方法多种多样，常用有炒、焖、蒸、炖、煮、煎、炸、熏烤等。在烹调过程中，蛋白质含量的变化不大，而且经烹调后，蛋白质变性更有利于消化吸收。无机盐和维生素在用炖、煮方法时，损失不大；在高温制作过程中，B 族维生素损失较多。如猪肉切丝用炒的方法，维生素 B_1 可保存 87%，用蒸肉丸方式可保存 53%，用清炖猪肉方式时（用大火煮沸后用小火煨 30 分钟）维生素 B_1 仅保存 40%。

蛋类烹调一般采用油炸、炒、蒸或带壳水煮。在烹调过程中，除维生素 B_1、维生素 B_2 有少量损失外，对其他营养素影响不大。烹调过程中的加热不仅具有杀菌作用，而且还能提高蛋白质的消化吸收率，因为生蛋清中存在的抗生素和抗胰蛋白酶经加热后被破坏，蛋白质的消化吸收和利用更完全。因此，蛋类不宜生吃。

3. 蔬菜、水果类烹调

在烹调中应注意水溶性维生素及矿物质的损失和破坏，特别是维生素 C。

水果大多数以生食为主，一般不受烹调加热的影响。但在烹调成某些菜肴时，如苹果羹、香蕉拔丝、鸭梨肉丸汤等，维生素会有不同程度的损失。

烹调对蔬菜维生素的影响与烹调过程中洗涤方式、切碎程度、用水量、pH 值、加热温度及时间有关。如蔬菜煮 5—10 分钟，维生素 C 损失可达 70%—90%。使用合理加工烹调方法，即先洗后切，急火快炒，现做现吃是保存蔬菜中维生素的有效措施。

三、食品的储存因素

食品在贮藏过程中营养素含量的变化可影响其营养价值。食品中营养素含量的变化与贮藏条件，如温度、湿度、氧气、光照、贮藏方法及时间长短有关。

（一）贮藏对谷类营养价值的影响

谷物贮藏期间，由于呼吸、氧化、酶的作用可发生许多物理、化学变化，其程度大小、快慢与贮藏条件有关。在正常的贮藏条件下，其蛋白质、维生素、矿物质的含量变化不大。当贮藏条件改变，可引起蛋白质、脂肪、碳水化合物分解产物堆积，发生霉变，不仅改变了感官性状、降低其营养价值，而且会失去食用价值。由于粮谷贮藏条件和水分含量不同，各类维生素在贮存过程中变化不尽相同。如谷粒水分为 17% 时，贮存 5 个月，维生素 B_1 损失 30%；水分为 12% 时，损失减少至 12%；谷类不去壳贮存 2 年，维生素 B_1 几乎无损失。

（二）贮藏对蔬菜、水果营养价值的影响

蔬菜、水果在采收后是活体，仍会不断发生生理、物理和化学变化。在贮藏条件不当时，蔬菜、水果的鲜度和品质会发生改变，使其营养价值和食用价值降低。

1. 蔬菜、水果的呼吸作用

呼吸作用是蔬菜、水果生命活动必不可少的，实质上是酶参与的缓慢氧化过程。旺盛的有氧呼吸会加速氧化过程，使蔬菜、水果中的碳水化合物、有机酸、糖苷、鞣质等有机物分解，从而降低蔬菜、水果的风味和营养价值。

2. 蔬菜的春化作用

春化作用（vernalization）是指蔬菜打破休眠期而发生发芽或抽薹变化，如马铃薯发芽、洋葱、大蒜的抽薹等。这会大量消耗蔬菜体内的养分，使其营养价值降低。

3. 水果的后熟

后熟是指水果被采摘脱离果树后的成熟过程。大多数水果从树上采摘后可以直接食用，但有些水果从树上采下来时不能直接食用，需要经过后熟过程才能食用。水果经过后熟进一步增加芳香和风味，使水果变软、变甜适合人食用，对改善水果质量有重要意义。

蔬菜、水果常用的贮藏方法有以下几种：①低温贮藏，以不使蔬菜、水果受冻为原则，根据其不同特性进行贮藏。如热带或亚热带水果对低温耐受性差，绿色香蕉（未完全成熟）应贮藏在12℃左右，柑橘在2℃—7℃，而秋苹果可在-1℃—1℃久藏。②气调贮藏法，是指改良贮藏环境气体成分的冷藏方法，是目前国际上公认的最有效的果蔬贮藏保鲜方法之一。利用一定浓度的二氧化碳（或其他气体如氮气等）使蔬菜、水果的呼吸变慢，延缓其后熟过程，以达到保鲜的目的。

（三）贮藏对动物性食品营养价值的影响

畜、禽、鱼、蛋等动物性食品一般采用低温贮藏，贮藏的温度、湿度根据食品的性质、贮藏的时间不同而定，包括冷藏法和冷冻法。

冷冻法是保持动物性食品感官性状、营养价值，以及便于长期保存食品的较好方法。冷冻肉质的变化受冻结速度、贮藏时间和解冻方式的影响。在解冻过程中，有极少量的水溶性物质随汤液而流失。

肉类食品在冷冻贮藏过程中，可发生蛋白质变性、变色、干缩、汁液流失，以及脂肪氧化，从而降低食品的营养价值，但不同种类的食品，其变化有所不同，如冷冻对牛、羊、猪肉蛋白质变性影响较小，但对鱼类蛋白质则会引起一定的变性。因此，在低温贮藏中应采取相应措施以保持食品的鲜度和营养价值。

本 章 小 结

根据食品特征可将其分为谷、豆、肉、奶、蛋、蔬、果、油脂等几大类。食品的营养价值是指某种食物所含营养素和能量是否能满足人体营养需要的程度，评价食品营养价值的高低不仅取决于食品中所含营养素种类、数量和比例是否合适，而且还与其在人体中被消化吸收和利用的程度密切相关。不同种类食物中所含的营养素的种类及数量不同，其营养价值也不同，没有任何一种食物含有人体需要的全部营养素。影响食品营养价值的因素有营养素的种类和含量、加工、烹调、储存等几个方面。

延伸学习

拓展阅读

表2-8 几种食物和不同人群需要的氨基酸评分模式

氨基酸	人群（mg/g 蛋白质）				食物（mg/g 蛋白质）		
	1岁以下	2—5岁	10—12岁	成人	鸡蛋	牛奶	牛肉
组氨酸	26	19	19	16	22	27	34
异亮氨酸	46	28	28	13	54	47	48
亮氨酸	93	66	44	19	86	95	81
赖氨酸	66	58	44	16	70	78	89
蛋氨酸+半胱氨酸	42	25	22	17	57	33	40
苯丙氨酸+酪氨酸	72	63	22	19	93	102	80
苏氨酸	43	34	38	9	47	44	46
缬氨酸	55	35	25	13	66	64	50
色氨酸	17	11	9	5	17	14	12
总计	460	339	241	127	512	504	479

表2-9 常见几种食物蛋白质质量

食物	BV	NPU（%）	PER	AAS
全鸡蛋	94	84	3.92	1.06
全牛奶	87	82	3.09	0.98
鱼	83	81	4.55	1.00
牛肉	74	73	2.30	1.00
大豆	73	66	2.32	0.63
精制面粉	52	51	0.60	0.34
大米	63	63	2.16	0.59
土豆	67	60	—	0.48

注：BV指生物价，NPU指净蛋白利用率，PER指蛋白质功效比值，AAS指氨基酸评分

表 2-10　部分食物的脂肪含量

食物名称	脂肪含量（g/100 g）	食物名称	脂肪含量（g/100 g）
猪肉（肥）	90.4	鸡腿	13.0
猪肉（肥瘦）	37.0	鸭	19.7
猪肉（后臀尖）	30.8	草鱼	5.2
猪肉（后蹄膀）	28.0	带鱼	4.9
猪肉（里脊）	7.9	大黄鱼	2.5
猪蹄爪尖	20.0	海鳗	5.0
猪肝	3.5	鲤鱼	4.1
猪大肠	18.7	鸡蛋	11.1
牛肉（瘦）	2.3	鸡蛋黄	28.2
羊肉（瘦）	3.9	鸭蛋	18.0
鹌鹑	9.4	核桃	58.8
鸡	2.3	花生（炒）	48.0
鸡翅	11.8	葵花子（炒）	52.8

表 2-11　常见食物的血糖指数（GI）

食物名称	GI	食物名称	GI
葡萄糖	100	面包	87.9
蔗糖	65.0±6.3	藕粉	32.6
果糖	23.0±4.6	可乐	40.3
乳糖	46.0±3.2	酸奶	48.0
麦芽糖	105.0±5.7	牛奶	27.6
白糖	83.8±12.1	花生	14.0
蜂蜜	73.5±13.3	山药	51.0
巧克力	49.0±8.0	南瓜	75.0
馒头	88.1	四季豆	27.0
熟甘薯	76.7	扁豆	38.0
熟马铃薯	66.4	绿豆	27.2
面条	81.6	大豆	18.0
大米	83.2	豌豆	33.0

（续表）

食物名称	GI	食物名称	GI
烙饼	79.6	鲜桃	28.0
苕粉	34.5	香蕉	52.0
荞麦面条	59.3	苹果	36.0
小米	71.0	猕猴桃	52.0
胡萝卜	71.0	菠萝	66.0
玉米粉	68.0	柑橘	43.0
大麦粉	66.0	葡萄	43.0
油条	74.0	柚子	25.0
饼干	47.1	梨	36.0
荞麦	54.0	西瓜	72.0
糯米	66.0		

 学习活动

举行一次小组讨论，小组成员每人携带食物原材料5件，每人讲述一下所携带食物包含营养素的种类，并利用食物成分表查出这些营养素的含量。设定讨论议题：哪些食物适合0—3岁婴幼儿食用？原因是什么？如何搭配？如何利用这些食物制作婴幼儿的菜品？

 复习与思考

1. 简述各类食物的营养价值。
2. 如何在加工、烹调、储存等方面避免食物营养素的流失？
3. 如何全面评价某类食物的营养价值？

第三章 婴幼儿的营养需要与合理喂养

学习目标

1. 知识目标
（1）熟悉婴幼儿消化系统发育的特点及各月龄营养需要。
（2）掌握各月龄婴幼儿喂养方法。
2. 能力目标
（1）学会制订不同月龄婴幼儿的合理喂养方案。
（2）能理论联系实际，熟悉不同月龄相应食物的选择，能选择适合的制作方法，制作相应月龄的婴幼儿辅食。

第一节 婴幼儿消化系统发育特点

为了正确合理地喂养婴幼儿，有必要了解该时期婴幼儿消化器官的发育情况，从而根据其特殊的生理特点和营养需求，进行合理喂养，促进婴幼儿健康发展。

一、婴儿消化器官的发育特点

（一）口腔

1. 唾液腺发育

新生儿及婴幼儿口腔黏膜薄嫩，血管丰富，唾液腺发育不够完善，唾液分泌少，口腔黏膜干燥，易受损伤和细菌感染，3个月时唾液分泌开始增加，5个月时明显增多。3个月以内小婴儿唾液中淀粉酶含量较少，不宜喂淀粉类食物。婴儿口腔小，口底浅，不会及时吞咽所分泌的全部唾液，常发生生理性流涎。

2. 吸吮吞咽功能发育

足月新生儿出生时已具有较好的吸吮吞咽功能，颊部有厚的脂肪垫，有助于吸吮活动，早产儿则较差。吸吮动作是复杂的先天性反射，严重疾病可影响这一反射，使吸吮变得弱而无力。

（二）食管

食管有两个主要功能，一是推进食物和液体由口入胃，二是防止吞咽期间胃内容物反流。新生儿和婴儿的食管呈漏斗状，黏膜纤弱，腺体缺乏，弹力组织及肌层尚不发达，食管下段贲门括约肌发育不成熟，控制能力差，常发生胃食管反流，绝大多数在8—10个月时症状消失。婴儿吸奶时常吞咽过多空气，易发生溢奶。

（三）胃

1. 胃的发育

婴儿胃呈水平位，当开始行走时其位置变为垂直；胃平滑肌发育尚未完善，在充满液体食物后易使胃扩张；由于贲门肌张力低，幽门括约肌发育较好，自主神经调节差，故易引起幽门痉挛出现呕吐。

2. 胃的容量小

新生儿胃容量小，约为30—60 mL，后随年龄增长而增大，1—3个月时90—150 mL，1岁时250—300 mL。所以，新生儿喂食应当少量多次，喂食的次数应较年长儿多。

3. 胃的消化功能差

胃黏膜有丰富的血管，但腺体和杯状细胞较少，盐酸和各种酶的分泌均较成人少且酶活力低，消化功能差。

（四）肠

1. 吸收功能好

婴幼儿肠管相对比成人长，一般为身长的5—7倍，或为坐高的10倍，有利于消化吸收。肠黏膜细嫩，富有血管和淋巴管，小肠绒毛发育良好，吸收好。

2. 易患病

婴幼儿肠肌层发育差，肠系膜柔软而长，黏膜下组织松弛，尤其结肠无明显结肠带与脂肪垂，升结肠与后壁固定差，易发生肠扭转和肠套叠。肠壁薄，通透性高，屏障功能差，肠内毒素、消化不全产物和过敏原等可经肠黏膜进入体内，易引起全身感染和变态反应性疾病。

（五）肝

年龄愈小，肝脏相对愈大。婴儿肝脏结缔组织发育较差，肝细胞再生能力强，不易发生肝硬化，但易受各种不利因素的影响，如缺氧、感染、药物中毒等均可使肝细胞发生肿胀、脂肪浸润、变性坏死，纤维增生而肿大，从而影响其正常生理功能。婴儿时期胆汁分泌较少，故对脂肪的消化吸收功能较差。

（六）胰腺

分为内分泌和外分泌两部分，前者分泌胰岛素控制糖代谢；后者分泌胰腺液，内含各种消化酶，与胆汁及小肠的分泌物相互作用，共同参与对蛋白质、脂肪及碳水化合物的消化。婴幼儿时期胰腺液及其消化酶的分泌极易受炎热天气和各种疾病影响而被抑制，容易发生消化不良。

（七）肾脏

出生后几个月，肾小管逐渐增长后才具有回吸收能力。肾小球的滤过率较低，也就是说，肾脏对于营养物质代谢后产生的"废料"处理能力较弱。婴儿肾小管还未长到足够的长度，功能不足，排钠的能力有限，钠的慢性滞留会引起水肿。如果过早摄入食盐，蓄于体内会增加成年时患高血压的风险。所以，12个月内的婴儿辅食不加盐。

（八）消化酶

4个月前的婴儿唾液腺分泌功能较弱，唾液分泌量甚少，唾液淀粉酶活力很低，在肠腔内除胰淀粉酶外其他消化酶均已具备。此阶段除了对母乳的蛋白质、脂肪消化能力较好外，对淀粉类食物及其他动物乳类的消化能力相对较弱。从初生婴儿的这些特点中，我们了解到婴儿一生下来就具备了吸吮母乳的能力。所以，母乳喂养是婴儿最适合的喂养方式。此外，新生婴儿肝脏中酶活性较低，葡萄糖醛酸转换酶的活力不足，是新生儿发生生理性黄疸的重要原因之一。酶不足时对某些药物的解毒能力也较差，剂量稍大即引起严重的毒性反应。

（九）肠道细菌

在母体内，胎儿的肠道是基本无菌的，出生后数小时细菌即从空气、奶头、用具等经口、鼻、肛门入侵至肠道；一般情况下胃内几乎无菌，十二指肠和上部小肠也较少，结肠和直肠细菌最多。肠道菌群受食物成分影响，单纯母乳喂养儿以双歧杆菌占绝对优势；人工喂养和混合喂养儿肠内的大肠杆菌、嗜酸杆菌、双歧杆菌及肠球菌所占比例几乎相等。正常肠道菌群对侵入肠道的致病菌有一定的拮抗作用。消化功能紊乱时，肠道细菌大量繁殖可进入小肠甚至胃内而致病。

二、婴幼儿消化吸收特点

（一）消化酶的成熟与宏量营养素的消化吸收

1. 蛋白质消化吸收

胎儿34周时胃主细胞开始分泌胃蛋白酶，出生时活性低，出生3个月后活性增加，18个月时达成人水平。胃蛋白酶可凝结乳类。出生后1周胰蛋白酶活性增加，1个月时已达成人水平。故出生时新生儿消化蛋白质能力较好。

出生后几个月小肠上皮细胞渗透性高，有利于母乳中的免疫球蛋白吸收，但也会增加异体蛋白（如牛奶蛋白、鸡蛋白蛋白）、毒素、微生物，以及未完全分解的代谢产物的吸收机会，导致过敏或肠道感染。因此，对婴儿，特别是新生儿，食物的蛋白质应有一定限制。

2. 脂肪消化吸收

胎儿2—3个月开始分泌胆汁，出生时胆汁缺乏，胃酸低。出生24周后胃酸达成人水平。婴儿吸收脂肪的能力随年龄增长而提高，如：孕33—34周的早产儿脂肪的吸收率为

65%—75%；足月儿脂肪的吸收率为90%；出生后6个月婴儿对脂肪的吸收率达95%以上。

胎儿16周时已产生胰脂酶。因需胆盐激活，新生儿期胰腺分泌胰脂酶极少，几乎无法测定，2岁后达成人水平。出生后肠脂酶分泌不足。新生儿胃脂肪酶作用不依赖胆盐和辅助因子，可以保持胃内合适酸度，抗胃酸和胃蛋白酶，有助于胃内脂肪消化，在一定程度上代偿了胰腺功能不足。母乳的脂肪酶亦可部分补偿胰脂酶的不足。

3. 碳水化合物消化吸收

0—6个月婴儿的食物主要是母乳或配方奶，其中的碳水化合物主要是乳糖，其次为蔗糖和少量淀粉。肠双糖酶发育与胎龄有关，胎儿8个月时肠蔗糖酶、麦芽糖酶的活性达最高；肠乳糖酶活性逐渐增加，足月时达高峰。出生后肠乳糖酶维持较高活性，断乳后活性逐渐下降，如儿童期进食乳类食物，可维持肠乳糖酶活性较高水平。胎儿34周时开始分泌唾液腺淀粉酶，但婴儿出生后几个月消化淀粉能力较差。出生时婴儿唾液腺淀粉酶和胰淀粉酶完全测不到；出生至3个月内唾液腺淀粉酶活性低，3个月后其活性逐渐增高，2岁时达成人水平；4—6个月婴儿开始分泌胰淀粉酶。消化淀粉能力随淀粉酶的成熟逐渐提高。新生儿十二指肠小肠α-淀粉酶活性低，但肠内葡萄糖化酶含量较高，约为成人的50%—100%，可代偿淀粉酶不足，使淀粉发酵变为短链脂肪酸，帮助淀粉消化。早期喂淀粉食物并不激活淀粉酶活性，只增加淀粉酶分泌量，说明淀粉酶的成熟是独立的。

（二）胃排空（胃的运动）

胃排空时间随食物种类不同而异，与食糜的组成有关，脂肪、蛋白质可延长排空时间，如凝块大、脂肪多的食物影响胃的蠕动和分泌功能，胃内停留时间较长。水在胃的排空时间约1.5—2小时，母乳约2—3小时，牛乳3—4小时，混合食物4—5小时。早产儿胃排空更慢，易发生胃潴留。温度、年龄、全身状况亦可影响排空时间。

三、与婴幼儿进食相关的感知觉和神经心理发育的特点

（一）感知觉的发育

进食技能学习需要感知觉和感知觉的反馈，涉及本体感受、触觉、压力觉、温度觉和味觉。

1. 嗅觉发育

胎儿生活的环境——羊水的气味与妊娠期母亲食物类型有关。胎儿出生后母婴通过味觉互相熟悉，婴儿鼻前庭对母亲气味的感觉可引导婴儿寻找乳头吸吮。乳汁的味觉刺激、温度、母亲的声音等会强化早期的学习。婴儿有嗅觉记忆，出生时已表现出对不同气味的反应，逐渐学习识别不同气味。

2. 味觉发育

胎儿在宫内吞咽羊水，羊水中含各种物质。胎儿在胎内可能已接触羊水中的糖、乳糖、乳酸、植酸、脂肪酸、磷脂、肌酸、尿素、尿酸、氨基酸、蛋白质和盐等各种物质。羊水是胎

儿体验味觉的第一个物质。新生儿的味蕾发育良好，可以分辨酸、甜、苦、辣等刺激性较强的味道。奶味或甜味可让其情绪愉悦，而吃到苦、咸、酸的东西会做出痛苦的表情。母乳喂养使婴儿从人乳获得各种各样味觉刺激。人乳可能是宫内和固体食物气味的桥梁，人乳的味道可能有"引导教育"后代"安全"摄取食物的作用。婴儿早期味觉经历的变化（如羊水、人乳）对以后接受食物有特殊作用，可能让婴儿在断乳期更易于接受新的味道，使食物转换更容易些。配方奶味道恒定，是婴儿从未接触过的食物味道；同时，婴儿的味觉可敏感地区别人造乳头与母亲乳头，因此，婴儿从人乳转变为配方乳常常较为困难。

2—7个月婴儿可能存在味觉敏感期。敏感发育期是一种适应性行为，接触味觉范围有助于婴儿建立持久的食物偏爱。

（二）进食技能的发育

摄取食物是一个复杂的过程。食物的消化和吸收过程需要口腔、胃、小肠、唾液腺、胰腺、肝胆的参与。儿童进食技能的发育是摄取食物、获得营养的基础，需口唇、舌、咽肌肉协调以及手—口协调活动能力的发育。只有了解有关进食技能发育的相关消化系统解剖生理知识，如吸吮、吞咽的机制等，我们才能有效解决婴幼儿喂养问题。

1. 觅食反射

手指或母亲乳头触及新生儿面颊时，新生儿的头会转向同侧，似"觅食"，就是觅食反射，这是婴儿出生具有的一种最基本的进食技能。出生2—3周后婴儿逐渐习惯哺乳时母亲乳头触及面颊，可不出现"觅食"动作，直接吸吮。

2. 吸吮与吞咽发育

婴儿口腔解剖发育特点是婴儿吸吮生理基础，如口腔小、舌短而宽、无牙、颊脂肪垫、颊肌与唇肌发育好。随着食物性质由纯乳类—半固体—固体的变化，舌系带逐渐吸收、舌尖变长，2岁后舌形态接近于成人。婴儿吸吮—吞咽过程是指从出生时最基本的进食动作——觅食反射和吞咽反射到2—5个月时有意识的吞咽动作。进食固体食物提示主动吞咽行为发育成熟。婴儿吞咽时，咽—食管括约肌不关闭，食管不蠕动，食管下部的括约肌不关闭，易发生溢奶。

（1）婴儿吮吸乳汁的过程

婴儿的吞咽是由反射引起的，舌尖抬高，舌体顶着上颚，挤压乳汁到咽部，声门关闭，刺激咽部的触觉感受器引起吞咽，乳汁进入食管，这个过程仅需数秒钟，受脑干的吞咽中枢控制。4—6个月时舌体下降，舌的前部逐步开始活动，可判别食物所在的部位，食物放在舌上可咬或者吸，食物被送达舌后部时吞咽。

吸吮人乳时，婴儿的嘴轻压乳头，舌、上腭对乳头的吸吮，使口腔产生70—170 mmHg（9.33—22.7 kPa）的负压吸吮力，乳汁被"推"到咽部而吞咽。奶瓶喂养时婴儿吸吮奶乳头的压力低，易于吸出，乳汁通过颌和舌的前部挤压硬腭压出乳汁。足月儿吸10—30次停顿1次，吞咽、呼吸、吸吮以1∶1∶1的方式进行。喂养困难婴儿可见"吸吮差"，呼吸、吸吮、吞咽协调差。吸吮协调差表现为吸吮活动无节律；功能不全表现为颌和舌的活动异常所致的喂养障碍。

（2）婴儿有效吞咽食物的过程

吸吮发育成熟后，出现舌体前部至后部的运动，为有效吞咽。2个月左右的婴儿吸吮动作更成熟；4个月时婴儿吸、吞动作可分开，可随意吸、吞；5个月时婴儿吸吮力强，上唇可吸进勺内食物，从咬反射到有意识咬的动作出现；6个月婴儿可有意识张嘴接受勺及食物，嘴和舌协调完成进食，下唇活动较灵活，进食时常撅嘴，以吸吮动作从杯中饮，常呛咳或舌伸出；8个月时婴儿常常以上唇吸吮勺内食物。食物的口腔刺激、味觉、乳头感觉、饥饿感均可刺激吸吮的发育。让婴儿较早感觉愉快的口腔刺激，如进食、咬东西、吃拇指有利于以后进食固体食物和食物的转换。

3. 挤压反射

新生儿至3—4个月的婴儿对固体食物出现舌体抬高、舌向前吐出的挤压反射（也叫挺舌反射、推舌反应）。最初的这种对固体食物的抵抗可被认为是一种适应性功能，其生理意义是防止吞入不宜吞入的东西。

4. 咀嚼发育

咀嚼是有节奏地咬动、滚动、磨的口腔协调运动。消化过程中咀嚼的动作是婴儿食物转换所必需的技能。脑干的神经核控制咀嚼，当刺激附近的味觉中枢时，产生有节奏的咀嚼运动。

（1）咀嚼的发展过程

消化的口腔阶段，食物团块使下颌下移，咀嚼肌肉使下颌关闭，连续的反射引起咀嚼动作。5个月左右的婴儿出现上下咬的动作，表明婴儿咀嚼食物动作开始发育（与乳牙是否萌出无关）；6—7个月的婴儿可接受切细的软食；9—12个月的婴儿学习咀嚼各种煮软的蔬菜、切碎的肉类；1岁左右婴儿舌体逐渐上抬、卷裹食物团块，下颌运动使食物团块在口腔内转动并送到牙齿的切面，可磨咬纤维性食物；2岁左右幼儿舌体和喉下降到颈部，口腔增大，可控制下颌动作和舌向两侧的活动，随吞咽动作发育成熟，嘴唇可控制口腔内食物。

（2）婴儿"学习"咀嚼的月龄

出生后6—8个月是训练婴儿学习咀嚼、吞咽的关键期。引进固体食物前应有1—2个月训练儿童的咀嚼和吞咽行为的时期。若错过咀嚼、吞咽行为学习的关键期，婴儿将表现为不成熟的咀嚼和吞咽行为，如进食固体食物时常常出现"呛""吐出"或"含在口中不吞"。4—5个月的婴儿常常吸吮手指、抓东西往嘴巴送、用唇感觉物体；有计划地训练7个月左右婴儿咬嚼指状食物、从杯喝水；8个月后婴儿开始学用杯喝奶，感觉不同的食物质地；9个月开始学用勺自喂；1岁后断离奶瓶、刷牙，均有利于儿童降低口腔敏感性、口腔肌肉协调与咀嚼功能发育。不宜以乳牙萌出时间作为婴儿进食固体食物的依据。

（三）儿童早期食物接受

儿童食物接受类型是从其经历的食物刺激获得的。儿童对食物熟悉的程度决定儿童对食物的喜好。

婴儿后期必须逐渐学习接受一些新的食物，才能成功地从母乳或配方奶转变到泥糊状食物（或半固体食物）再过渡到固体食物。所有引入的食物对婴儿来说都是新的，可表现为拒绝或"厌新"。婴儿早期对新食物的拒绝是一种适应性保护功能。如果婴儿有足够的机会（连续8—10次/4—5日），在愉快的情况下去尝试新食物，婴儿会很快从拒绝到接受。教养者的灰心、焦虑或强迫的方法会对儿童接受新食物产生副作用。

（四）儿童对食物的偏爱

婴儿早期味觉发育与以后进食的偏爱行为密切相关。早期的经历使儿童具有判断某些食物可吃或不可吃的能力。经常变换食物，增加味觉的刺激，可使儿童熟悉、接受、习惯某些特殊食物的味道，减少儿童对某些熟悉的食物产生偏爱。强迫儿童接受某些有营养的、不太好吃的食物，儿童被迫或为获得奖励吃，反而会使儿童不喜欢有营养的食物。应正面鼓励使儿童接受食物，避免儿童喜欢与不喜欢。

进食是一种社会性活动，社会、家庭的习惯可影响儿童对食物的喜恶。就餐时儿童与成人、同胞在一起，家庭成员进食的行为和对食物的反应可作为儿童的榜样。让婴儿后期就经常与成人共进餐，使儿童有较多的机会模仿成人的进食动作，从开始用手指食物到学会使用勺、筷子。

（五）与进食有关的神经心理发育

1. 平衡、运动动作发育

随着月龄的增长，婴儿的大运动和精细运动也逐步分化和发育，在3个月左右颈部能够支撑头部，6个月左右能够独坐，婴儿竖颈、坐的平衡动作发育和手到口的精细动作的发育是进食技能发育必要的运动功能。当婴儿眼—手协调动作出现，如抓物到口时，可开始训练婴儿学习自己进食。

2. 独立能力的培养

自我进食学习过程不仅有益于眼、手、口腔协调动作，还可培养儿童独立能力，增强自信心。应允许婴儿尽早参与进食活动，如让6个月左右的婴儿自己扶奶瓶吃奶；7—9个月时学习从杯中饮，手拿指状或条状食物自己吃；10—12个月学习自己用勺；18个月至2岁的幼儿已可以独立进食。

3. 语言发育

口腔运动发育与进食技能和语言发育有关，研究发现吸吮协调差与功能不全的婴儿以后可能会出现语言发育迟缓；口腔控制改善，吃勺中食物时嘴唇关闭，可从杯中喝水等口腔技能与闭口发唇音（如"p""b""m"）的能力有关。舌系带与语言发育无关。

第二节 0—1岁婴儿的营养需要与合理喂养

一、营养需要

营养基本需求是满足儿童正常生长发育、促进体格生长和神经心理发育所需要的营养。由于遗传和代谢水平不同，儿童的营养需求个体差异很大。婴幼儿的营养需求特点为：生长发育迅速、代谢旺盛、消化吸收功能尚不完善，需要全面和足够的营养素，但营养素的吸收和利用受到一定限制，容易因为喂养不当而引起消化功能紊乱和营养不良。

（一）能量的需要

能量摄入长期不足，可导致婴儿低体重和生长迟缓；能量摄入过多，可导致婴儿发生超重或肥胖。均衡的营养对婴儿健康非常重要，中国营养学会推荐婴儿每天的能量摄入量为：6个月以内为 90 kcal/（kg·d），6—12 个月为 80 kcal/（kg·d）。

（二）蛋白质的需要

婴儿的蛋白质需要量相对较成人多，蛋白质供给的能量约占每天总能量的 12%—15%。蛋白质摄入不足时，会出现生长发育迟缓、消瘦、贫血等症状，并可出现抵抗力下降、水肿、伤口不易愈合等现象。蛋白质摄入过多，会增加婴儿胃肠道负担，造成消化功能紊乱，发生消化不良、便秘等，还会加重肝、肾负担，影响婴儿生长发育。中国营养学会推荐婴儿每天的蛋白质摄入量为：6个月以内 9 g/d，6—12 个月 20 g/d。

（三）脂肪的需要

婴儿早期，母乳喂养的婴儿每天摄入脂肪提供的能量可占到总能量的 50%。随着月龄的增加，脂肪占总热量的比例逐渐减少，所需脂肪的摄入量也相应减少。必需脂肪酸对婴幼儿神经髓鞘的形成、大脑及视网膜光感受器的发育和成熟具有非常重要的作用。婴幼儿对必需脂肪酸缺乏较敏感，膳食中缺乏必需脂肪酸容易导致婴幼儿皮肤干燥或脂溶性维生素缺乏。中国营养学会推荐6个月以内婴儿每天膳食中脂肪提供的能量占总能量的 48%，6—12 个月婴儿为 40%。

（四）碳水化合物的需要

婴儿期碳水化合物的摄入量应占总热量的 40%—50%，随月龄增长碳水化合物占总能量的比例达 50%—60%。若长期供应不足，可导致营养不良。若进食碳水化合物过多，而摄入蛋白质不足，婴儿体重虽正常增长，但肌肉松弛，对疾病抵抗力差。

（五）微量元素与宏量元素的需要

1. 铁

母亲孕期铁营养状况良好时，胎儿期贮存的铁可满足正常足月儿出生至 5—6 个月。因此，0—6个月的婴儿应摄入铁 0.3 mg/d，6—12 个月的婴儿应摄入铁 10 mg/d。母乳喂养的婴儿在 6 月龄时应关注铁营养状况，及时补充含铁丰富的食物，预防铁缺乏和缺铁性贫血。

2. 钙

6 个月以内的婴儿钙的需要量为 200 mg/d；6—12 个月需 250 mg/d。母乳含钙量为 34 mg/L，虽然较配方奶低，但母乳钙、磷比例适宜，钙的吸收效率比配方奶高。纯母乳喂养能满足婴儿骨骼生长对钙的需求，无须额外补钙。

3. 锌

锌对机体免疫功能、激素调节、细胞分化，以及味觉形成等过程有重要影响。6 个月以内婴儿应摄入锌 2 mg/d，6—12 个月需 3.5 mg/d。

4. 碘

婴儿对碘的需要量较少，6 个月以内需要量为 85 μg/d，6—12 个月需 115 μg/d。碘缺乏可导致生长迟缓，神经精神发育落后。

（六）维生素的需要

1. 维生素 D

维生素 D 对于婴幼儿的生长发育十分重要，婴儿每天需要维生素 D 的量为 400 IU（国际单位）或 10 mg，维生素 D 在母乳和牛乳中均较少，一般食物中含维生素 D 也较少，新生儿出生后数天即需每天补充维生素 D 制剂。足月儿 400 IU/d，早产、低出生体重儿生后应补充维生素 D 800—1000 IU/d，3 个月后改为 400 IU/d。

2. 维生素 A

维生素 A 能够维持儿童正常的生长发育和皮肤及口腔、眼黏膜健康，婴幼儿维生素 A 摄入不足可以影响体重的增长，并可出现上皮组织角化、干眼病、夜盲症等症状。0—6 个月婴儿维生素 A 的需要量为 300 μgRAE/d，相当于 1000 IU/d，6—12 个月婴儿需要量为 350 μg RAE/d，相当于 1167 IU/d。

3. B 族维生素

B 族维生素中的硫胺素（维生素 B_1）、核黄素（维生素 B_2）可促进婴幼儿的生长发育，其需要量随能量需要量的增加而增加，0—6 个月婴儿维生素 B_1 的需要量为 0.1 mg/d，维生素 B_2 需要量为 0.4 mg/d，6—12 个月婴儿维生素 B_1 需要量为 0.3 mg/d，维生素 B_2 需要量为 0.5 mg/d。

4. 维生素 C

维生素 C 能促进铁吸收，参与人体内多种酶促反应。维生素 C 缺乏可引起坏血病。0—12 个月婴儿需要量为 40 mg/d。

（七）水的需要

水是体内重要的成分，婴儿体内含水量占体重的比例为 70%—75%。一般婴儿约需水 75—100 mL/（kg·d），年龄越小，水的相对需要量越大。婴幼儿一旦发生腹泻或呕吐，很容易出现脱水和电解质紊乱等严重后果。6 个月以内婴儿水的需要量为 700 mL/d，6—12 个月的婴儿需 900 mL/d。由于乳汁中 90% 以上的成分是水，6 个月以内婴儿一般无须额外喂水,6个月以上的婴儿根据具体情况酌情摄入水。

二、喂养方式

（一）纯母乳喂养

母乳是婴儿最理想的天然食物,对婴儿健康和生长发育有不可替代的作用。健康、营养均衡的妈妈的乳汁可提供足月儿从出生到6个月所需要的全部营养。婴儿从出生至6个月应纯母乳喂养,无须给婴儿添加水、果汁、菜水等液体和固体食物,以免减少婴儿母乳的摄入量,进而影响妈妈乳汁分泌。从6个月起,在合理添加辅食的基础上,继续母乳喂养至2岁以上。

1. 母乳喂养的好处

（1）母乳包含婴儿需要的所有营养素

母乳可提供婴儿生长发育的营养素需要,其中含有乳清蛋白,易于婴儿消化吸收,是婴儿最理想的天然食品。同时,母乳中的生长因子、胃动素、胃泌素、乳糖、双歧因子、消化酶、乳糖酶、脂肪酶等,能促进婴儿胃肠道的发育,提高婴儿对母乳营养素的吸收和利用。

（2）母乳喂养可提供生命最早期的免疫物质

母乳中含有IgG及乳汁中特异的SIgA、铁蛋白（抑制肠道致病菌生长繁殖）、溶菌酶、白细胞、吞噬细胞和淋巴细胞等免疫物质,能增强婴儿的免疫能力,预防感染。

（3）母乳喂养能促进婴儿神经系统发育

母乳中含有大量的必需营养素,如矿物质、维生素、胆固醇、必需脂肪酸（如牛磺酸、DHA）,有利于婴儿神经系统的发育。喂养过程中良性神经系统刺激（如温度、气味、接触、语言、眼神等）,末梢感觉神经传递良性刺激,促进中枢神经系统发育,形成反射弧,促进婴儿对外环境的认识及适应。母乳喂养能全面促进婴儿嗅觉、味觉、温度觉、听觉、视觉、触觉的发育。

（4）母乳喂养能增进母子间的情感

母乳喂养帮助母子建立一种亲密、相爱的关系,使母亲有满足感。分娩后立即进行皮肤接触有助于建立这种关系,这一过程称为亲子关系。母乳喂养的婴儿哭得较少,而且更有安全感。

（5）母乳喂养能减少成年后代谢性疾病

"人类疾病与健康起源"研究表明,许多成年疾病,特别是影响健康与寿命的疾病与胎儿宫内营养、乳儿期喂养方式、出生后1—2年追赶性速度与第二次脂肪存积（青春前期）密切相关。母乳喂养可减少婴幼儿（出生后1—2年）生长发育迟缓及加速,减少成年后肥胖、高血压、高血脂、糖尿病、冠心病的发生率,有利于成年期代谢性疾病的预防。

（6）母乳喂养能促进母亲恢复健康

母乳喂养能促进子宫收缩、减少产后出血、加速子宫恢复；母乳喂养每日消耗 500 kcal 热量，可以协助母亲体形的恢复；坚持昼夜哺乳的母亲，大部分在 6 个月内不恢复排卵，可起到生育调节的作用；母乳喂养还能降低乳腺癌、卵巢癌的发病机会；哺乳期母亲的骨密度会降低，但断乳后恢复正常，说明哺乳过程促进骨骼的再矿化，而骨骼的再矿化可能有助于降低绝经后骨质疏松症的发生风险。

（7）母乳喂养经济方便

母乳喂养能减少婴幼儿生病的医疗开支及由此导致的父母误工而带来的经济损失。

2. 成功母乳喂养的方法

（1）孕期准备

母亲怀孕期间体重适当增加（12—14 kg），贮存脂肪以供哺乳能量的消耗。母亲孕期增重维持在正常范围内可减少妊娠糖尿病、高血压、剖宫产、低出生体重儿、巨大儿、出生缺陷及围产期死亡的危险。

（2）早开奶

婴儿出生后 0.5—1 小时内应帮助新生儿尽早实现第一次吸吮，对成功建立母乳喂养十分重要。出生后 2 周是建立母乳喂养的关键时期。频繁吸吮是促进乳汁分泌的最好方法，即使母亲产后尚未下奶，或母乳不足，最好在每次喂配方奶之前让婴儿先吸吮妈妈的乳头。

（3）促进乳汁分泌

1）乳母合理的生活安排。哺乳妈妈身心愉快、睡眠充足、营养均衡（须额外增加能量 500 kcal/d，即比怀孕之前加 1—2 餐的量），可促进泌乳。

2）按需哺乳。3 月龄内婴儿应频繁吸吮，每日不少于 8 次，可使母亲乳头得到足够的刺激，促进乳汁分泌。

3）乳房按摩。哺乳前热敷乳房，从外侧边缘向乳晕方向轻拍或按摩乳房，有促进乳房血液循环、乳房感觉神经的传导和泌乳作用。

4）排空乳房。吸吮产生的"射乳反射"可使婴儿短时间内获得大量乳汁；每次哺乳时应强调喂空一侧乳房，再喂另一侧，下次哺乳则从未喂空的一侧乳房开始。

（4）母乳喂哺技巧

1）哺乳前准备。等待哺乳的婴儿应是清醒状态、有饥饿感，并已换好干净的尿布。哺乳前让婴儿用鼻推压或舔妈妈的乳房，哺乳时婴儿身上的气味、身体的接触及哭声都可刺激乳母的射乳反射。

2）哺乳方法。每次哺乳前，母亲应洗净双手。妈妈哺喂时可以采取不同的姿势和体位，侧位、仰卧位和坐位都可以，以母婴感觉舒适、心情愉悦、全身肌肉放松为原则。无论用何种姿势，都应该让婴儿的头和身体呈一条直线，婴儿身体贴近母亲，婴儿头和颈部得到支撑，婴儿贴近乳房、鼻子对着乳头。正确的含接姿势是婴儿的下颌贴在乳房上，嘴张得很大，将乳头及大部分乳晕含在嘴中，婴儿下唇向外翻，婴儿嘴上方的乳晕比下方多。婴儿慢而深地吸吮，能听到吞咽声，表明含接乳房姿势正确，吸吮有效。哺乳过程注意母婴互动交流。喂完奶后，应该把婴儿轻轻直立抱起，使婴儿伏在妈妈肩头，从下往上轻拍背部，以便把吃奶同时吞咽下的空气排出，防治吐奶。

3）哺乳次数。3月龄内婴儿按需哺乳；4—6月龄逐渐定时喂养，每3—4小时一次，每日约6次，可逐渐减少夜间哺乳，帮助婴儿形成夜间连续睡眠能力。但有个体差异，须根据婴儿生长发育情况及气质类型，区别对待。

4）正确的哺乳姿势。顺利地进行母乳喂养，要从正确的哺乳姿势开始。正确的哺乳姿势一般有4种。

① 交叉环抱式

a. 用手掌握住婴儿的头枕部，婴儿面朝哺乳侧乳房，小嘴正对乳头。

b. 手腕放在婴儿两肩胛之间，大拇指和其余四指分别张开分别贴放在头部两侧的耳后。

c. 同时将右手拇指和其余四指分别张开呈"八"字形贴于右乳房外侧，大拇指放在乳头上方，食指则放在乳晕内下方，让婴儿小嘴与乳头乳晕正确地衔接。

交叉环抱式哺乳的优点：哺乳中，便于妈妈休息。在分娩后的头几天，妈妈坐起来仍有困难，而以半躺式的姿势喂哺婴儿最为适合。

图3-1 交叉环抱式

② 橄榄球式

a. 将婴儿抱在身体一侧，胳膊肘弯曲，手掌伸开，托住婴儿的头。

b. 婴儿面对乳房，让婴儿的后背靠着妈妈的前臂同时用下臂托住婴儿的背部，可以在腿上放个垫子。

c. 开始喂哺便放松及将身体后倾。

图 3-2　橄榄球式哺乳

橄榄球式哺乳的优点：这种姿势可让婴儿吸吮到下半部乳房的乳汁。在喂哺双胞胎时，或同时有另一位孩子想依偎着妈妈时，这种姿势便尤为适合。

③ 摇篮式（传统的哺乳姿势）

a. 让婴儿的头枕着妈妈的手臂，同侧手指搂住婴儿的腰臀或大腿上部。

b. 婴儿腹部向内方便身体接触。

c. 妈妈可用软垫支撑手臂，手的肌肉便不会因为抬肩过高而拉得紧绷。

图 3-3　摇篮式哺乳

摇篮式哺乳的优点：使用手支撑颈背部，对婴儿的头部可形成更好的控制。当用来为早产儿或叼住乳头有困难的婴儿哺乳时尤为合适。

④ 侧卧式

a. 妈妈身体侧卧，背后用枕头垫高上身，斜靠躺卧。

b. 把婴儿横倚着妈妈的腹部，让婴儿的脸朝向妈妈，头也可枕在妈妈的臂弯上。

c. 使婴儿的嘴和妈妈的乳头保持在同一水平线上。

图 3-4　侧卧式哺乳

侧卧式哺乳的优点：哺乳中，便于妈妈休息。会阴切开或撕裂疼痛或痔疮疼痛的女性采用此姿势最合适。

5）如何判断哺乳姿势是否得当

如果哺乳的姿势不当，可能会出现这些情况：哺乳时，出现受伤的情况；乳头出现疼痛，有被撕裂的感觉；喂完奶后，感觉乳房里还有乳汁，很快又开始发胀；总是要把乳房移开才不会压住婴儿的鼻子；婴儿狼吞虎咽，没有慢下来的时候；婴儿吸乳时姿势很紧张；当喂了很长时间，婴儿看起来还是饿，不愿意停下来；婴儿的体重没有如期增长；母亲和婴儿都没有舒适感等。

6）不要给新生儿加糖水、乳类或吸人工奶嘴

新生儿是伴随着水、葡萄糖和脂肪储存而诞生的。最初几日，少量初乳完全能满足需求，无须添加任何饮料和母乳代用品。哺乳前若给婴儿加用糖水或母乳代用品，婴儿有了饱足感，减少了对母乳的渴求，也就不可能有力地吸吮，母乳泌乳减少，造成乳量不足，同时还会引起乳胀、乳汁淤积、乳腺炎等的发生。而婴儿则由于对母乳的渴求减少，不吸吮，得不到初乳中的免疫物质，失去了第一次被动免疫的时机；还因吸乳少，肠蠕动减慢，易造成胎便迟排、并发新生儿黄疸及可能发生变态反应等。

此外，加用糖水或代乳品，常常使用奶瓶奶嘴喂，这就使婴儿容易产生乳头错觉。因为橡皮奶嘴出奶孔较大，新生儿期使用很容易产生依赖性，对吸吮母亲乳头不再感兴趣，甚至拒绝吸吮母乳，造成乳汁分泌少。所以不提倡哺乳前使用人工奶嘴加用任何饮品，包括糖水或代乳品等。

7）需要家庭和社区的支持

这是母乳喂养最重要的支持来源。在母乳喂养传统观念很强且家庭成员住得很近的社区，支持通常是很好的。许多妇女，尤其在城市，几乎得不到支持，她们的朋友及亲戚甚至鼓励她们人工喂养。因此，不仅须要对孕产妇进行宣传指导，还须要将母乳喂养的好处告诉家庭成员，以便得到他们的支持。

3. 母乳喂养常见的问题

（1）如何判断婴儿是否摄入足够的奶量

正常乳母产后 6 个月内每天泌乳量随婴儿月龄增长逐渐增加，成熟乳量平均可达 700—1000 mL/d。婴儿吃饱后自己会放开乳房，看上去满足并有睡意，哺乳前母亲乳房饱满，哺乳后变软，这都提示婴儿吃到了足够的母乳。但判断婴儿是否得到足够的母乳最重要的是观察婴儿体重的增长及小便的次数。

1）体重增长。婴儿出生 6 个月内，体重增长平均不小于每月 500 g。如婴儿每月体重增长低于 500 g，则为体重增长不足。只要婴儿体重增长正常，则说明得到了足够的母乳。

需要注意的是，新生儿出生后 2—3 日开始，会出现生理性体重下降，体重下降幅度不超过出生体重的 10%，且在 10 日内恢复到出生时的体重。如果新生儿从第一日开始按需哺乳，则生理性体重下降的恢复比晚开奶的婴儿快，甚至生理性体重下降过程不明显。如果婴儿在出生后 2 周，体重仍低于出生时体重，则说明体重增长不良。

2）排尿次数。检查婴儿的排尿情况，这是一个快速有效的办法。纯母乳喂养而且奶量足够的婴儿，通常 24 小时内至少排尿 6—8 次。奶量不足的婴儿，则每日排尿少于 6 次（通常每日少于 4 次）。其尿常很浓并且尿味重，色深黄或深橙。如果纯母乳喂养的婴儿排出大量稀释尿，说明他（她）吃到了足够的母乳。如果婴儿排出浓缩尿，而且每日少于 6 次，说明他（她）没有吃到足够的母乳。

（2）婴儿体重增长不足

1）原因。如果婴儿无疾病，其体重增长不足的最主要原因是未吃到足够母乳。而母乳不足主要有母乳喂养因素、母亲心理和身体状况 3 方面的原因（表 3-1）。其中，母乳喂养因素是最常见的也是最主要的因素。

表 3-1 母乳不足常见的原因

母乳喂养因素	母亲心理因素	母亲身体状况
开奶迟	信心不足	服避孕药、利尿剂
哺乳次数少	忧虑、紧张	妊娠
夜间不哺乳	不愿母乳喂养	严重营养不良
哺乳时间短	婴儿咀嚼母乳	胎盘滞留（罕见）
含接不良	疲劳	饮酒
用奶瓶或奶嘴		吸烟
喂辅食		乳房发育不良（罕见）

①开奶迟：如果婴儿没有在出生后1日内开始哺乳，则母亲下奶时间推迟，婴儿体重增长也会推迟。②哺乳次数少：在最初4周内每日哺乳少于8次，大一点的婴儿每日哺乳少于5—6次。③夜间不喂：如果母亲在婴儿未适应之前就停止夜间哺乳，母奶分泌量就会减少。④哺乳持续的时间短：哺乳持续时间太短或太匆忙，使婴儿得不到含有丰富脂肪的母奶，有时母亲只喂1—2分钟后就把婴儿从乳房处挪开，这可能是由于婴儿暂停吸吮，而母亲却认为他（她）已吃完了，或者母亲很匆忙，或为了换喂另一侧乳房而停喂这侧乳房。⑤含接姿势不良：致使婴儿无效吸吮，他（她）就得不到足够的乳汁。⑥奶瓶和安抚奶嘴：婴儿用奶瓶或者吸安抚奶嘴会减少吸吮乳房，致使奶量减少。

2）处理原则。询问喂养史，了解母亲对自己乳量的看法；观察母亲喂养的体位和婴儿含接乳房的姿势是否正确并给予相应的帮助；检查婴儿是否生病、畸形，及其生长情况；检查母亲营养状况、健康状况、乳房有无问题；鼓励母亲始终坚持母乳喂养，帮助母亲让婴儿吃到更多的母乳，使其相信自己的乳房条件可以有足够的母乳。

（3）早发型母乳性黄疸

1）原因。出生后最初7日内，在母乳喂养的处理、乳汁的产生及婴儿吸吮、吞咽过程中，由于某一环节出问题，导致母乳摄入不足，包括母乳喂养的次数减少和补充水或葡萄糖水过多。由于摄入不足，肠蠕动减少，肠道正常菌群建立晚，可使肠道结合胆红素排泄减少。肠道未结合胆红素增加以及由于食物摄入不足而使胎粪排出延迟，增加胆红素的重吸收，加重黄疸。某些母乳喂养婴儿胆红素过高，也可能与母亲患糖尿病及早产等有关。

2）临床特点。多见于初产妇，母乳少的原因是开奶晚，哺乳前后添加葡萄糖水，而对母乳需求降低；也可见于喂养次数少的婴儿。早发型母乳性黄疸高峰常在出生后3—4日，如诊断及治疗不及时，黄疸可持续6—12周；非溶血性未结合胆红素增高，如诊断治疗不及时可发展为重度黄疸，血清胆红素 >342 µmol/L（20 mg/dL），有引起胆红素脑病的危险。

3）鉴别诊断。应除外溶血性因素、感染、围生因素（缺氧酸中毒、低血糖、颅内血肿）及红细胞增多症等引起的黄疸。

4）防治原则。提倡早开奶，于出生后1小时开始，按需哺乳，每侧乳房的哺乳时间不受限制。出生后第一天开始每日10—12次哺乳（至少8—9次/日），夜间勤喂，限制辅助液体。胆红素 >257 µmol/L（15 mg/dL），或有其他高危因素时应间隔光疗。

（4）迟发型母乳性黄疸

1）原因。可能由于母乳中未识别因子使新生儿胆红素代谢的肠—肝循环增加所致。增加吸收的确切机制目前尚不清楚，可能与以下因素有关：①母乳中含有孕二醇较多，抑制了肝脏中葡萄糖醛酰转移酶活性。②母乳中脂肪酶活性较高，使乳汁中三酰甘油水解增加，游离脂肪酸较多，抑制了肝酶或取代蛋白质结合点上的未结合胆红素。③人乳中含有较高浓度的葡萄糖醛酸苷酶（R-GD）在发病机制中起重要作用，它能分解胆红素—葡萄糖醛酸醋链，产生未结合胆红素（UCB），后者从小肠吸收进入肝肠循环，使血中 UCB 增高引起黄疸。

2）临床特点。大约 2/3 母乳喂养的婴儿胆红素水平持续升高至第 3 周，其中半数是临床黄疸，胆红素浓度 >85 μmol/L（5 mg/dL）。黄疸在母乳喂养儿中可能持续数周，在 2 个月开始消退，无任何临床症状，生长发育良好；黄疸程度以轻至中度，胆红素浓度 205.2—342.0 μmol/L（12—20 mg/dL）为主；血清胆红素主要为未结合（间接）型，肝功能正常，无贫血。暂停母乳 2—3 日，黄疸即可明显减轻，如再喂母乳可有反复，但不会达到原来的程度。

3）鉴别诊断。迟发性母乳性黄疸需与感染、肝脏疾病鉴别。

4）治疗原则。最理想的是既保证母乳喂养，又要将黄疸降到最低程度。一般不需要特殊治疗，黄疸可逐渐减退；预后一般良好，很少引起胆红素脑病。当胆红素超过 342 μmol/L（20 mg/dL），或 28 日后仍在 257 μmol/L（15 mg/dL）以上时，可暂停母乳 3 天，代以配方乳（或将母乳挤出加热到 56℃，15 分钟）。胆红素于 2—3 日后可下降 50%，以后再喂母乳，胆红素仅轻度升高，不会达到原有水平，待自然消退。如因某些原因不能暂停母乳或停母乳后胆红素下降不满意，则可应用短期光疗使黄疸消退。

（5）乳头疼痛与乳头皲裂

1）原因。乳头疼痛最常见的原因是含接不良。倘若婴儿身体扭曲，离乳房太远，含接乳房时没有把乳晕含住，而只含住乳头，嘴闭着，唇向前突，则不能有效地吸吮出乳汁，吸吮时就会来回牵拉乳头，这样母亲就会觉得很疼。起初乳头没有裂口，当婴儿松开乳房时，可看见乳头顶部有压痕。假如婴儿继续这样吃奶，就会破坏乳头皮肤，在乳头周围出现裂口，产生皲裂。此时可以看到乳房肿胀。另一个原因是产妇分娩后如果没有早开奶或者没有做到频繁吸吮，而是在已下奶后，才让婴儿吃奶，她的乳房皮肤就会绷得很紧，将乳头拉平，且乳房伸展性差，婴儿只能吸着乳头，损伤了乳头皮肤。

2）处理原则。如果母亲乳头痛，应及时帮她改善哺乳体位，使婴儿正常含接。通常只要含接良好，疼痛就会减轻，婴儿可继续吃奶，不必为使乳头愈合而让乳房休息。预防乳头皲裂，强调生后不久就要开奶，早开奶可防止乳汁淤积在乳房内而产生压力，从而可预防肿胀形成。当乳房还很软时，易使婴儿含接好，这也减少了乳头皮肤损伤的机会。

（6）母亲外出时的母乳喂养

母亲外出或上班后，应鼓励母亲坚持母乳喂养。每天哺乳不少于 3 次，外出或上班时挤出母乳，以保持母乳的分泌量。

4. 母乳保存的方法

母亲外出或母乳过多时，可将母乳挤出存放至干净的储奶袋，妥善保存在冰箱或冰包中，不同温度下母乳储存时间参见《儿童喂养与营养指导技术规范》中的表 1，母乳食用前用温水（温奶器）加热至 40℃左右即可喂哺。

5. 不宜母乳喂养的情况

正接受化疗或放射治疗，患活动期肺结核且未经有效治疗，患有严重疾病（如慢性肾炎、恶性肿瘤、精神病、癫痫或心功能不全等），乙肝表面抗原（HBsAg）、乙肝 e 抗原（HBeAg）、乙肝核心抗原（抗 -HBc）3 项阳性（大三阳），人类免疫缺陷病毒（HIV）感染，乳房上有疱疹，吸毒等情况下的母亲，不宜母乳喂养。母亲患其他传染性疾病或服用药物时，应咨询医生，根据情况决定是否可以哺乳。

（二）混合喂养（部分母乳喂养）

母乳与配方奶同时喂养婴幼儿为混合喂养，可采用以下两种方法进行喂养。

1. 补授法

每次哺喂时，先喂母乳，将两侧乳房吸空后，再以配方奶补充。补授的乳量根据婴儿食欲及母乳分泌量而定，即"缺多少补多少"。

2. 代授法

一般用于 6 个月以后无法坚持母乳喂养的情况，可逐渐减少母乳喂养的次数，用配方奶替代母乳。

（三）人工喂养（配方奶喂养）

1. 喂养次数

因新生儿胃容量较小，出生后 3 个月内应按需喂养。3 个月后婴儿可建立自己的进食规律，此时应开始定时喂养，每 3—4 小时一次，约 6 次 / 日。允许每次奶量有波动，避免采取不当方法刻板要求婴儿摄入固定的奶量。

2. 喂养方法

在婴儿清醒状态下，采用正确的姿势喂哺，并注意母婴互动交流。应特别注意选用适宜的奶嘴，奶液温度应适当，奶瓶应清洁，喂哺时奶瓶的位置与婴儿下颌成 45°，同时奶液宜即冲即食，不宜用微波炉热奶，以避免奶液受热不均或过烫。

3. 人工喂养常用乳制品的种类及选择方法

（1）婴儿配方奶粉的分类

早产儿配方奶，普通婴儿配方奶，水解蛋白配方奶粉，不含乳糖婴儿配方奶。

（2）配方奶粉的选择方法

1）观察奶粉包装上的产品说明及标识是否齐全。按国家标准规定，外包装上需标有厂名、厂址或出产地、生产日期、保质期、执行标准、商标、净含量、配料表、营养成分表、食用方法及适用对象等项目，若说明不清或缺少项目最好不要购买。

2）选择生产规模较大、产品质量和服务质量较好的知名企业的产品。规模较大的生产企业技术力量雄厚，生产设备先进，产品配方设计较为科学、合理，产品质量也有所保证。

3）观察奶粉的冲调性。质量好的奶粉冲调性好，冲后无结块，液体呈乳白色，奶香味浓；质量差的奶粉则不易被冲开，也无奶香味。淀粉含量较高的奶粉冲调后呈糨糊状。

4）根据婴儿的年龄段选择合适的配方奶粉。如0—6个月的婴儿可选用第一阶段的婴儿配方奶粉；6—12个月的婴儿可选用第二阶段的较大婴儿配方奶粉；12—36个月的婴幼儿可选用第三阶段的婴幼儿配方奶粉；若婴幼儿对牛奶蛋白有过敏反应，可选择深度水解蛋白、完全水解蛋白（氨基酸配方）的婴幼儿配方粉。

4. 人工喂养常用乳制品的配制方法

（1）冲调配方奶粉前应洗净双手，做好奶瓶的消毒，在干净的桌面上进行操作。

（2）检查配方奶粉适合的年龄、有效期、冲泡方法、奶粉质量。

（3）准备沸水，冷却到40℃—60℃（具体需根据配方奶粉说明书上注明的温度），将准确分量的温开水倒入奶瓶。

（4）在奶瓶中加入准确分量的奶粉，用专用的量匙盛取奶粉，匙中的奶粉不要堆高也不要压紧。应严格按照产品说明的方法进行奶粉调配，避免过稀或过浓，或额外加糖。

（5）盖上锁紧环和奶嘴，充分摇动奶瓶，使奶粉与水完全融合。

（6）配方奶粉要现冲现喂，不要冲泡好了放置很长时间再给婴儿喂食。

5. 奶瓶的选择

（1）观察奶瓶的透明度

无论是玻璃还是PC材质的奶瓶，优质的奶瓶透明度都很好，可以看清瓶内的奶或水，瓶上的刻度也十分清晰、标准。

（2）奶瓶材料的选择

市面上的婴幼儿奶瓶，按原材料可分为：PC奶瓶、PP奶瓶、玻璃奶瓶、全硅胶奶瓶。

玻璃奶瓶除了强度不够，易碎之外，其他品质都优于塑料奶瓶。塑料奶瓶的优点就在于其轻巧不易碎，可以让婴儿自己拿，可以出门时携带，缺点是容易留有奶垢、清洗起来不方便。所以，玻璃奶瓶主要还是适合小婴儿，父母在家亲自喂养时可以用。当婴儿长大些，想自己拿奶瓶时，就可以用塑料奶瓶。

塑料奶瓶中，PES、PC的质轻，强度高，不易破碎，高度透明，两者性能都不错，不考虑价格因素的话，是首选。尤其新兴材料PES，比PC更易洗、耐用，几近于玻璃。但是PES奶瓶价格非常贵，同时，可供选择的品牌也较少。选择时，可根据实际需要购买合适的材质。一般而言，喂养初生婴儿使用玻璃奶瓶为主。3个月后，用塑料奶瓶多一些。

硅胶奶瓶安全，质量轻，适合任何月龄的婴儿使用。当然，由于硅胶奶瓶质地柔软，小婴儿使用会觉得更加舒适。

（3）奶瓶口径

奶瓶的口径分为标准和宽口两种。宽口径设计的奶瓶调乳时奶粉不容易洒出来，清洗起来方便。

（4）奶瓶容量的选择

奶瓶分为80 mL、120 mL、160 mL、200 mL、240 mL、270 mL、300 mL等多种容量，可以根据婴儿每次的食量和用途来挑选。容量小的奶瓶适合小月龄的婴儿，或是用来喝水，容量大的奶瓶适合较大月龄的婴儿。

6. 奶嘴的选择

按不同年龄段的婴儿选择不同阶段的奶嘴。

（1）奶嘴材料

1）乳胶：天然橡胶，富有弹性，很柔软，婴儿吸吮起来的口感更接近于妈妈的乳头。缺点是奶嘴边缘软，旋紧的时候容易脱位，容易渗漏。而且有橡胶特有的气味，有些婴儿可能不喜欢。

2）硅胶：合成橡胶，比起乳胶，比较硬，但不易老化、抗热、抗腐蚀、无味无臭。虽然没有渗漏的问题，但有的婴儿吸吮时可能会产生排异感。

（2）奶嘴形状

奶嘴形状分为圆形和大拇指形两种。大拇指形，或者说扁圆形的奶嘴，是根据婴儿吸吮时妈妈乳头被挤压后的形状来设计的，接近乳头的感觉，婴儿的接受度更高。

（3）奶嘴孔的款式

婴儿的吸吮力和吸吮方式各有不同，不同形状的奶嘴孔，奶液的流速也会不同，适合不同月龄的婴儿。

1）圆孔型：这是最常见的类型，圆孔型的奶嘴，奶水会自动流出，婴儿吸吮起来不费力，适合无法控制奶水流出量的小婴儿。孔型大小一般分为 S、M、L 3 种。①圆孔小号（S 号）：适合于尚不能控制奶量的新生儿用。②圆孔中号（M 号）：适合于 2—7 个月，或用 S 号吸奶费时太长的婴儿。③圆孔大号（L 号）：适合于 7 个月以上，或用以上两种奶嘴喂奶时间太长，但量不足、体重轻的婴儿。

2）十字孔型：十字形孔型可以根据婴儿的吸吮力来控制奶水的流量，不容易漏奶，适合各个年龄段的婴儿。

3）Y 字孔型：奶水流量稳定，能避免奶嘴凹陷。就算婴儿用力吸吮，吸孔也不会裂大。适合习惯用奶瓶喝奶 2—3 个月以上的婴儿。

7. 人工喂养的注意事项

（1）一天的总奶量，3 个月内婴儿奶量为 500—750 mL，3 个月至 1 周岁的奶量宜为 600—800 mL，不宜超过 1000 mL。

（2）奶粉的浓度不能过浓，也不能过稀。过浓会使婴儿消化不良，大便中会带有奶瓣；过稀则会使婴儿营养不良。

（3）每次喂奶前要试奶温。可将乳汁滴几滴于手背或手腕处，试试奶温，以不烫手为宜。

（4）喂奶时，奶瓶斜度应使乳汁始终充满奶头，以免婴儿将空气吸入。哺乳后应将婴儿竖抱拍嗝。

（5）重视奶瓶、奶嘴及盛奶器具等用品的清洁和消毒。可以清洗后，高温蒸煮煮沸 10—15 分钟。

8. 配方奶的配制过程

（1）冲调奶粉前准备

1）查看奶粉包装上的厂名、厂址、生产日期、保质期。

2）查看奶粉净含量、配料表、营养成分。

3）查看配方奶粉的食用方法及适用对象。

4）根据婴儿的月龄挑选不同流量的奶嘴。

（2）需要准备的材料（表3-2）

表3-2　冲调奶粉所需材料

序号	名称	单位	数量
1	1—3段奶粉罐	个	1
2	奶瓶、奶嘴、奶瓶盖	个	3
3	奶瓶刷	个	1
4	夹瓶器	个	1
5	消毒锅	个	1
6	奶勺	把	1
7	开水壶	个	1
8	凉水壶	个	1

（3）操作步骤

1）在冲泡奶粉前，将双手洗干净。

图3-5　洗手

2）准备清洁的奶具、开水。

图 3-6 干净的奶瓶

图 3-7 开水壶

3）将适宜温度的温开水注入奶瓶中，注到婴儿的需要量。

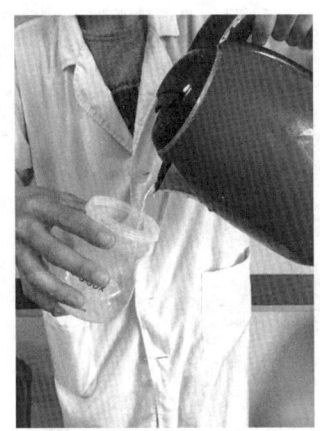
图 3-8 倒温水

4）取相应量的奶粉，倒入奶瓶中。

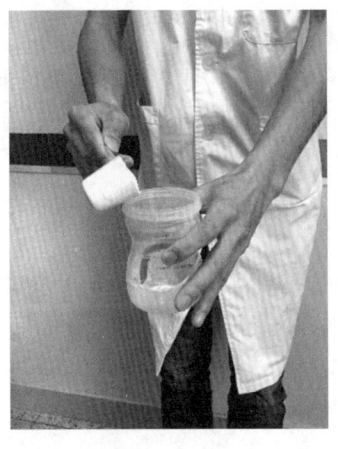
图 3-9 加奶粉

5）奶粉添加完毕后，盖上锁紧环和奶嘴，左右轻轻地摇晃奶瓶，使奶粉溶解。

图 3-10　晃动奶瓶

6）等到奶粉完全溶解，就可以给婴儿喂奶。

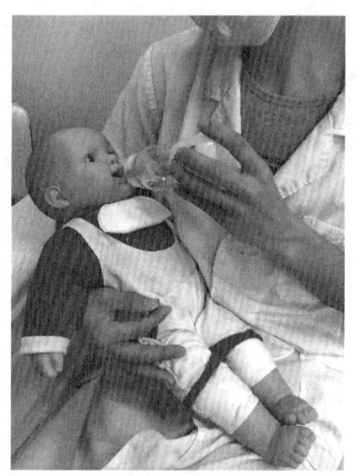

图 3-11　喂哺奶粉

（4）注意事项

1）奶具要做好清洁消毒。

2）冲泡前要阅读奶粉罐上的说明，不要自行增加奶粉或冲泡水量。

3）摇晃奶瓶时不要太过用力，不要上下摇晃，以免形成泡沫和气泡。

4）奶粉须完全溶解，才算完成。

9．使用奶瓶喂哺婴儿

（1）操作前准备

1）准备冲调好且温度适宜的奶。

2）检查好奶嘴的流速。

3）备一条小毛巾或一条小围兜，防止喂奶时弄湿衣服。

4）准备一把椅子，喂奶时有舒适的体位，可以防止疲劳。

（2）需要准备的材料（表3-3）

表3-3　使用奶瓶喂哺婴儿所需材料

序号	名称	单位	数量
1	已经冲泡好的奶	瓶	1
2	小毛巾	条	1
3	椅子	把	1

（3）操作步骤

1）在喂奶前洗净双手。

图3-12　喂奶前洗手

2）将奶瓶的奶水向手腕内侧滴几滴，检查奶的温度。

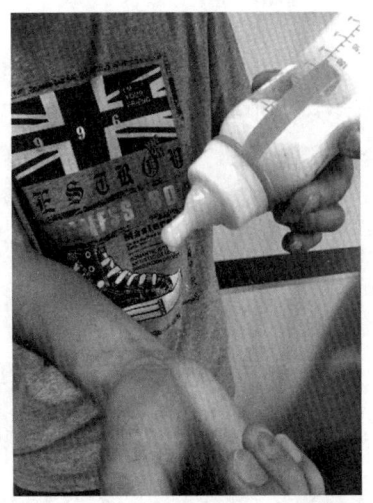

图3-13　试奶温

3）操作者抱着孩子坐下，在婴儿颈前铺上小毛巾。

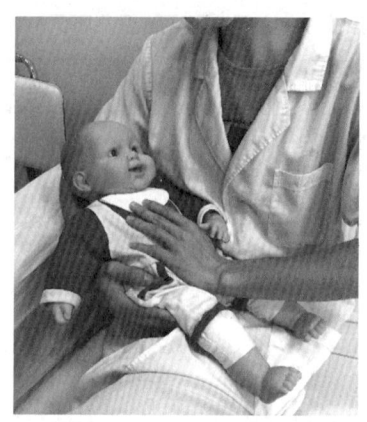

图 3-14 垫围巾

4）轻轻地触碰婴儿靠近你一侧的脸蛋，诱发婴儿的吸吮反射。当婴儿把头转向你的时候，顺势把奶嘴插入婴儿的嘴内。婴儿会一下子吸住奶嘴，与吸吮人的乳头一样。

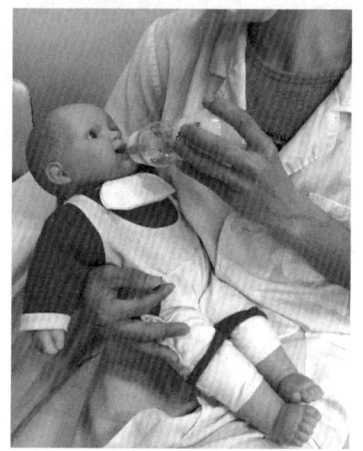

图 3-15 喂哺奶粉

5）喂完奶后，用纱布巾将婴儿的嘴巴擦拭干净。

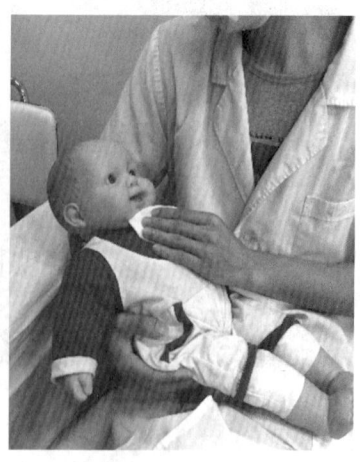

图 3-16 喂哺后擦拭嘴

6）轻拍婴儿的背部，帮助婴儿打出嗝（具体操作见本小节"10.正确婴儿拍嗝法"）。

（4）注意事项

1）冲调好的奶粉一般不宜过热也不宜过冷。

2）不要把奶嘴捅得过深，以免呛着或者噎着孩子。

3）将整个奶嘴吸入口内，奶嘴里充满奶液，不要有空气。

4）吸奶过程中奶嘴变成扁形，可以轻轻地把奶嘴从婴儿的嘴里拉出让空气进入瓶内，然后再接着喂奶。

5）喂完奶，喂2勺温开水，清洁口腔。

10. 正确婴儿拍嗝法

（1）拍背前准备

抱起婴儿，使头、背部竖起。

（2）操作要领

1）直立式：抱起婴儿，使婴儿的头部位于成人的肩膀上，将四指和拇指并拢成杯状；对于小婴儿两到三指并拢，用适当频率和力量，由下向上有节奏、有一定力度地进行拍打，震动背部。

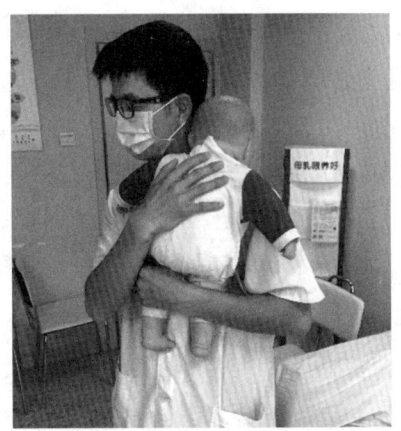

图 3-17 直立式拍嗝

2）端坐式：将婴儿放在膝盖上面，然后用双手分别支撑头部和后背，同时轻轻拍打后背。

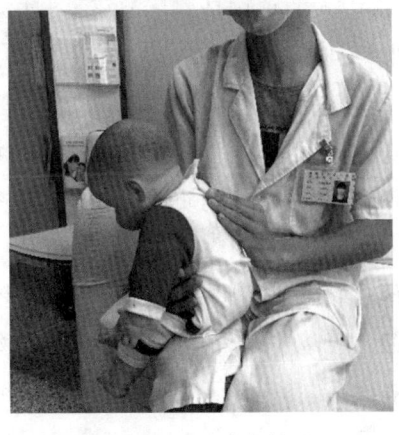

图 3-18 端坐式拍嗝

3）侧趴式：把婴儿放在成人的大腿上，然后轻轻拍打婴儿的后背。

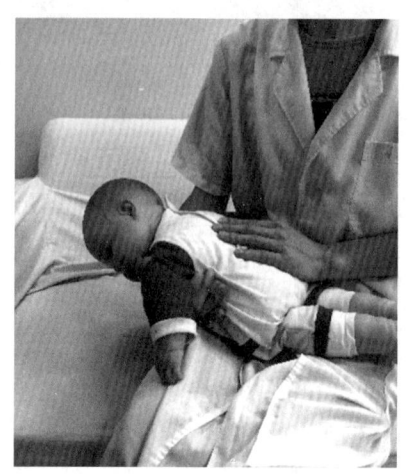

图 3-19 侧趴式拍嗝

三、辅食添加（食物转换）

随着生长发育，消化能力逐渐提高，单纯乳类喂养不能完全满足 6 个月以后婴儿生长发育的需求，婴儿需要由纯乳类食物向固体食物逐渐转换，这个过程称为食物转换或辅食添加。婴儿期若断离母乳，仍须维持婴儿总奶量 600—800 mL/d。婴幼儿喂养过程中，不仅要考虑营养素摄入，也应考虑喂养、进食行为，以及饮食环境，使婴幼儿在获得充足和均衡的营养素摄入的同时，养成良好的饮食习惯。

1. 月龄

建议开始引入辅食的月龄为 6 个月左右，不早于 4 个月。此时，婴儿每次摄入奶量稳定，生长发育良好，对奶以外食物感兴趣，提示婴儿已具备接受其他食物的消化能力。

2. 种类

（1）第一阶段食物

应首先选择能满足生长需要、易于吸收、不易产生过敏的谷类食物，最好为强化铁的米粉，米粉可用奶液调配；其次引入的食物是根茎类蔬菜、水果，主要目的是训练婴儿的味觉。食物应用勺喂养，帮助训练吞咽功能。

（2）第二阶段食物

7—9 个月逐渐引入婴儿第二阶段食物，包括肉类、蛋类、鱼类等动物性食物和豆制品。引入的食物应以当地食物为基础，注意食物的质地、营养密度、卫生和制作方法的多样性。

3. 方法

婴儿食物转换期是对其他食物逐渐习惯的过程，引入的食物应由少到多，首先喂给婴儿少量强化铁的米粉，由 1—2 勺到数勺，直至一餐。引入食物应由一种到多种，婴儿接受一种新食物一般须尝试 8—10 次，约 3—5 日，至婴儿习惯该种口味后再换另一种，以刺激味觉的发育。单一食物逐次引入的方法可帮助及时了解婴儿是否出现食物过敏及确定过敏源。详细内容参见《儿童喂养与营养指导技术规范》中的表2。

4. 进食技能训练

食物转换有助于婴儿神经心理发育，引入的过程应注意食物的质地和培养儿童的进食技能，如用勺、杯进食可促进口腔动作协调，学习吞咽；从泥糊状食物过渡到碎末状食物可帮助学习咀嚼，并可增加食物的能量密度；用手抓食物，既可增加婴儿进食的兴趣，又有利于促进手眼协调和培养儿童独立进食能力。在食物转换过程中，婴儿进食的食物质地和种类逐渐接近成人食物，进食技能亦逐渐成熟。

5. 辅食的制作

食物的选择原则：选择新鲜时令、方便制作、适于婴儿消化吸收的原料。

（1）制作胡萝卜泥

1）准备制作胡萝卜泥的材料及器具（表3-4）。

表3-4　制作胡萝卜泥所需材料

序号	名称	单位	数量
1	胡萝卜	根	1
2	刀	把	1
3	碗	个	1
4	蒸锅	个	1
5	搅拌机	个	1
6	勺子	把	1
7	水		适量

2）操作步骤：

① 把新鲜的胡萝卜洗净。

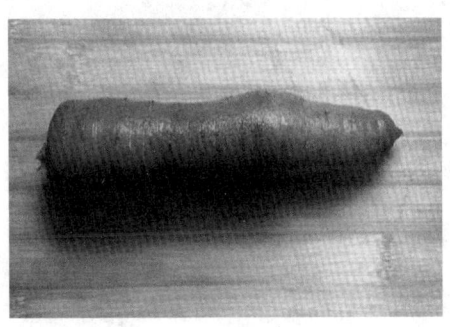

图3-20　洗净的胡萝卜

② 把洗净的胡萝卜去皮，切成小块。

图 3-21　胡萝卜丁

③ 将切好的胡萝卜丁放在小碗里，上蒸锅中火蒸 15 分钟，至胡萝卜熟烂。

图 3-22　蒸胡萝卜

④ 将蒸好的胡萝卜泥放入搅拌机中搅拌成糊状，跟米糊拌在一起给婴儿喂食。

图 3-23　胡萝卜泥

（2）制作叶菜类蔬菜泥

1）准备制作菠菜泥的材料及器具（表 3-5）。

表 3-5 制作菠菜泥所需材料

序号	名称	单位	数量
1	菠菜	把	1 小把
2	刀	把	1
3	碗	个	1
4	煮锅	个	1
5	搅拌机	个	1
6	水		适量

2）操作步骤：

① 选择新鲜的菠菜，把老叶摘去，去茎、洗净。

图 3-24 泡洗菠菜

② 将摘好淘洗干净的菠菜用沸水焯 2—3 分钟。

图 3-25 捞菜

③ 把焯熟的菠菜,放入搅拌机中搅拌成泥即可。

图 3-26 菜泥

(3)果泥的制作

1)准备制作果泥的材料及器具(表 3-6)。

表 3-6 制作苹果泥所需材料

序号	名称	单位	数量
1	苹果	个	1
2	刀	把	1
3	刨刀	个	1
3	碗	个	1
4	研磨器	套	1
5	搅拌机	个	1
6	勺子	把	1
7	盘子	个	1

2)操作步骤:

① 准备好食物和研磨器,做好器具的消毒。

图 3-27 洗好的苹果

② 苹果去皮，置于食物研磨器上磨成苹果泥或者放入搅拌机形成果泥。

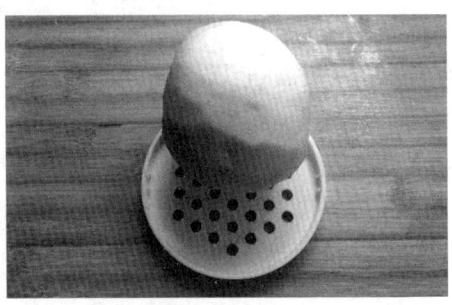

图 3-28 削好的苹果

③ 用研磨器擦苹果泥，可以直接给婴儿食用。

图 3-29 苹果泥

（4）制作碎末、碎块状食物

1）准备制作碎末、碎块状食物的材料及器具：洗净新鲜的食物原料、蒸锅、碗、勺子、剪刀、刀。

2）操作步骤：

① 新鲜的叶菜类蔬菜，把老叶摘去，去茎、洗净，新鲜的根茎类蔬菜去皮，洗净。

② 将摘好淘洗干净的叶菜类蔬菜，用沸水焯 2—3 分钟；把洗净的切成块状的瓜果类及根茎类蔬菜上蒸锅蒸熟。

③ 焯熟的叶菜类蔬菜可用剪刀，煮熟的瓜果、根茎类蔬菜可用勺子，分别制作成适合婴儿食用的碎末或碎块状大小的食物。

图 3-30 碎菜

6. 不同月龄婴儿一日膳食安排参考

（1）6个月以内一日食谱

1）3个月以内婴儿纯母乳喂养，按需哺乳，母乳不足时，补充婴儿配方奶。

2）3—6个月逐步培养婴儿规律喝奶，间隔3—4小时喂哺一次，逐步减少夜奶。

（2）6—7个月一日食谱（表3-7）

表3-7　6—7个月一日膳食列表

上午	06：00	母乳或配方奶
	09：00	母乳或配方奶
	10：30	果泥10—20 g
中午	12：00	米糊15—25 g，菜泥20 g
下午	15：00	母乳或配方奶
	16：30	果泥或菜泥10—20 g
	18：00	母乳或配方奶
晚上	21：00	母乳或配方奶
	00：00—02：00	母乳或配方奶

（3）7—12个月一日食谱（表3-8）

表3-8　7—12个月一日膳食列表

上午	06：00	母乳或配方奶150—200 mL
	09：00	母乳或配方奶150—200 mL
	10：30	蛋黄或者果泥25 g
中午	12：00	粥半碗，碎菜25—50 g，肉15—20 g
下午	15：00	母乳或配方奶150—200 mL
	16：30	果泥或菜泥25 g
晚上	18：00	儿童面片半碗，菜泥25 g，鱼泥15—20 g
	21：00	母乳或配方奶150—200 mL

7. 工业化辅食的选择

（1）自制辅食与工业化（市售）辅食的比较

1）自制辅食的优缺点

优点：①选材丰富。能做辅食的原料多种多样，如谷物、蛋类、蔬菜、水果、鱼虾类、肉类等，而且风味各异，婴儿能吃到各种不同味道和质地的食物，有利于培养其接受多样食物的习惯，不容易出现偏食的毛病。同时，食物多样化符合婴儿对营养的需求，使婴儿的营养能够全面。②现做现吃更放心。家长可以亲自选择放心的食材，质量有保证，每顿都能做到现做现吃，不用担心食物变质的问题。③容易引起吃的兴趣。自制辅食看起来和成人的饭菜差不多，婴儿会更乐意接受。而且自制辅食颜色丰富，容易引起婴儿的注意，可以增进食欲。④加深亲子感情。自制辅食有家的味道，其中满含着家长对孩子的爱，而且做饭、喂饭的过程也是亲子交流的好机会。

缺点：①量不好控制。婴儿每顿吃的辅食量很少，在制作时很难把握，家长一般都是本着"宁多勿少"的原则，宁可多做一点儿，也不能让孩子不够吃。这样做的结果往往是做多了婴儿吃不完，而辅食和成人饮食差距较大，可能谁都不愿意吃婴儿吃剩下的辅食，最后只能扔掉。有的妈妈看到孩子食欲好，爱吃辅食，容易造成过度喂养。②费时费力。做辅食不是一件轻松的事，比给成人做饭更麻烦，因为辅食必须精细加工，考验辅食制作者的耐心。

2）市售辅食的优缺点

优点：①可强化营养素。辅食配方是根据各年龄段婴儿的营养需求特别制定的，防止出现营养不均衡。比如在米粉中强化铁、锌、钙及维生素 A 等，对预防贫血、生长发育迟缓、免疫力低下等很有好处。②加工精细。像牛肉、海藻之类质地比较粗糙的食材，如果加工不够精细，对消化能力弱、咀嚼能力低的婴儿来说，吃着非常困难，容易引起呕吐、消化不良。市售辅食加工精细，质地细腻，便于婴儿食用。③即开即食，方便携带。成人工作繁忙时可能没有足够的时间给婴儿做饭，买一些辅食产品给婴儿吃会很方便。另外，外出时带一些辅食产品可以让婴儿在饿了的时候马上填饱肚子。④便于保存。菜泥、肉泥、肝泥等市售辅食一般都放在有密封盖子的小玻璃瓶中，每次用干净的小勺盛出一些，然后盖紧盖子放在冰箱里保存，下次还可以吃。只要按照说明书建议的方法去做，就不用担心婴儿会吃到变质的辅食。

缺点：①品种不够丰富。辅食产品种类有限，且味道比较单一，如果经常给婴儿吃，他（她）会因厌烦而拒绝。②价格相对高。

3）两类辅食巧搭配

如果在家，应该以家庭自制辅食为主，对于比较难加工的食材，可以偶尔搭配一些市售辅食产品。外出可以给婴儿带上几种市售辅食，只要是原封未动的，可以常温保存，如果已经开封，就需要冰箱冷藏，且只能保存 3 天。

（2）如何选择合适的市售辅食

1）食品添加剂。仔细看清楚食品标签上的说明，有些添加剂是不能添加在婴儿食品里的。①允许使用的：天然甜味剂、天然食用色素、抗氧化剂、酸度调节剂、水分保持剂。②不能使用的：人工甜味剂、防腐剂、着色剂。

2）营养成分。看营养成分表中标明的营养成分是否齐全，含量是否合理，尤其是钙、铁，有无对婴儿健康不利的成分。营养成分表中一般要标明热量、蛋白质、脂肪、碳水化合物等基本营养成分，维生素类如维生素 A、维生素 D、部分 B 族维生素，微量元素如钙、铁、锌、磷，其他被添加的营养物质也要标明。好的营养米粉营养含量全面，含有多种氨基酸，并有许多人体必需的特殊营养物质，如碘元素、高质量蛋白质等，能完全满足婴儿正常生长发育的需要。

3）包装情况。按国家标准规定，外包装上必须标明厂名、厂址、生产日期、保质期、执行标准、商标、净含量、配料表、营养成分表、适于食用的婴儿月龄及食用方法等项目，若缺少上述任何一项都不规范。不同材料和工艺的包装，其保存期限不同。

4）注意品牌。尽量选择规模较大、产品质量和服务质量好的品牌企业的产品。

5）色泽和气味。质量好的米粉应是大米的白色，颗粒精细、均匀一致、易消化吸收。有米粉的香味，无其他气味。

6）尝口味。成品辅食应该没什么味道，不添加盐、香精、防腐剂和过量的糖，以天然口味为宜。虽然有些食品的天然口味很淡，但对婴儿来说很可口，不能用成人的口味来衡量。而且，经常吃口味重的食物会使婴儿养成不良的饮食习惯，影响健康发育。

7）观察孩子的适应情况。不管是国产的婴儿辅食还是进口的，只要是正规厂家生产的，达到科学配方水平，并且已通过国家检测标准的合格产品，都可以给婴儿选用。给婴儿食用市售的辅食要注意观察他的反应，最重要的是适合婴儿的口味。如果有过敏等不良反应，应立即暂停喂食。

四、婴儿期常见喂养问题及处理

（一）溢奶

1. 发生原因

15%的婴儿常出现溢奶，可因过度喂养、不成熟的胃肠运动类型、不稳定的进食时间造成。同时，婴儿胃呈水平位置，韧带松弛，易折叠；贲门括约肌松弛，幽门括约肌发育好的消化道解剖生理特点使6个月内的婴儿常常出现胃食管反流。此外，喂养方法不当，如乳头过大、吞入气体过多时，婴儿也往往会出现溢奶。

2. 缓解方法

（1）拍嗝

如果婴儿体重、身高增长正常，不伴其他症状，可通过正确的喂养和护理方法减少溢奶。喂奶后宜将婴儿头靠在母亲肩上竖直抱起，从下往上轻拍背部，可帮助排出吞入空气而预防溢奶。同时，婴儿睡眠时宜右侧卧位，可预防睡眠时溢奶而致窒息。

（2）医治相关疾病

若经指导后婴儿溢奶症状无改善，或伴随体重增长不足、呕吐等其他症状，应及时就医。

（二）喂养困难

1. 发生原因

（1）食物引入时间和方法不当

过早引入半固体食物影响母乳铁吸收，增加食物过敏、肠道感染的机会；过晚引入其他食物，错过味觉、咀嚼功能发育的关键年龄，造成进食行为异常，断离母乳困难，以致婴儿营养不足。引入半固体食物时采用奶瓶喂养,导致婴儿不会主动咀嚼、吞咽饭菜。

（2）进食频繁

胃的排空与否与消化能力密切相关。婴儿进食频繁（每日超过8次），或夜间进食过多次,使得胃排空不足,影响婴儿食欲。

（3）能量及营养素摄入不足

长期能量摄入及营养素不足,可导致婴儿营养不良、贫血、锌缺乏等疾病,更加重喂养困难。

（4）难养型气质

难以适应环境、过度敏感气质的婴儿常常有不稳定的进食时间,常常表现为喂养困难。

2. 缓解方法

（1）养成良好的进食习惯和合理喂养

在排除其他器质性疾病的情况下,解决喂养困难的方法主要是养成良好的进食习惯和合理喂养。3个月后要逐步训练婴儿规律进食,减少夜奶,有利于形成饥饿的生物循环。小婴儿对新食物摄入有"恐新"行为,表现为进食新食物后呕吐,所以当小婴儿出现此情况,不要误认为是喂养困难,应反复尝试10—15次,否则可能拒绝婴儿获得一种良好食物的来源。

（2）耐心照顾特殊体质儿

对于气质敏感型的婴儿,喂养人要更有耐心培养婴儿的进食习惯,促进其健康成长。

（3）寻求医疗帮助

如果通过改变进食行为和喂养方式婴儿喂养困难未改善或体重增长受到影响,应及时就医。

（三）食物不耐受

食物不耐受指的是一种复杂的变态反应性疾病,人的免疫系统把进入人体内的某种或多种食物当成有害物质,从而针对这些物质产生过度的保护性免疫反应,产生食物特异性IgG抗体,IgG抗体与食物颗粒形成免疫复合物,可引起所有组织（包括血管）发生炎症反应,并表现为全身各系统的症状与疾病。常见的不耐受食物包括:牛奶、鸡蛋、小麦、玉米、坚果、大豆和贝类等。

1. 症状

婴儿与儿童食物不耐受的发生率比成人高。多数食物不耐受的患者表现为胃肠道症状和皮肤反应,也有的表现为神经系统、呼吸系统,甚至肌肉骨骼系统症状,有的患者可同时对4—5种或更多食物产生不耐受的现象,不同的人对同一种食物不耐受可能出现极不相同的症状。

2. 措施

怀疑有食物不耐受的婴幼儿,可进行食物不耐受检查,判断受检者是否对某种食物不耐受以及不耐受程度（轻度、中度或是重度）。根据结果咨询专业营养师,进行饮食调整。包括以下几种措施:

（1）改变饮食,对已检测出的明显不耐受的食品应选择回避。不仅要避免不耐受食物,对含有不耐受食物成分的各类食物也应避免。举例来说，如果对牛奶不耐受，所有含牛奶的食品都应回避。

（2）数月之后（约6个月），症状明显改善，"忌食"的不耐受食物可以小量逐步引入食谱，做好症状观察记录，根据具体情况决定该食物是否可以食用。

（3）有一部分食物这时不会再引起从前的症状，可以转入轮替组食物（间隔一段时间使用）。

（4）重新纳入应在症状明显改善或消失约6个月后进行。

（5）应严格遵守医生制订的饮食计划，回避不耐受食物的同时，保证膳食平衡，以满足婴儿生长发育的营养需求。

五、案例学习

（一）辅食品种要及时，多样化

> 青青10个多月了，目前吃过的辅食只有米粉和蛋黄，还有一点香蕉泥和苹果泥。因为奶量大，青青长得胖嘟嘟的，全家都很得意，只是青青经常性四五天才大便一次，而且检查有缺铁性贫血。

案例分析：

1岁前的辅食添加期，是让婴儿适应各种口味的黄金时期，如果这个时期没把握好，孩子的味蕾接触的食物和种类过于单一，以后挑食、厌食是必然的结果。各种蔬菜，尤其是叶类蔬菜如菠菜、芹菜，还有肝脏等有些"味道"的食物都要让婴儿在辅食添加期逐渐习惯，这样才能为以后接受多种口味打下基础。另一方面，喂养过于单一也必然会造成孩子营养素、膳食纤维的缺乏，造成便秘、贫血等问题，甚至影响到孩子正常生长发育。

应对策略：

从婴儿开始添加辅食，就按照原则逐渐让他（她）品尝、适应各种蔬菜、水果、肉、肝脏等的味道。从8—10个月开始，给婴儿提供约2餐辅食，尽可能把谷类、蔬菜、肉蛋等搭配齐全，比如菜肉粥、蔬菜鸡蛋面条等，一方面给婴儿多种口味的刺激，另一方面补充足够的能量和营养素。如果已经错过了辅食添加的关键期，婴儿的接受程度会大大降低，但是家长必须不能放弃，逐步给婴儿添加多样化的食物，慢慢纠正婴儿挑食的不良习惯。

（二）婴儿辅食要清淡、无盐、少油

> 亮亮刚满9个月，是个胖嘟嘟的小男孩，每次看到大人吃饭都会流着口水，伸手去抓。爷爷奶奶笑嘻嘻地用筷子沾一点菜卤汁或者挑一点饭菜粒塞进亮亮的

嘴巴里:"来,尝尝味道。"妈妈制止:"1岁前不能给宝贝吃这些。""有什么关系啊!不就是碰碰嘴巴嘛。"爷爷奶奶不以为然。亮亮对成人的饭菜明显有好感,但是轮到吃自己的粥和面就不喜欢了,爷爷说:"没油没盐当然不好吃!"

案例分析:

1岁以内经常尝试成人食物,用成人吃过的筷子喂食,这件事不是碰碰嘴巴、尝尝味道这么简单。首先,成人口腔里含有很多细菌,唾液里也含有大量抗菌活性成分,这些细菌对成人可能没什么影响,但是却会让抵抗力低下的婴儿患病。如果成人患有幽门螺旋杆菌等疾病通过碗筷接触就会直接传染给婴儿。其次,婴儿1岁之前不能吃盐,因为天然食物里所含的钠已经足够1岁前婴儿的需求,无须额外摄入钠盐,过多的钠反而会给婴儿的肝肾代谢带来负担。再次,婴儿的味蕾比成人敏感得多,即使不放调味料,也能区分出不同食物之间的味道,并不会感觉索然无味。成人的饭菜除了盐,还有其他各种调味料,这些对婴儿敏感的味蕾都是巨大的刺激。经过这些刺激后,婴儿会自然地偏好"重口味",因此就会拒绝自己的清淡食物,但是清淡饮食才能保证婴儿的身心健康。

应对策略:

1岁前不但不在婴儿的食物里添加盐、糖等调味料,也不要随手把成人的食物塞进婴儿嘴巴,维护婴儿敏感的味蕾。婴儿的碗筷等餐具和成人完全分开,防止成人口腔和胃肠道细菌、疾病传染给婴儿。

(三)辅食添加要鼓励自主进食,避免强迫

11个月大的团团,看见妈妈拿碗和勺子喂饭就会抓狂,尖叫哭闹,反而对自己手抓的食物没有戒备,可以吃下去一些。之前,团团妈总是觉得他吃饭不好,"你看隔壁壮壮吃了一碗米饭,你才吃半碗,所以他比你长得高!再多吃两口,来,妈妈喂。"团团每顿饭都要被妈妈逼着吃,现在都开始恐惧吃饭这件事了,肚子总感觉不舒服,食量也是一降再降。

案例分析:

成人也有食欲不好的时候,饮食量也不会总是维持不变。这种对孩子食量过度担忧,不考虑每个孩子的需求和消化情况的差异,长期逼迫、硬喂的结果就是导致孩子积食,无法正确感知饥饱,影响肠胃正常运转,甚至造成心理上的伤害,最终导致了才11个月大的婴儿看见餐具就极度厌烦和恐惧。

应对策略:

家长应尊重孩子。吃是人类的本能,是生存的基础,肠胃正常的婴儿没有不会饥饿、不爱吃饭的。家长需要的是给婴儿提供健康、均衡的食物，而吃多少交给婴儿决定。如果婴儿食量过少、饮食习惯不好，家长必须找出导致的原因，对症解决，而不是一味强迫婴儿进食。儿童的发育受很多因素影响，如身高发育，绝大多数来自遗传影响，除此之外还有饮食、睡眠、运动、心情等多方面的综合作用，并非多吃两口饭就能解决。孩子也不是越胖越好，如爱吃洋快餐、油炸食品、高糖食品、过多肉类和过多饮奶的孩子大都比较肥胖，但是并不意味着儿童的发育情况良好。家长应学会分阶段（如婴儿阶段每1个月，幼儿每3个月）给儿童测量下身高、体重数据，绘制出他（她）的身高体重曲线图，对照世界卫生组织的儿童成长标准，只要数据在最上限和最下限之间，有规律地增长，同时食欲好、睡眠好、精神好、免疫力强，儿童的发育就很不错，无须互相攀比，过于追求高大壮。

第三节　1—3岁幼儿的营养需要与合理喂养

一、进食特点

（一）体格生长速度减慢

1岁以后幼儿体格生长逐渐平稳，进食相对稳定，较婴儿期旺盛的食欲相比略有下降。

（二）心理需求发生转变

幼儿神经心理发育迅速，由婴儿期对食物的巨大兴趣转向玩耍，对周围世界充满好奇心，表现出探索行为，进食时也表现出强烈的自我进食欲望。家长应允许幼儿参与进食，满足其自我进食欲望，培养独立的进食能力。

（三）家庭成员对进食的影响

家庭成员进食的行为和对食物的反应可作为幼儿的榜样。由于学习与社会的作用，幼儿的进食过程形成了以后接受食物的类型。如给幼儿食物在积极的社会情况下（如奖励，或与愉快的社会行为有关的情况下），则幼儿对食物的偏爱会增加；相反，强迫进食可使幼儿不喜欢有营养的食物。

（四）进食技能发育情况

学习自己用勺；18个月—2岁的幼儿已可以独立进食。幼儿的进食技能发育状况与婴儿期的训练有关，错过训练吞咽、咀嚼的关键期，长期食物过细，幼儿期会表现出不愿吃固体食物，或"含在口中不吞咽"。

（五）食欲波动

幼儿有准确的判断能量摄入的能力。这种能力不但是一餐表现出来，连续几餐都可被证实。幼儿可能一日早餐吃得多，次日早餐什么也没吃；也可能一天中早餐吃得少，中餐会吃较多，晚餐又较少。变化的进食行为提示幼儿有调节进食的能力。研究显示，幼儿餐间摄入的差别可达40%，但一日的能量摄入比较一致，只有10%的变化。遇到此种状况，养育者不必太担心，只要一天24小时中合计营养摄入达到正常量就可以。

二、营养需要

幼儿生长发育速度虽较婴儿期减慢，但仍比年长儿和成人快。此期幼儿能独立行走，活动范围增大，运动量增加，因此要保证多种营养素及热量的合理供给。

营养在人体的整个生命活动过程中，特别是在生长发育迅速的阶段，是必不可缺少的东西。而3岁以内的幼儿，对营养的需要在质和量方面比任何时期都高，因此，有必要了解幼儿需要的各种营养素（指构成人体各种组织的基本物质）的成分及其生理功能。

（一）热能

正常幼儿每日总热量的需求约为每公斤体重420 kJ，而且各种供能营养素之间应保持平衡，蛋白质、脂肪、碳水化合物三者热量的合理比值十分重要，其中蛋白质供给的热量应占总热量的12%—15%，脂肪占35%，碳水化合物占50%—65%。

（二）蛋白质

它是构成身体细胞的重要物质，也是促进幼儿正常生长发育、健全机体结构不可缺少的主要成分。幼儿与成人不同，蛋白质的合成远远超过分解，因而需要量也较多，即蛋白质需要量相对地比成人还大。如果蛋白质的摄入不足，或由于某种疾病增加了蛋白质的消耗，这时分解就大于合成，其结果就会影响幼儿的生长发育，甚至引起营养不良、贫血、抗病力降低等。

幼儿需要的蛋白质相对较成人多，而且要求有较多的优质蛋白质，因为幼儿不但需要用蛋白质进行正常代谢，而且还需要用它来构成新的组织，所以蛋白质是幼儿生长发育的重要营养素。

（三）碳水化合物

它是热能的主要来源，能使肌肉和器官进行正常活动，并维持其正常的生理功能。如果幼儿摄入糖类过多，则可储存于肝脏或肌肉内，也可转化为脂肪；若摄入过少时，机体只有动用脂肪及蛋白质作为能量，使体重减轻，并影响脂肪的消化吸收。幼儿每日需碳水化合物120g左右。

（四）脂肪

幼儿脂肪代谢不稳定，储存的脂肪易于消耗，若长期供给不足，则易发生营养不良、生长迟缓和各种脂溶性维生素缺乏症。幼儿每日每公斤体重需摄入脂肪3 g左右。

（五）维生素

维生素与人体的生命活动有着密切关系，与幼儿生长发育关系较密切的主要有维生素A、B族维生素、维生素C、维生素D等。正常的幼儿，在膳食均衡情况下，维生素A、B族维生素、维生素C可从食物中获得充足的摄入量。而一般食物中含维生素D较少，维生素D

需要补充 400 IU/d，幼儿应经常参加户外活动。幼儿每日各维生素的参考摄入量见表 3-9。

（六）矿物质

钙、铁、锌是幼儿容易缺乏的矿物质，应注意经常摄入富含这些矿物质的食物及均衡饮食。另外，幼儿期的食物应尽量少盐，以免钠摄入过高，增加幼儿的肾脏负担。幼儿每日各类矿物质的参考摄入量见表 3-9。

表 3-9　1—3 岁幼儿正常每日营养素需要量

年龄	热量（kcal/d） EER		碳水化合物（g/d）	脂肪%占总能量比例	蛋白质（g/d）	维生素					矿物质					水（L/d）总摄入量
	男	女				A μgRAE/d	D μg/d	B_1 mg/d	B_2 mg/d	C mg/d	钙 mg/d	铁 mg/d	锌 mg/d	碘 μg/d	钠 mg/d	
					RNI	RNI	RNI	RNI	RNI	RNI	RNI	RNI	RNI	RNI	RNI	AI
1 岁—	900	800			25											
2 岁—	1100	1000	120	35	25	310	10	0.6	0.6	40	600	9	4.0	90	700	1.3
3 岁—	1250	1200			30											

（七）水

水是构成机体和运转其他营养成分的物质，也是组成机体比例最大的成分物质。没有水的话，人将无法维持生命活动。

由于幼儿有限的消化能力和机体所需要的大量营养物质之间存在不同程度的矛盾，在食物的选择、烹调、膳食安排上应注意幼儿的特点，以保证幼儿得到充足的营养，促进其生长发育。

三、膳食安排

（一）饮食安排

每天的进食可安排 3 餐主食、2—3 次乳类与营养点心，餐间控制零食。家长应为幼儿提供安全、营养、易于消化和美味的健康食物，允许幼儿决定进食量，规律进餐，让儿童体验饥饿和饱足感。

（二）合理的膳食制度

为了使幼儿每天摄取足够的营养素，还要根据幼儿消化系统的特点制订，建立合理的膳食制度。

1. 早餐

因为幼儿一天的活动或学习内容主要在上午，需要足够的能量才能较好地完成。而生活中人们由于早晨食欲较差及传统生活习惯，不够重视早餐的质量，致使幼儿注意力不集中、学习效率低等。因此,早餐应给予质量好、热量高的食物,如保证供给一定量的牛奶、豆浆、鸡蛋、肉、豆制品、水果等。但因为早晨起来时,胃至少要半小时才能苏醒,同时唾液、胃液分泌较少,所以早晨不宜吃油腻食品。另外,早饭尽量让幼儿在家里吃,原因有:一能培养幼儿良好用餐习惯,二在家用餐比较卫生安全,三能供给幼儿全面的营养素,四能保证幼儿热量的摄入。

2. 午餐

因为早餐摄取的能量这时已消耗得差不多了,下午的活动仍然要求有充足的能量,所以午餐应是一天中最丰盛的,保证有充足的肉、蛋及豆类食品。这些食品不仅含有丰富的优质蛋白质及矿物质,同时又含有较高的能量,还要保证有充足的蔬菜,这样可以使幼儿获取丰富的维生素、矿物质、水及纤维素。

3. 晚餐

因为晚餐后活动时间短,活动量较小(尤其是冬天)。所以晚餐不应过于丰盛,以避免热量在体内积累造成肥胖。合理的饮食制度还可保证幼儿胃肠道的正常功能,从而提高机体对营养的吸收、利用。

(三)1—3岁幼儿进食品种及量

每天应摄入350—500 mL乳类,不能继续母乳喂养的2岁以内幼儿建议选择配方奶。注意膳食品种多样化,提倡自然食品、均衡膳食,每天应摄入1个鸡蛋、50 g动物性食物、85—100 g谷物、200—250 g蔬菜、100—150 g水果、15—20 g植物油,食盐<2 g。幼儿应进食体积适宜、质地稍软、少盐易消化的家常食物,避免给幼儿吃油炸食品,少吃快餐,少喝甜饮料(包括乳酸饮料)。

(四)断奶的时机和方法

1. 断奶的最佳时机

世界卫生组织推荐,婴幼儿从出生至6个月以内应纯母乳喂养,从6个月起,在合理添加辅食的基础上,继续母乳喂养至1—2岁,甚至更长时间。选对断奶时间,不仅使断奶进行顺利,对婴幼儿的健康也有帮助。最佳断奶时机的选择,要考虑季节、年龄、健康状况、家庭环境等各方面因素。

(1)春秋两季为最佳季节

选择给婴幼儿断奶,最好放在春秋两季。夏天因为气温比较高,婴幼儿的肠胃消化能力较差,稍有不慎,很容易引起消化道疾病;冬天天气太冷,婴幼儿因为断奶晚上睡眠不安,容易感冒生病。

(2)1—2岁断奶较为适宜

这时候的幼儿,消化功能和咀嚼功能已有很大提高,如果此时幼儿饮食品种和数量已明显增多,并形成一定规律,营养供应充足,能满足生长发育需要,那么就可以考虑准备断奶。

(3)婴幼儿身体健康才断奶

只有当婴幼儿身体状况良好,消化能力正常时才可以考虑断奶。如果赶上婴幼儿体弱有病，就先不要断奶，否则有碍婴幼儿健康，可在病愈后2—3周开始逐步断奶。

（4）创设适宜的断奶环境

无论何时开始给婴幼儿断奶，都不应该让断奶成为一件有压力的事，因此，要避免在家庭有大变动时开始进行。如果恰逢家中有重大变故，比如搬家、换保姆、外出旅行等，就暂时不要给婴幼儿断奶，否则会大大增加断奶难度。

2. 回奶方法

回奶是一个循环渐进的过程，很少有妈妈能在较短的时间回奶成功。回奶的方法主要包括自然回奶和人工回奶，自然回奶是最好的回奶方法，主要是减少喂奶的次数和时间，让乳房停止分泌乳汁。人工回奶包括饮食调节和服用回奶药，断奶期间涨奶的妈妈也可以在通乳师的帮助下回奶。一般来说，人工回奶的方法相对较快，但自然回奶是比较安全的回奶方法。

（1）自然回奶

如果妈妈给婴幼儿哺乳的时间已经达到10个月—1年，而且能够正常断奶，一般来说，选择自然回奶是最好的，而且成功率也比较高。

1）逐渐减少喂奶次数：奶水不是太多的妈妈们可以选择一点一点地减少婴幼儿吃奶的次数，通过减少婴幼儿吃奶的次数让乳汁分泌量减少一点，慢慢回奶。

2）加长喂奶间隔时间：逐渐加长每次喂奶的间隔时间，让婴幼儿慢慢适应，也让乳房适应，慢慢减少乳汁的分泌，对回奶很有帮助。

3）缩短单次喂奶时间：每次给婴幼儿喂奶的时间不要太长，慢慢缩短。这样婴幼儿的吮吸刺激减少就会使乳汁分泌量自然地下降。

4）减少高蛋白质食物的摄入：妈妈要注意少进汤汁及下奶的食物，少吃鱼肉、羊肉等含有丰富蛋白质的食物。少喝汤，少喝水，可以吃点清淡的食物达到减少乳汁分泌的效果。

5）穿较紧身的衣服：妈妈在给婴幼儿断奶的时候，穿较紧身的衣服和内衣，通过衣物的挤压减少乳汁分泌，帮助回奶。

（2）人工回奶

虽然人工回奶不是最好的方法，但若妈妈因为各种疾病或者特殊原因，哺乳时间不够1周岁而需要选择断奶，尝试过自然回奶的方法达不到效果，可以考虑采用人工回奶。

1）口服或外用中药类回奶药：如炒麦芽120g，加水煎汤，分3次温服；或先将乳汁吸出，用皮硝50—60g，置于纱布袋中，外敷于排空后的乳房，潮解后须及时更换，每日3—4次。

2）在医生的指导下，口服或肌肉注射雌激素类药物。

3）找专业的催乳师，进行专业的按摩帮助回奶。

（五）幼儿一日参考食谱

1. 1—2岁正常幼儿一日食谱举例

（1）营养食谱一（表3-10）

表3-10　1—2岁正常幼儿一日食谱

餐次	带量食谱
早餐	配方奶200 mL、米糕（1个，大米20 g）、煮鸡蛋（1个，25 g）
午点（上午10：00）	苹果75 g
中餐	菜肉面（面粉60 g，肉25 g，大白菜75 g，麻油5 g，盐少许）
午点（下午3：00）	牛奶赤豆汤（配方奶100 mL，赤豆20 g，糖5 g）、香蕉50 g
晚餐	花卷（1个，面粉25 g，葱花2 g，植物油2 g）、鲑鱼菠菜粥（大米30 g，鲑鱼25 g，菠菜50 g，胡萝卜25 g，麻油3 g，盐少许）
睡前	配方奶200 mL
以上全日食谱含：粮食135 g，牛奶500 mL，蔬菜150 g，肉25 g，鱼25 g，蛋25 g，豆20 g，水果125 g，植物油10 g	

（2）营养食谱二（表3-11）

表3-11　1—2岁正常幼儿一日食谱

餐次	带量食谱
早餐	菠萝牛奶燕麦粥（麦片40 g，配方奶250 mL，菠萝25 g）煮鸡蛋（1个，25 g）
午点（上午10：00）	猕猴桃50 g
中餐	什锦鱼片粥（大米50 g，草鱼肉30 g，嫩豆腐25 g，番茄75 g，香菜2 g，葱花2 g，麻油5 g，盐少许）
午点（下午3：00）	芋头牛奶（芋头30 g，配方奶100 mL，糖5 g）、苹果50 g
晚餐	番薯粥（大米40 g，番薯20 g）、肉片炒白菜（猪里脊肉25 g，小白菜50 g，植物油5 g，盐少许）
睡前	配方奶200 mL
以上全日食谱含：粮食130 g，牛奶500 mL，蔬菜125 g，肉25 g，鱼30 g，蛋25 g，豆制品25 g，水果100 g，薯类50 g，植物油10 g	

2. 2—3岁正常幼儿一日食谱举例

（1）营养食谱一（表3-12）

表3-12　2—3岁正常幼儿一日食谱

餐次	带量食谱
早餐	枣泥赤豆粥（大米30 g，赤豆20 g，红枣10 g，白糖5 g）、蛋糕（面粉25 g、鸡蛋25 g）
午点（上午10：00）	雪花水果羹（香蕉100 g，奶酪20 g，淀粉5 g，植物油2 g）

（续表）

餐次	带量食谱
中餐	猪肝芥菜面（面粉60 g，猪肝20 g，芥菜100 g，植物油5 g，盐少许）、蒸鲜带鱼（带鱼30 g，葱花2 g，植物油2 g，盐少许）
午点（下午3:00）	牛奶250 mL、猕猴桃50 g
晚餐	软米饭（大米40 g）、鸡蓉蔬菜羹（鸡胸肉30 g，胡萝卜50 g，油白菜50 g，麻油5 g，盐少许）
睡前	牛奶或配方奶250 mL
以上全日食谱含：粮食157 g，牛奶500 mL，蔬菜200 g，鸡肉30 g，鱼30 g，蛋25 g，动物肝20 g，豆类20 g，水果150 g，植物油14 g		

（2）营养食谱二（表3-13）

表3-13　2—3岁正常幼儿一日食谱

餐次	带量食谱
早餐	牛奶或配方奶250 mL 米糕（1个：大米30 g，糖5 g）
午点（上午10:00）	小笼包子（面粉30 g，猪肉20 g，盐少许）
中餐	软米饭（大米50 g）、牡蛎滑蛋鸭血豆腐羹（牡蛎25 g，鸭血20 g，蛋25 g，豆腐20 g，黄瓜丁30 g，胡萝卜丁50 g，植物油7 g）
午点（下午3:00）	草莓100 g，酸奶100 mL
晚餐	鱼菜面（面粉40 g，马鲛鱼肉30 g，小白菜40 g，番茄30 g，植物油5 g，盐少许）
睡前	睡前牛奶或配方奶200 mL
以上全日食谱含：粮食150 g，牛奶550 mL，蔬菜150 g，猪肉20 g，水产品55 g，蛋25 g，动物血20 g，豆制品20 g，水果100 g，植物油12 g		

3. 幼儿健脾开胃食谱

（1）栗子茯苓枣粥

1）食材：栗子、大枣各10枚，茯苓15 g，大米50 g。

2）制作方法：①将茯苓研细，大枣去核。②将大米煮沸。③下大枣、茯苓、栗子等，煮至粥熟服食。

3）功效：栗子（板栗）性温、味甘，入脾、胃、肾经，能健脾益肾、厚补胃肠；大枣味甘性平，有健脾和胃、补益气血功效；茯苓性平、味甘淡。有补脾利湿、宁心安神作用；大米乃"五谷之首"，性平、味甘，能补中益气、健脾养胃。

（2）山楂消食粥

1）食材：圆糯米150 g，山楂25 g，冰糖10 g。

2）制作方法：①圆糯米洗净放冷水中浸泡 2 小时后沥干水分，山楂洗净备用。②粥锅内注水，用大火煮开后转小火，放入山楂边搅边煮，15 分钟后捞起山楂，再加入圆糯米继续煮 1 小时，最后加入冰糖调味即可。

3）功效：甜香微酸，开胃消食。山楂有助于消食，去油腻。

4. 幼儿缺铁性贫血食谱

（1）鸡肝猪肉丸

1）食材：鸡肝 50 g，猪肉 50 g，香菇 5 个，胡萝卜 1/4 根、洋葱半个、鸡蛋一个；淀粉、生抽、盐。

2）制作方法：①将鸡肝进行初步处理后浸泡去血水，然后用流动水反复清洗。②猪肉剁成肉糜状，剁好后倒入盆中。③将鸡肝剁成泥，剁好后同时倒入盆中。④将香菇、胡萝卜、洋葱分别切碎末同时倒入盆中，打入一个鸡蛋。⑤加入适量淀粉（大概需要 60—70 g 淀粉）搅匀，加入适量盐、生抽、五香粉，搅拌均匀。⑥烧一锅水，并准备一碗水，双手手心沾水，将搅拌均匀的馅料用双手手心团成小球；水滚开的时候依次下入丸子，用锅铲轻轻的从锅底向上铲铲，以免丸子粘在锅底；待水再次烧开后转小火，煮大约 8 分钟关火即可。⑦平常煮粥、煮面、做汤都可以加几个肉丸子给婴儿吃，方便又营养。

3）功效：鸡肝和猪肉再加入香菇和胡萝卜，可以补充蛋白质、铁、维生素 A、维生素 D 和维生素 B_2；猪肝也可以用来补铁，但质地比较硬，相对来说鸡肝柔软可口，更容易消化，而且铁和维生素 A 的含量高于猪肝；每周吃 1—2 次为宜。

（2）红白豆腐

1）食材：豆腐 100 g，鸭血豆腐 100 g，海带、胡萝卜、盐、葱、淀粉适量。

2）制作方法：①将豆腐、鸭血切块，胡萝卜切丁，海带浸泡后切丝，备用。②将鸭血豆腐和豆腐分别在开水中焯 2 分钟，捞出备用。③锅中热油，葱花爆香后，倒入焯好的豆腐翻炒，加适量的水，没过豆腐。④加入海带和胡萝卜，大火烧开后加盐，转小火炖煮 10 分钟左右。⑤淀粉用水调匀，均匀浇在菜上，翻炒均匀即可出锅。

3）功效：鸭血中含铁量较高，而且以血红素铁的形式存在，容易被人体吸收利用，处于生长发育阶段的儿童适当吃些有动物血的菜肴，可以防治缺铁性贫血。鸭血具有利肠通便作用，可以清除肠腔的沉渣浊垢，对尘埃及金属微粒等有害物质具有净化作用，因此，它是人体污物的"清道夫"。同时，这道菜配上豆腐、海带、胡萝卜，不仅让营养更上一层楼，而且让口味也得到改善；这是全家都适宜的一道补血又营养的菜品。

5. 幼儿缓解便秘食谱

（1）果仁橘皮粥

1）制作方法：将橘皮切丝，杏仁、松仁、芝麻捣碎，与橘皮共煎；去渣取汁，再入粳米，煮粥调糖，将少量炒熟的果仁末撒在粥上调味即成。

2）功效：果仁、橘皮可清肺化痰，润肠通便。适用于肺燥肠闭、胸腹胀满而大便秘结的幼儿。

（2）银菊粥

1）制作方法：将金银花、杭菊花各 10g 择净，水煎取汁，纳入淘净的大米煮粥，待熟时调入少许白砂糖，再煮一、二分钟即可，每日 1 次，连续 5 天。

2）功效：可养血润燥，适用于热结便秘的幼儿。

四、合理喂养

（一）饮食行为

1. 进食方式

12 个月的婴儿应该开始练习自己用餐具进食，培养婴儿的独立能力和正确反应能力。1—2 岁幼儿应分餐进食，鼓励其自己进食，2 岁后的幼儿应独立进食。

2. 进食行为

应定时、定点、定量进餐，每次进餐时间为 20—30 分钟。进食过程中应避免边吃边玩、边看电视，追逐喂养，使用奶瓶喝奶等。家长的饮食行为对幼儿有较大影响，避免强迫喂养和过度喂养，预防幼儿拒食、偏食和过食。家长应少提供高脂、高糖食物，快餐食品，碳酸饮料及含糖饮料。

3. 食物烹调方式

食物宜单独加工，烹制以蒸、煮、炖、炒为主，注意食物的色、香、味。可让儿童参与食物制作过程，提高儿童对食物的兴趣。

4. 适量饮水

根据季节和幼儿活动量决定饮水量，以白开水为好，以不影响幼儿奶类摄入和日常饮食为度。

（二）饮食环境

家人围坐就餐是幼儿学习自主进食的最佳方式，应为幼儿提供轻松、愉悦的良好进餐环境和气氛，避免嘈杂的进餐环境。避免进餐时恐吓、训斥和打骂幼儿。

五、案例学习

（一）并非大鱼大肉营养好

小新奶奶回忆说 2 岁的小新自从春天频繁感冒发烧后食欲和抵抗力一直不好，"我们天天换着法子给小新补充营养，老母鸡、排骨、黑鱼、牛肉顿顿不断，但是小新就是吃不了几口，而且还经常反复生病，真愁人啊！"

案例分析：

幼儿生病期间身体会消耗更多的营养，按理说应该多让幼儿吃些"好的"补充营养。但是患病期间孩子的消化功能也会受到影响，消化功能随之减弱，反而会变得食欲不振。这个时候给幼儿过多高蛋白高脂肪的食物，会进一步降低幼儿消化能力，让他（她）食欲更加低迷。蛋白质的消化需要较多的胃酸和蛋白酶帮助，脂肪多的食物排空慢，还需要较多的胆汁帮助，高蛋白、高脂肪食物也会消耗更多的维生素B_1，这是促进幼儿肠胃蠕动，提高食欲的关键营养素。所以，幼儿生病期间的饮食一定要清淡、容易消化。病愈初期幼儿的脾胃和消化功能仍然没有完全恢复，这个时候不要急于进补，还是要小心维护幼儿的消化系统健康运转才行。一旦急于、过多地进补造成其脾胃失调，产生长期食欲不振，幼儿摄入的能量和营养素不足，抵抗力低下，自然也就更容易生病了。

应对策略：

并非只有大鱼大肉才有营养，蔬菜水果里所含的胡萝卜素、维生素C、B族维生素、钾等营养素有助力提升幼儿的抵抗力或消化能力的作用；各种植物化学物质，如番茄红素、叶绿素、叶黄素、植物花青素、黄酮类物质等有消炎、抗炎的作用。粗杂粮和薯类里所含的维生素B_1、维生素B_2、水溶性膳食纤维能促进消化，对提高生病期间幼儿的食欲尤为重要。幼儿生病和病愈初期，少吃高蛋白高脂肪的动物性食物，多吃些新鲜蔬菜水果搭配的杂粮、杂薯粥、面才能在提供能量和营养素的同时，维持幼儿的消化系统，提高宝贝食欲。奶和豆制品含钙和优质蛋白质丰富，也较为容易消化吸收，幼儿生病期间，在对奶和豆类不过敏的情况下，可以正常摄入奶和豆制品。

（二）饮食不当易造成幼儿消化功能减退，食欲差

> 豆豆妈妈反映豆豆从小就不爱吃饭，吃饭是全家最头痛的事情。豆豆马上就满3岁了，非常瘦小，比同龄孩子矮一个头。医生说豆豆是发育不良，而且还有缺铁性贫血等问题。"豆豆从来没有饿的感觉，有的时候一天几乎吃不了几口。给她喝过补铁、补锌的药，也没有多大改善。"

案例分析：

幼儿长期脾胃失调，饮食不当，已经严重缺乏某些必需营养素，影响正常身高、体重发育。如缺铁伴随着缺锌，会让宝贝味蕾迟钝、含铁和含锌酶活性减低，食欲不振；缺乏维生素B_1、维生素B_2、钾等会造成肠胃蠕动减慢，消化功能减退；缺乏维生素A、钙、镁等会造成幼儿抵抗力下降，发育迟缓。营养素之间既互相协同作用，也互相竞争吸收。所以单纯的通过补铁剂、补锌剂、钙片等并不能取得良好的效果，反而可能影响其他营养素的吸收，必须通过日常饮食全面补充才行，严重的情况下需要饮食配合药物同时进行。

应对策略：

针对铁的补充来说，最容易消化吸收的是动物性食物里所含的 2 价铁，而植物性食物里的 3 价铁，需要还原成 2 价铁后才能被人体吸收，吸收率较低，受膳食因素的影响也大。维生素 C 能促进 3 价铁的还原吸收；维生素 A 和 β-胡萝卜素可以和铁结合，减少其他不利因素对铁吸收的影响；维生素 B_2 有利于铁的吸收、转运和储存。补铁最好是通过食用动物性食物，但是动物性食物吃得过多也会影响孩子消化功能的正常运转。而且患有缺铁性贫血的幼儿往往不仅只单独缺铁，一般还伴随着维生素 A、β-胡萝卜素、维生素 B_2、锌和蛋白质等营养素的缺乏，同时还伴有消化不良等疾病，所以单一的针对铁进行补充，效果并不明显。应该首先调理好幼儿脾胃后再通过科学而均衡的膳食，进行全面营养素的补充。这对于没有任何营养知识的家长来说比较困难，所以建议还是由专业营养师指导进行。

本 章 小 结

婴幼儿消化器官和消化酶的发育不成熟，合理喂养必须符合其特殊的生理、心理发展特点，使其更好地完成进食的动作和提高进食技能。由于婴幼儿期是生长发育的高峰期，必须满足能量和各种营养素的需要量。喂养类型上通常分为母乳喂养、人工喂养或混合喂养。无论哪种喂养方式，都要求喂养方法得当、操作正确、遵循科学。重视母乳喂养的好处，并根据各个月龄的营养需求，选择相应合理科学的喂养方案。根据月龄的生长特点，选择适合婴幼儿的食物，以满足其生长发育所需要的营养。婴幼儿辅食制作方法、科学合理的膳食安排，以及常见婴幼儿的喂养问题解决方法等都是婴幼儿喂养中的重要内容，对满足婴幼儿营养需要、培养良好的饮食行为习惯起着重要作用。

延 伸 学 习

 拓展阅读

免疫球蛋白

免疫球蛋白（immunoglobulin，简称 Ig）指具有抗体活性的动物蛋白。免疫球蛋白可以分为 IgG、IgA、IgM、IgD、IgE 5 类。IgG 在胚胎 12 周末时开始合成，但整个胚胎期含量不多。IgG 是唯一能够通过胎盘的免疫球蛋白。新生儿血液中的 IgG 主要来自母体，出生时脐血 IgG 水平甚至可高出母亲的血清 IgG 水平，这对于婴儿出生后数月内防御某些细菌及病毒感染至关重要。出生 3 个月后，IgG 合成能力增加，但来自母亲的 IgG 大量衰减，至 6 个月时全部消失，此时小儿又容易感染。到 6—7 岁时，其在血清中的含量才接近成人水平。

胎儿期自身合成的 IgM 量极少，出生后 3—4 个月时其血清中的含量仅为成人的 50%，

1—3岁时才达成人的75%。母亲IgM不能通过胎盘。

IgA不能通过胎盘。血清型IgA于出生后3个月开始合成，1岁时血IgA浓度仅为成人水平的20%，至12岁才达成人水平。分泌型IgA是黏膜局部抗感染的重要因素。新生儿及婴幼儿期分泌型IgA水平很低，1岁时仅为成人的3%，12岁时达成人水平。新生儿及婴幼儿分泌型IgA水平低下是其易患呼吸道感染和胃肠道感染的重要原因。

IgD和IgE两者均难通过胎盘，新生儿血中IgD、IgE含量极少。IgD的生物学功能尚不清楚，IgE参与Ⅰ型变态反应，出生后可从母乳中获取部分IgE。婴幼儿合成IgE能力不弱，患过敏性疾病时，血清IgE水平可显著升高。

因此，新生儿免疫功能不全，皮肤和黏膜的屏障功能差，胃酸分泌少，杀菌力低，白细胞吞噬能力低，血清中补体成分少，杀菌、溶菌和灭活病毒等能力均较差，若摄入不新鲜、不清洁的食物，容易导致消化系统的感染性疾病。由于胃肠道黏膜的保护功能不完全成熟，外来蛋白极易通过，加之主动免疫功能尚不完善，巨噬细胞对抗原的识别功能不足，使早期婴儿的特异性免疫不够活跃，可将食物中无害的大分子物质（通常为蛋白质）误判为有害物质而进行攻击，引发一系列过敏反应，出现腹泻、呕吐、湿疹和哮喘等相关问题。婴幼儿常见的过敏食物有牛奶、蛋白、海产品等。

母乳的成分和变化

1. 母乳的成分

（1）蛋白质

蛋白质是一类重要的营养成分，所有的乳类均含有提供热量的脂肪、生长所需蛋白质和乳糖。人乳和牛乳中乳白蛋白与酪蛋白的比率区别包括：人乳中乳清蛋白占总蛋白的60%，其中大部分是抗感染蛋白，保护婴儿免于感染；与酪蛋白的比例为6∶4；牛乳的比例为1∶4。乳清蛋白可促进糖的合成，在胃中遇酸后造就的凝块小，有益消化。而牛奶中大部分是酪蛋白，在婴儿胃中易结成硬块，不易消化，且可使大便燥热。因此，人工喂养的婴儿可能会对动物乳汁中的蛋白产生不耐受，出现腹泻、腹痛、皮疹或其他症状。

（2）脂肪

母乳中含有的必需脂肪酸，如DHA、AA等，是婴儿脑、眼及血管健康发育所必需的，但动物乳汁中，如牛乳，不含DHA、AA也比较少。所以，人乳中的脂肪比牛乳或配方乳中的脂肪吸收得更完全、更能被婴儿机体有效利用。

（3）碳水化合物

人乳中乳糖含量丰富，利于脑发育，有利于双歧杆菌、乳酸杆菌生长，并产生B族维生素；利于促进肠蠕动；乳糖在小肠远端与钙形成螯合物，降低钠在钙吸收时的抑制作用，避免了钙在肠腔内沉淀，同时乳酸使肠腔内pH下降，有利于肠钙的吸收。

（4）矿物质

铁对于预防婴儿贫血很重要。虽然不同的乳汁中所含的铁都非常少（0.1 mg/100 mL），但是人乳中的铁吸收率很高，约50%可被吸收，而牛乳中的铁只有约10%可以被吸收，因此，牛乳喂养的婴儿由于得不到充足的铁而常常发生贫血。对于纯母乳喂养的婴儿来说，在6个月内母乳可提供婴儿足够的铁以预防缺铁性贫血。

（5）维生素

牛乳中含有丰富的B族维生素，其含量是人乳中的2—3倍。如果母亲饮食中维生素A含量充足的话，母乳中即含有丰富的维生素A。母乳可提供婴儿所需的所有维生素A，即使出生后第2年依然如此。

（6）抗感染成分

在出生后第1年内，婴儿的免疫系统尚未发育成熟。母乳含有帮助婴儿抵抗感染的抗体、白细胞、双歧因子、乳铁蛋白、溶菌酶等抗感染蛋白和抗感染因子。人乳中主要的免疫球蛋白是分泌性IgA（SIgA）。作为对母亲体内感染的反应，它从乳房分泌到乳汁中，这点与其他免疫球蛋白不同，后者是通过血液携带的。代乳品没有活性的白细胞或抗体，几乎没有其他抗感染因子，所以提供的免于感染的保护力要小得多。一些抗体能够抵抗母亲过去或现在罹患的感染。因此，当母亲感染时，婴儿不应该与母亲分开，因为母亲可以保护婴儿免受感染。

2. 母乳成分的变化

母乳成分并不总是相同的，而是随着婴儿年龄的变化而有所变化，在一次哺乳的开始到末尾亦不相同。而且每一次的哺乳，甚至在一日的不同时间，母乳成分都会有所变化。

（1）不同时期母乳成分的变化

根据乳汁成分特色可分为3个阶段：分娩后4—5天内分泌的乳汁叫初乳；5—14日为过渡乳；14天以后分泌的乳汁叫成熟乳。

①初乳：初乳外观黏稠，颜色发黄或清亮。脂肪成分少，乳汁的成分蛋白质多，比成熟乳含有更多的抗体和其他抗感染蛋白、白细胞，以及丰富的维生素A，这方面免疫成分有助于预防新生儿感染。初乳有轻微的通便作用，有助于清理婴儿肠腔内的胎粪，从而排出胆红素，预防黄疸。初乳中含有生长因子，有助于肠腔发育。预防婴儿发生过敏或不耐受。因此，让婴儿吃到初乳非常重要。在开始母乳喂养前不应该给新生儿喂任何饮料或食物，在吃到初乳前喂食人工食物容易导致婴儿过敏或感染。②成熟乳：随着哺乳时间的延长，蛋白质与矿物质含量逐渐减少，脂肪含量比初乳高，乳糖的含量较恒定。

（2）哺乳过程的成分变化

在每次哺乳，婴儿开始吸入的乳汁叫前奶，后吸入的乳汁叫后奶。前奶外观，比后奶略带蓝色，量很大，主要提供丰富的蛋白质、乳糖含量，含水分也多，所以母乳喂养的孩子，不需另外给水喝。后奶外观比前奶白，脂肪含量高，能为婴儿提供能量。这就要求每次哺乳时，要让婴儿先吸空一侧乳房，再吸另一侧，这样才能取得全程乳汁，保证婴儿生长发育所需的能量。

出生后6个月内纯母乳喂养，可以提供婴儿所需的全部热量、营养素及水分。6个月以后，母乳不能满足婴儿所有营养素需要，应该添加辅食来补充母乳。但是，母乳始终是6个月以后婴儿热量和高质量营养素的重要来源。

早产儿喂养方法

1. 乳类选择

(1) 母乳:出院后母乳仍为早产儿的首选喂养方式,并至少应持续母乳喂养至6月龄以上。

(2) 强化营养的母乳:对于胎龄<34周、出生体重<2000 g的早产儿,采用母乳强化剂加入早产儿母乳或捐赠的母乳中,可增加母乳中蛋白质、能量、矿物质和维生素含量,确保其营养需求。

(3) 早产儿配方:适用于胎龄<34周、出生体重<2000 g的早产儿在住院期间应用。与普通婴儿配方相比,此种早产儿配方(PF)增加了能量密度及蛋白质等多种营养素,以满足早产儿在出生后早期生长代谢的需求。

(4) 早产儿过渡配方:对于胎龄>34周的早产儿或出院后早产儿,如长期采用PF可导致过多的能量、蛋白质及其他营养素的摄入,增加代谢负荷。故目前有介于PF与普通婴儿配方之间的过渡配方,即早产儿过渡配方(PTF),或早产儿出院后配方(PDF),以满足早产儿继续追赶生长的营养需要。

(5) 婴儿配方:以牛乳等为基础的配方可满足一般婴儿生长发育需要,用于无法进行人乳喂养的婴儿。

(6) 其他特殊医学用途配方:如去乳糖配方、水解蛋白配方、氨基酸配方等,特殊情况时应在医生指导下应用。

2. 个体化喂养方案

(1) 根据出院时营养风险程度评估选择喂养方案(表3-14)

表3-14 早产儿个体化喂养方案

分级	母乳喂养	部分母乳喂养	配方奶喂养	备注
高危	足量强化母乳喂养(334—355 kJ/100mL)至校正胎龄38—40周后,母乳强化调整为半量强化(305 kJ/100 mL);鼓励部分直接哺乳,部分母乳+母乳强化剂的方式,为将来停止强化,直接哺乳做准备	1. 母乳量≥50%,则足量强化母乳+早产儿配方至校正胎龄38—40周,之后转换为半量强化母乳+早产儿过渡配方 2. 母乳量<50%,或缺乏人乳强化剂时,鼓励直接哺乳+早产儿配方(补授法)至校正胎龄38—40周,之后转化为直接哺乳+早产儿过渡配方(补授法)	应用早产儿配方至校正胎龄38—40周后转化为早产儿过渡配方	根据早产儿生长和血生化情况,一般需应用至校正6月龄左右,在医生指导下补充维生素A、维生素D和铁剂

(续表)

分级	母乳喂养	部分母乳喂养	配方奶喂养	备注
中危	足量强化母乳喂养（334—355 kJ/100 mL）至校正胎龄38—40周后，母乳强化调整为半量强化（305 kJ/100 mL）；鼓励部分直接哺乳，部分母乳+母乳强化剂的方式，为将来停止强化、直接哺乳做准备	1. 母乳量≥50%，则足量强化母乳+早产儿配方至校正胎龄38—40周，之后转换为半量强化母乳+早产儿过渡配方 2. 母乳量<50%，或缺乏人乳强化剂时，鼓励直接哺乳+早产儿配方（补授法）至校正胎龄38—40周，之后转化为直接哺乳+早产儿过渡配方（补授法）	应用早产儿配方至校正胎龄38—40周后转化为早产儿过渡配方	根据早产儿生长和血生化情况，一般需应用至校正3月龄左右，在医生指导下补充维生素A、维生素D和铁剂
低危	直接哺乳，给予母亲饮食指导和泌乳支持；按需哺乳，最初喂养间隔<3小时，包括夜间；特别注意补充维生素A、维生素D和铁剂。如生长缓慢（<25 g/d）或血碱性磷酸酶升高、血磷降低，可适当应用人乳强化剂，直至生长满意及血生化正常	直接哺乳+普通婴儿配方（补授法），促进泌乳量。如生长缓慢（<25 g/d）或奶量<150 mL/（kg·d），可适当采用部分早产过渡配方，直至生长满意	采用普通婴儿配方。如生长缓慢（<25 g/d）或奶量<150 mL/（kg·d），可适当采用部分早产过渡配方，直至生长满意	

注：1 kcal = 4.186 kJ

（2）强化营养的时间和乳类转换

强化营养是指出院后采用强化人乳、早产儿配方或早产儿过渡配方喂养的方法。一般来说，中危、生长速率满意的早产儿需强化喂养至校正月龄3个月左右；而高危、并发症较多和有宫内外生长迟缓的早产儿则需强化的时间较长，可至校正月龄6个月左右，个别早产儿可至1岁。但需要注意的是，即使营养风险程度相同的早产儿其强化营养的时间也存在个体差异，要根据体格生长各项指标在校正同月龄的百分位数决定是否继续或停止强化营养，最好达到P25—P50，小于胎龄儿>P10，再参考个体增长速率的情况，注意避免体重/身长>P90。达到追赶目标，则可逐渐终止强化喂养。

准备停止强化喂养时应逐渐转换为纯母乳或普通婴儿配方。转换期间须监测早产儿的生长情况和血生化指标，如生长速率和各项指标的百分位数出现下降及血生化异常等，可酌情恢复部分强化，直至生长速度恢复正常。

3. 半固体食物和固体食物引入

一般为校正月龄4—6个月，胎龄小的早产儿发育成熟较差，引入时间相对延迟。引入半固体食物过早会影响摄入奶量，或导致消化不良；引入过晚会影响多种营养素的吸收或造成进食技能发育不良。注意观察对各种食物的耐受程度,循序渐进地添加。进食技能的培养是逐步的过程,要根据早产儿的发育成熟度,适时锻炼咀嚼功能和口腔运动能力。

4. 其他营养素补充

(1)维生素:早产、低出生体重儿生后即应补充维生素 D 800—1000 IU/d,3 月龄后改为 400 IU/d,直至 2 岁。该补充量包括食物、日光照射、维生素 D 制剂中的维生素 D 含量。2010 年欧洲儿科胃肠病肝病和营养学协会(ESPGHAN)推荐早产儿维生素 A 摄入量 1332—3330 IU/(kg·d),出院后可按下限补充。

(2)矿物质:早产儿出生后 2—4 周需开始补充元素铁 2 mg/(kg·d),直至校正年龄 1 岁。钙推荐摄入量 70—120 mg/(kg·d),磷 35—75 mg/(kg·d)。所有矿物质推荐量包括配方奶、人乳强化剂、食物和铁钙磷制剂中的含量。

(3)长链多不饱和脂肪酸(LC-PUFA):对早产儿神经发育有重要作用,尤其二十二碳六烯酸(DHA)和花生四烯酸(ARA),两者应在早产儿喂养时进行补充。母乳喂养是获得 LC-PUFA 的最佳途径,早产母乳中 DHA 高于足月母乳,但受母亲膳食影响较大,建议进行哺乳期营养指导。目前对早产儿的推荐量:DHA 55—60 mg/(kg·d),ARA 35—45 mg/(kg·d),直至胎龄 40 周。

学习活动

1. 学做一款婴幼儿辅食,制作视频并交流。如果条件允许,请组织现场品尝、交流会。

2. 走访婴幼儿家庭或社区,了解婴幼儿的喂养情况,尝试给有喂养问题的家长提供一些指导和帮助。

3. 走进母婴用品超市,了解当前婴幼儿喂养用品(奶瓶、奶嘴、水杯、碗、勺、围嘴等)材质、花色品种、价格、牢固性、安全性能等方面的情况,形成调查报告并分享交流。

复习与思考

1. 简述婴幼儿消化吸收的特点。
2. 母乳喂养的方式有哪些?如何判断母乳摄入是否充足?
3. 婴幼儿配方乳粉有哪几种?如何为婴幼儿选择适合的配方乳粉?
4. 婴儿食物转换的原则和方法有哪些?
5. 婴儿常见的喂养问题及处理方法是什么?
6. 简述幼儿阶段的进食特点及膳食安排。

第四章 婴幼儿饮食习惯培养

学习目标

1. 知识目标
（1）理解婴幼儿饮食习惯的涵义与内容。
（2）知道婴幼儿饮食习惯培养开始的时间。
（3）了解婴幼儿进食行为的发展。
（4）掌握婴幼儿良好饮食习惯培养遵循的原则。
2. 能力目标
能学会应用婴幼儿进食行为习惯培养的方法与策略，并联系实际解决婴幼儿常见饮食行为问题。

第一节 婴幼儿饮食习惯概述

有些婴幼儿以及学龄期儿童，要么只喜欢吃肉食海鲜之类，看到蔬菜就摇头；要么吃饭不专心，每次吃饭都让家长在后面追；还有些孩子一到用餐时间，就垂头丧气不想吃。实际上，很多孩子的挑食、偏食、厌食的现象都与早期饮食习惯以及家长的教育不当有关。本节将对婴幼儿的饮食习惯作简要概述。

一、婴幼儿饮食习惯的涵义与内容

（一）婴幼儿饮食习惯的涵义

在汉语中，"饮食"这一词语有两种释义，一种为动词"吃喝"，另一种为名词"食物和饮品"。"习惯"指逐渐养成而不易改变的行为方式。由此可见，饮食习惯（dietary habit）是指人们对食品和饮品的偏好，以及在吃、喝等方面积久养成的行为方式。本书所提及的婴幼儿饮食习惯主要是指0—3岁婴幼儿的饮食习惯。

婴幼儿饮食习惯的涵义有广义和狭义之分。从狭义上来讲，是指大人引导婴幼儿定时、定量地进食。从广义上来讲，婴幼儿的饮食习惯主要包括以下五大方面：一是宝宝进食时的态度和意愿；二是宝宝进食时所使用的方法；三是宝宝进食所用的时间，以及两餐间的时间间隔；四是食物的种类和数量；五是餐桌礼仪。

综上所述，婴幼儿饮食习惯可定义为：婴幼儿逐渐养成的，在恰当的时间，用恰当的方法，愉快地、礼貌地进食种类和数量适宜的食物的行为模式。

（二）婴幼儿饮食习惯的内容

从上述婴幼儿饮食习惯的定义，可以看出其内容主要包括饮食意愿、方法、时间，以及食物本身，此外，还涉及饮食中的餐桌礼仪。而饮食习惯都是后天养成的，婴幼儿的饮食习惯又有良好习惯和不良习惯之分。

1. 婴幼儿良好饮食习惯

具体来讲，婴幼儿的良好饮食习惯包括如下内容。

（1）饮食意愿

食欲好，愉快地进餐，但不要边吃边玩玩具，或者边吃边看手机、Ipad、电视等。

（2）方式方法

细嚼慢咽，不狼吞虎咽，在相应的年龄会使用相应的餐具。

（3）时间

不同的年龄阶段吃不同性状的食物；餐前半小时不吃零食；两正餐间隔不少于3.5小时。

（4）食物本身

根据进食行为的发展吃不同性状、不同种类、不同数量的食物；爱喝凉白开水；不偏食、不挑食、不吃得过饱过杂。

（5）餐桌礼仪

餐前要洗手，饭后要漱口；在固定的餐桌上定点吃饭；餐桌上不大喊大叫，不扔餐具。

2. 婴幼儿不良饮食习惯

（1）饮食态度

餐前吃零食，进餐时无食欲；不专心进餐，边吃边玩玩具，或者边吃边看手机、Ipad、电视等。

（2）方式方法

狼吞虎咽；过分依赖家长的喂养，如3岁前一直要求家长往口里喂食；在相应的年龄段不会使用相应的餐具进餐。

（3）时间

不咀嚼，长时间含着食物不下咽；两餐时间间隔太短；一顿饭吃太长时间。

（4）食物本身

偏食、挑食，如不吃蔬菜等；吃零食过多；爱吃油炸和油腻食物；爱喝饮料；吃得过饱过杂。

（5）餐桌礼仪

不讲卫生，餐前不洗手，饭后不漱口；一直要求家长追着喂食；餐桌上大喊大叫；扔餐具。

二、培养婴幼儿良好饮食习惯的重要意义

婴幼儿良好饮食习惯的养成，常被很多父母所忽略，他们往往认为饮食习惯的好坏不重要，在其长大后可以慢慢养成。其实，儿童在0—3岁时所养成的饮食习惯，会影响到整个孩童期，甚至会持续影响到其成人后的饮食习惯。下面主要从均衡营养、保持食欲、预防疾病、增进健康等方面来阐述婴幼儿阶段培养良好饮食习惯的重要意义。

（一）均衡营养

实践研究表明，学龄期的肥胖儿童尤其是单纯性肥胖儿童，他们多半不爱吃蔬菜，且偏爱高油脂、高糖类或油炸类的食品。追溯其婴幼儿期，父母就有错误的喂养观念，导致这些儿童的饮食习惯不良。当孩子偏食、挑食、吃零食过多时，家长一味迁就孩子，没有及时调整食物结构，没有引导孩子进食营养均衡的食物。

这些事实充分说明，儿童在婴幼儿阶段养成良好的饮食习惯，进食营养均衡食物的重要性。因为一旦这个时期儿童对某些味道的食物产生偏见，或者对不健康的食品产生偏好，到了学龄期是很难改变的。也就是说，婴幼儿时期是建立和培养良好饮食习惯的关键时期，如果这一时期喂养不当，儿童的不良习惯一旦形成，以后要改非常困难。

（二）保持食欲

某些家长，担心孩子不吃饭，于是用零食来哄孩子，比如让孩子吃话梅、巧克力、膨化饼干等口味香甜的食物；还有些家长受大众传媒广告的误导，给孩子购买口服液或者维生素制剂，期望通过这些来提高孩子的食欲。事实上，这些东西可能会影响孩子的主餐进食，让孩子吃饭时更没有食欲。

婴幼儿时养成良好的进餐习惯，有助于其保持好的食欲。一方面，在相应的年龄阶段吃相应性状的食物；定时定点进餐，保持正餐间、点心间的时间间隔，不在餐前吃零食等都能有效激起婴幼儿的食欲。另一方面，养成良好的进餐习惯，婴幼儿在吃饭时专心致志，不边玩边吃，家长通过多样化的餐具或者用声音、动作等方式适当地引导婴幼儿意识到食物的重要性，都会保持婴幼儿的进食食欲。

（三）预防疾病

婴幼儿期养成的良好饮食习惯能够帮助儿童预防很多疾病的发生。首先，定时定量、有规律的进餐，卫生清洁的进餐能够帮助儿童更好地消化吸收，避免胃肠痉挛、腹胀腹痛等疾病的发生。其次，使用正确的方式方法进餐，包括恰当地使用餐具，能够有效帮助儿童的口腔肌肉以及相应器官的发育，进而能够避免儿童今后说话不清晰等情况的发生。此外，用餐时婴幼儿在餐桌椅前保持正确的坐姿，不边玩边吃，不说笑打闹等也能有效避免气管

进异物等意外事故的发生。

（四）增进健康

与此同时，良好的饮食习惯不仅可以保证婴幼儿科学合理的营养状况，促进营养素的吸收，为其终生身体健康奠定基础，而且对婴幼儿生长发育、智能开发，以及今后生活习惯的养成有着深远影响。

三、婴幼儿饮食习惯培养开始的时间

良好的饮食习惯是保证婴幼儿合理营养的必要条件，大量文献与实践研究认为，婴幼儿饮食习惯培养开始的时间有广义和狭义之分。

从广义上讲，婴幼儿自从出生起的进食行为就会对其后的饮食习惯有一定的影响。如对于母乳喂养的婴幼儿，母亲应尽量按需喂养，要善于关注婴幼儿发出的饥饿信号和饱腹信号等，这些都会减少今后婴幼儿饮食问题的发生。从狭义上讲，辅食添加第一天就是培养婴幼儿良好进餐习惯的开端。研究表明，辅食添加的时间，对儿童的进食行为有显著影响。《儿童喂养与营养指导技术规范》中指出，"建议开始引入非乳类泥糊状食物的月龄为6个月，不早于4个月"。

事实上，很多家长往往认为添加辅食的时间为"4个月"或"6个月"，仅仅是一个参考值。也就是说，不能一概而论完全从婴儿的月龄来判断给婴儿添加辅食的时间。当然，婴儿辅食添加最晚不要晚于8个月，否则就会错过锻炼婴儿咀嚼、吞咽能力和开发味觉的敏感期。这部分内容在本章第二节第四部分有所阐述。

四、婴幼儿良好饮食习惯培养遵循的原则

对于婴幼儿的教育不应是简单的塑造，而应顺应他们的天性，采取适当的方法，科学地引导他们积极主动、健康快乐地发展。孩子饮食习惯的培养也应该顺应他们的天性，通过科学合理的方法培养他们遵循恰当的原则。

（一）规律性原则

规律性原则主要体现在定时、定点、定量吃饭3个方面。

1. 定时吃饭

婴幼儿的饮食要定时，注意两餐间隔。当然，对于新生儿来讲，要做到按需喂哺，通俗地说即孩子饿了就喂。一般来讲，24小时喂奶10—12次，每次30分钟左右。2—6个月的婴儿，一般根据需求，间隔2—4小时喂一次。7—12个月的婴儿，一般每天喂养4次左右，同时添加辅食。12—18个月的婴儿，从以乳为主逐渐过渡到以饭菜为主，开始培养幼儿一日三餐的习惯，但是每天还应有一定的乳类食物。1.5—3岁幼儿，每天吃3次正餐，另外，上、下午各加一次点心，如水果、酸奶等，两正餐间隔3—4小时。

定时吃饭还应体现在每次的进食应在一定时间内完成，要防止边吃边玩或边看电视。另外，幼儿吃饭过慢不能过于迁就，最长不要超过 1 小时。

2. 定点吃饭

婴幼儿的进食要定点，从一开始喂辅食就让其坐在餐桌椅上，在固定的房间相对固定的地点进食。实践表明，最好在成人的饭桌旁引导孩子进食，并把餐桌椅的高度调到与成人餐桌一样高，这样孩子可以观察到成人的就餐情况，进而激起食欲。

3. 定量吃饭

婴幼儿的饮食要有一定的饱腹量，既不能吃得过多，也不要过少。这就要保证婴幼儿吃好正餐，而且不随意给婴幼儿吃膨化食品、糖果等高热量的零食。针对 1 岁内的婴儿，辅食添加的量不要太多，以保证乳类的进食量，详细内容参见《儿童喂养与营养指导技术规范》（附录一）中表 2 婴儿食物转换方法。

（二）均衡性原则

1. 饮食种类丰富、营养全面，引导他们吃多样食物

随着婴幼儿月龄的增长，每天的餐饮中都应有蔬菜类、谷类、肉类、蛋类、水果等食物，为他们提供丰富多样的饮食选择。同时，鼓励他们不挑食、不偏食、不贪食、不厌食。

2. 不吃大量零食

尤其是餐前不吃零食，以保证正餐时有旺盛的食欲。零食也不能代替正餐，最好在两餐之间给予，以免影响食欲。

3. 养成喝水的习惯

白开水是婴幼儿最好的饮料，市面上销售的饮料或果汁中基本上都含有添加剂，对他们的生长发育可能不利。因此，不能以饮料或果汁代替白开水。另外，自己榨的果汁也不能代替白开水。家长应使用各种方式方法，帮助他们养成喝水的好习惯。

（三）自主性原则

自主性原则主要体现在适时训练婴幼儿自己使用杯、勺、碗、筷。一般来讲 1 岁左右可以让他们练习自己拿双耳杯子喝水，1 岁半开始练习自己用勺子吃饭，2 岁在成人协助下可以独立进食，3 岁左右可学会使用筷子吃饭。不过他们之间都有个体差异，不可强迫他们。

（四）快乐性原则

婴幼儿进餐过程中应保持精神愉快，家长不能因为他们不爱吃饭，或者饭前各种各样的原因而去批评他们。如果他们不爱吃饭，家长总是呵斥的话，将会导致他们对吃饭产生强烈的抵触情绪，进而更加不好好吃饭了。因此，进食中的快乐性原则十分重要。

（五）礼仪性原则

餐桌礼仪是婴幼儿饮食习惯中的重要组成部分，在进食过程中家长应教会婴幼儿一些用餐礼仪。比如，口中有食物时不要说话；吃饭时要避免大声说笑打闹；不要拿着勺子或筷子指指点点或在菜盘里扒来扒去；打喷嚏和咳嗽时，头远离餐桌。另外，婴儿吃辅食时要戴上围嘴或穿上防水罩衣，从小吃饭时就要养成仪式感。

（六）榜样性原则

婴幼儿模仿性强，家长要以身作则，在引导婴幼儿吃饭时，自己应在各个方面做出榜样。比如，以旺盛的食欲引导婴幼儿吃好正餐；吃饭时避免大声说笑，养成文明礼貌的好习惯；饭前洗手，饭后漱口，引导婴幼儿养成讲卫生的好习惯等。

（七）发展性原则

发展性原则主要体现为，在婴幼儿进餐时促进他们的认知发展。可随时简明地告诉婴幼儿一些餐桌上有关食物的营养、颜色、形状等，比如说："吃胡萝卜是让眼睛明亮的""地瓜是长在哪里的？""吃牛油果有什么好处？"等。如此，既可增长知识，又能激起婴幼儿的食欲。

第二节 0—1岁婴儿饮食习惯的培养

婴儿出生后第1年的饮食需要经由流质、半流质到固体食物的转换，这对婴儿是一个进食挑战，这个过程发展的好坏直接影响他以后的进食状况和进食习惯。研究表明，很多儿童进食行为问题是由于在儿童早期（1岁以内）喂养或断奶方法不当造成的。

如1—2岁的幼儿吃饭时常常将饭菜含在嘴内很长时间不吞咽；2—3岁幼儿仍用奶瓶喝牛奶；幼儿边玩家长边哄着喂饭，吃饭时到处跑；2—3岁或更大的儿童仍要喂饭，不会自己吃饭；儿童偏食等。这些都跟婴幼儿1岁以内的进食行为和习惯有关。

0—1岁婴儿期饮食习惯的培养需要在了解婴儿进食行为发展的基础上，培养良好进食行为并逐渐形成习惯。

一、0—1岁婴儿进食行为的发展

进食行为本身是一复杂的生理过程，这一方面跟消化系统的解剖结构与功能发育密切相关，另一方面进食技能还跟神经心理的发育成熟有关。一般认为，婴儿进食行为的发展基本包括吸吮与吞咽的发育、咀嚼、用勺进食，以及用杯饮水等等。

（一）吸吮与吞咽的发育

刚出生的新生儿就已具备吸吮与吞咽功能，这些功能主要靠他们先天性的反射完成，如觅食反射和吸吮反射等，这些对建立正常的母乳或人工喂养十分重要。婴儿能进食固体食物意味着其主动吞咽行为发育较成熟，通常5—7个月的婴儿能用嘴和舌的活动吞咽较软的食物。但此时婴儿将食物运到咽部和食道的能力还很不完善，当把勺子或其他较硬的东西放在婴儿嘴里时，婴儿会将舌向前伸出，出现吐出的动作，也就是所谓的"推舌反应"。

(二) 咀嚼

咀嚼是口腔有节奏地咬合、滚动、碾磨的运动，是婴儿进食行为里非常重要的技能。婴儿神经心理的发育成熟和外界环境的刺激促进咀嚼功能的发育，婴儿4—6个月时舌体下降，使食物可达舌后部，7—9个月时婴儿出现有节奏咀嚼动作。

人工喂养的婴儿，5个月左右不管有无乳牙的萌出，一旦有上下咬合动作，就表明婴儿咀嚼食物的能力已开始发育，这时应逐渐添加一些稀汁状或糊状固体食物如米粉等，为以后正式添加辅食做准备，而不应以乳牙的萌出作为添加辅食食物的指示。

6—7个月的婴儿可接受切细的软食，而8—11个月是培养孩子咀嚼功能的关键期，不同性状的食物（包括泥糊状、羹状、碎末状、颗粒状、条块状等）可帮助婴儿逐步学习吞咽、咀嚼能力，有效减少幼儿阶段常见的进食问题（如吞咽困难、进餐慢等）。

(三) 用勺进食

有研究表明，添加辅食的方法对儿童的进食技能有显著影响，进而会影响到饮食行为问题的发生。用勺进食比用奶瓶喂辅食，更能够促进儿童进食技能的提高，有效减少婴儿进食行为问题的发生。

用勺进食是流质食物向固体食物转换的一种必要过渡进食方式，多数婴儿在5个月左右开始可用勺进食，这时基本上是用上唇吃净勺中食物，9个月左右可用上下唇活动进食，12个月左右可闭唇进食，此时的婴儿进食行为已较成熟。另外，建议家长在婴儿9—10个月左右，就鼓励其学习手指抓食，积极参与进食过程。

(四) 用杯饮水

部分婴儿在6个月左右可以开始学习从杯中饮水或奶，2岁左右的幼儿能熟练从杯中饮，即不再咬住杯子，水或奶不再从嘴边流出，而且可以自己用手稳定拿住杯子使用。

二、婴儿进食行为习惯培养的方法与策略

就像孩子大运动动作的发展一样，每个孩子吃喝方面的发展速度也是有快有慢。下面将结合不同月龄段婴儿饮食方面的发展水平，对婴儿进食行为习惯培养的方法与策略进行阐述。

(一) 6个月前咽汁液状食物

刚出生的新生儿就已具备吸吮与吞咽功能，这些功能主要靠他们先天性的反射完成，如觅食反射和吸吮反射等，这些对建立正常的母乳或人工喂养十分重要。

(二) 6—8个月学会吞咽泥糊状食物

研究表明，婴儿味觉发育的关键期在出生后的2—7个月，及时地引入食物有利于婴儿味觉发育。还有研究表明，4—6个月开始添加辅食包括米糊、菜泥、果泥等能刺激婴儿早期味觉发育，促进婴儿良好饮食行为的形成，减少进食行为问题的发生。

通常6—8个月的婴儿能用嘴和舌的活动吞咽较软的辅食，这意味着其主动吞咽行为发

育较成熟。最初添加的泥糊状辅食如米粉稀糊、果泥和菜泥等，最好放在婴儿碗中，使用婴儿小勺一勺一勺地喂。开始应尽可能调得稀一些，每次小勺中要少盛点。如果调得稠了，孩子可能会拒绝吃。如果盛得多了，孩子可能会吞咽不下去，也可能会被噎到，这些不愉快的经历，会给以后的喂养带来困难。

（三）8—10个月学会咀嚼羹状、颗粒状食物

经过最初两个月的辅食泥添加后，8个月左右，家长应把辅食性状逐渐过渡到颗粒羹状，如稀米粥、烂面条等，进而过渡到较大的颗粒羹状，如面片汤、疙瘩汤、碎菜肉末粥等。之前的泥糊状食物可以囫囵吞枣，整吞整咽；而颗粒状辅食则需要婴儿边咀嚼边吞咽，咀嚼和吞咽动作要配合好。

此外，咀嚼的过程也需要调动很多肌肉力量。因此，婴儿需要一段时间来学习这个动作。一般来讲，婴儿最初的咀嚼是张着嘴巴上下用力的。随着月龄的增长过渡为：把食物收进口中后，闭住嘴唇并有节奏地旋转性咀嚼，进而对食物进行研磨再吞咽下去，不呛不噎。

同时，家长也要注意，这个阶段食物的制作颗粒要由小到大（开始添加时尽量和大米粒大小相当），煮得要软，要有水分能流动。

（四）8—11个月开始食用手指食物

所谓手指食物，是指婴儿可以用手拿起来吃的食物。8个月左右的婴儿使用整个手掌来抓握食物，随着年龄的增长，婴儿便使用大拇指和食指抓食。引进手指食物的顺序：第一阶段——长条形、方便抓，质地软烂、方便咬；第二阶段——小颗粒、手指抓，质地稍硬；第三阶段——独立吃饭。

（五）6—12个月从开口杯或碗中喝水

偶然的一个机会，笔者发现自己家的孩子在6个多月时，能够较好地控制下巴的肌肉，喝盛在碗里的汤。研究表明，6—12个月，是孩子学习从碗或开口杯里喝汤或水的关键期。事实上，这种饮食技能也能为孩子今后的语言学习与发展奠定扎实的生理基础。而且，从开口杯或碗中喝水与孩子从吸管杯喝水并不冲突。

（六）8—16个月会使用吸管杯喝水

孩子能够使用吸管杯喝水的前提是较好地掌握吞咽能力。使用吸管杯时，如果孩子吸得过快，没有及时吞咽就会被呛到。因此，需要孩子在较好地掌握了吞咽颗粒状甚至块状食物时，再让婴幼儿练习使用吸管杯。另外，在购买吸管杯时，应注意选择质量较好的水杯。

三、婴儿良好进食行为习惯培养

根据相关专家撰写的《0—3岁婴幼儿喂养建议（基层医师版）》以及一系列的实践研究，我们将从6个月以内、6—8个月、9—12个月3个阶段对婴儿的良好进食行为习惯培

养进行阐述。

（一）6个月以内婴儿良好进食行为习惯培养

1. 识别婴儿的饥饿及饱腹信号

对孩子发出信号的及时应答是早期建立良好饮食习惯的关键。实践表明，新生儿饥饿时，可能出现觅食、吸吮、张嘴等动作；婴儿则会出现把手含在嘴里吸吮、烦躁不安等动作；而大声哭吵则是饥饿的最后信号。对于6个月内的婴儿，乳母应尽可能根据孩子的饥饿信号做到按需喂养，避免其哭闹后再喂哺而增加喂哺的难度。当孩子停止吸吮，或者把头转开时，往往意味着其已经饱腹。

2. 尝试添加辅食

家长在孩子4—6个月时可以尝试添加辅食，引导孩子开始熟悉乳类以外的食物，初步认识除妈妈乳头和奶瓶以外的餐具。

（二）6—8个月的婴儿良好进食行为习惯培养

对于6—8个月的婴儿来讲，其正处于辅食添加期。《0—3岁婴幼儿喂养建议（基层医师版）》指出应注意建立互动式喂养方式，以便帮助孩子养成良好的进食行为习惯。具体来讲，包括以下几点：

1. 餐桌椅挑选

喂哺泥糊或碎末状固体食物时，尽可能地将婴儿置于安全、舒适的餐椅上，以保证其头部、躯干、双足都有很好的支撑，并避免孩子因跑来跑去玩玩具、看电视等分散注意力。在挑选餐桌椅时，尽量选择高度可调节的餐椅，以便跟大人就餐时的餐桌高度保持一致。另外，孩子的双手应该可以自由活动，以便与喂养者有较好的互动交流。

2. 引导咀嚼

喂养过程中，喂养者应积极响应婴儿的饥饱信号，并同时做出咀嚼的动作鼓励婴儿进食。当婴儿拒绝新添加的食物时，不要强迫或制止其食用，应善于诱导，有时婴儿需要经过10—15次的尝试后才会接受一种新的食物。

3. 互动交流

喂养过程中，应与婴儿有充分的眼神交流和语言交流，以促进情感发展。

4. 清洁卫生

制作食物以及喂养的过程中都应保证食物清洁卫生，食物制作后尽快食用，保证餐具清洁。另外，避免将接触过成人口腔唾液的食物喂哺给婴儿，以免将成人口腔内的细菌传播给婴儿发生疾病。

（三）9—12个月的婴儿良好进食行为习惯培养

对于9—12个月的婴儿来讲，应做到以下4点：

1. 学习自我进食

给婴儿提供用手抓食物的机会，并鼓励婴儿用小勺进食，但不必要求婴儿正确使用餐具，这样有助于婴儿尽快掌握独立进食技能，培养自信。另外，婴儿自主进食时家长应容忍饭菜洒落和杯盘狼藉,可事先给孩子戴上围嘴,穿上防水罩衣等。

2. 学习吞咽、咀嚼

9—11个月是培养孩子咀嚼功能发育的重要阶段,所以应引导幼儿尽可能咀嚼不同质地的食物,并将不同质地的食物分开进食,以便帮助幼儿练习吞咽、咀嚼等能力。

3. 用勺进食

用勺进食是流质食物向固体食物转换的一种必要过渡进食方式,建议家长在婴儿9—10个月左右,就鼓励其学习手指抓食,以及用勺进食,积极参与进食过程。

4. 用杯喝水

引导幼儿使用吸管杯喝水。

四、婴儿常见饮食行为习惯问题及应对策略

(一)辅食添加时间问题

> 诺诺今天5个月11天,终于在大人的支撑下会坐了。今天我们吃午饭时,她目不转睛地看着我啃馒头,嚼菠菜,口水都流出来了。听说宝宝到了6个月就要添加辅食,诺诺妈妈疑惑了:6个月是指第6个月(满5个月)还是指满6个月呢?

案例分析:

一般认为,母乳喂养的孩子可以从第6个月开始添加辅食,人工喂养的婴儿可以从4个月后开始添加辅食,辅食添加最晚不能晚于8个月。过早易于消化不良或者大便异常,过晚则会错过婴儿口部肌肉的锻炼以及味觉的开发。而合理的辅食添加时间不仅可以弥补单纯性奶制品中营养素如铁元素等的不足,促进婴儿身体健康成长,而且可以锻炼婴儿的吞咽、咀嚼,以及胃肠道的能力。

事实上,很多家长往往认为添加辅食的时间为"6个月",但这仅仅是一个参考值,是部分宝宝可以添加辅食的时间。也就是说,不能一概而论完全从婴儿的月龄来判断给婴儿添加辅食的时间。当然,辅食添加最晚不能晚于8个月,否则就会错过锻炼婴儿咀嚼吞咽能力和开发味觉的敏感期。

应对策略:

辅食添加时间的关键至少应该满足以下条件:

1. 婴儿大运动动作的发展。婴儿基本能够在成人或有背带的餐椅支撑下坐稳,而且能够较好地控制竖头、转头等头部运动,并能维持背部平衡。这些都是婴儿进食行为的前提。

2. 婴儿的挺舌反射逐渐消失。挺舌反射也叫推舌反应,是指婴儿在大约4—7个月以

内，舌头会对进入嘴里的固体食物推出，以防止外来异物进入喉部导致窒息的一种非条件反射。该反射消失是喂哺泥糊状和固体辅食的重要标志，否则送进嘴里的食物也会被推送出来。

3. 对成人的食物逐渐感兴趣。当成人夹菜或者咀嚼饭菜时，婴儿目不转睛地盯着成人，也意味着婴儿可以尝试添加辅食了。

（二）奶瓶喂食辅食

> 媛媛马上满 5 个月，尽管还未长出牙齿，妈妈也准备给她添加辅食了。现在妈妈已经为她购买了含铁丰富的米粉，还有几把不同种类的勺子，几个不同形状的小碗，当然还有之前一直使用的奶瓶。妈妈感到困惑的是，辅食添加初期，喂流质或泥糊状的米粉时，到底是选择用勺子、奶瓶？还是购买专门用于喂哺泥糊状辅食的瓶子？

案例分析：

引导婴儿使用勺子尝试奶水以外的食物，从小培养良好的饮食习惯，一是可以帮助婴儿转变进食方式，减少对奶瓶的依赖；二是可以帮助婴儿锻炼吞咽和咀嚼能力，为以后能更好地吃固体食物做准备。另外，还可以逐步锻炼婴儿精细动作的发展，提升手眼协调能力，为以后过渡到独立进食做准备。

使用奶瓶喂养流质辅食，尽管婴儿可能更容易接受，家长也较方便省事，但是，单一使用奶瓶可能不利于婴儿良好进食行为的发展。

应对策略：

下面简单介绍喂辅食时勺子的选择以及正确的使用方式。

1. **软勺喂哺。**辅食添加初期，一般选用软胶（选购安全无毒材质）的小勺，以免戳痛婴儿口腔，或者破坏其娇嫩的口腔黏膜。

2. **讲究方法、技巧。**使用勺子喂食，尽可能地做到勺子平进平出，也就是把盛有食物的勺子平行放入婴儿舌头上部，等待婴儿把上下嘴唇闭合，把勺子里的食物抿下来，顺势把勺子拿出。这种做法能够最大限度地帮助婴儿锻炼口腔肌肉，以及上下唇的控制能力，为今后的辅食添加以及语言学习做准备。

尽量不要让勺子与嘴巴形成一个较大角度，还未等婴儿闭嘴就把食物塞进了婴儿嘴里。这种情况下，婴儿的口腔肌肉没有得到很好的锻炼。

（三）婴儿抢餐具，把餐具当玩具玩

> 涵涵 8 个月 7 天，辅食一直吃得很好，而且家中并没有购买当下流行的宝宝餐椅，而是一直坐在家长腿上吃。最近几天，她总想抢勺子和小碗，有时还会把

手伸进碗里乱抓饭菜；有时抢过小勺还 pia-pia 扔到地上，乐此不疲地玩起来。遇到这种情况，该如何处理呢？

案例分析：

这类问题的产生主要有以下两种原因：一是对于婴儿来说，餐具和辅食跟玩具没有什么区别，他们用手触摸、抓碰，以及扔在地上，是他们探索新事物的表现。二是随着婴儿自主意识的增强，他们会在生活中的很多方面表现出更强的独立性，比如在吃饭时就想自己来独立完成。所以，他们会跟大人抢勺子、抢碗，甚至把手伸进碗里抓饭菜。

应对策略：

1. 宽容婴儿的探索行为。对于第一类婴儿，如果婴儿月龄在 12 个月之内，当他（她）抢餐具或者把餐具当成玩具时，家长可以适当地给予宽容淡定，不要当回事，慢慢地等孩子探索够了，对玩这些餐具的兴趣降低了就不会再继续了。反之，如果家长不断刻意地阻止，反而会强化婴儿的这种行为，使其玩得更带劲。

2. 给予婴儿手拿食。对于第二类婴儿，可以在辅食中适当地给婴儿引进一定量的"手指食物"（即婴儿可以用手抓着吃的食物），如蒸熟的土豆条、熟透的香蕉片等。每次吃饭时，先让婴儿自己吃辅食中的"手指食物"，锻炼其精细动作和手眼协调的能力，同时为今后的独立吃饭做准备，然后用勺子喂食其他部分的食物。有了手拿食，婴儿还是想抢勺子，则可以给他（她）准备一个勺子，并穿上防水餐衣，边教婴儿使用勺子边让他（她）自己探索勺子的使用方式。这种情况下，可能有一部分食物是要被浪费掉的；而且，婴儿身上、餐桌椅上，甚至地板上经常会出现饭食一片狼藉的场面。

（四）婴幼儿边看动画片边吃饭

阳阳刚满 1 周岁，每次吃辅食都要来到电视机前，看着动画片《熊出没》，否则，他就不吃。阳阳一边看电视，奶奶一边往他嘴里塞饭。塞进去之后，奶奶还要用语言、声音或者动作提醒他咀嚼和吞咽，否则就会一直在嘴里含着食物。

案例分析：

孩子吃饭时看电视是非常不好的习惯。如果家长为了让孩子多吃饭而纵容孩子的坏习惯，会让事情变得更加失控。随着孩子年龄的增长，这种行为会更加难以纠正。为此，家长应该把重点放在建立良好的吃饭习惯上。

应对策略：

1. 态度坚决，遵守规则。当孩子吃饭时想看电视，你可以告诉他（她）：现在是吃饭时间，不能看电视。开始时，孩子可能会抗议，如哭闹、拒绝吃饭等，这时家长千万不要妥协。要让孩子明白，吃饭是人人都要做的一件事，是很自然的事，而且是要遵守一定原则的。

2. 营造良好的进餐环境。吃饭时应该为孩子营造良好的进餐环境。如全家人要和孩子一起吃饭，同时家长不要看电视，玩手机、Ipad 等电子产品。每次吃饭时，家长尽量将孩子的餐桌椅高度调到和家庭餐桌一样高，孩子和全家人一起吃饭，而不是大家围着孩子喂饭，更不能让家长追着喂饭。

（五）依据书本或其他孩子情况决定自己孩子的饭量

> "我们宝宝吃得太少啦！奶粉说明书上写着应该每天吃 × 次，每次 ×× mL……"；"×× 书上写着孩子应该吃 ×× g，我家孩子每次都吃不了这么多……"；"我家孩子比邻居家的宝宝吃得少多了"……也有妈妈问相反的问题："我家宝宝按照 ×× 说的吃，怎么总是吃饱了还要吃？"

案例分析：

这些家长心中都有个参照系，或者遵从"书本理论"，犯了照本宣科的毛病。每个孩子的奶量或者饭量都不可能完全一样，也不可能像说明书或者书上写的一样。

应对策略：

1. 尊重孩子的食量。儿童的食量是有明显差异的，婴儿的食量也存在个体差异，不要总是和其他孩子比较，也不要总按照书本上的标准要求自己的孩子。

2. 关注婴儿传达出的饱、饿信息。家长应该根据婴儿的饱、饿信号，灵活调整喂奶量以及辅食的数量和种类，而不应完全参照书本上的理论。

3. 记录婴儿的身高（身长）、体重。当前可以记录婴儿生长曲线的手机软件很多，也很实用，家长可以利用其进行记录，然后参考婴儿的生长曲线决定婴儿吃奶量或吃饭量的多少。

4. 保证婴儿每餐辅食的营养。营养均衡、品种丰富、食物性状科学合理。

5. 不要强求婴儿吃某种辅食。事实上，有的婴儿就是不喜欢吃某种食物，可能与妈妈怀孕和哺乳期间的饮食习惯有关。同时，也没有非吃不可的食物。婴儿不吃某种食物可能是暂时的，不必要求其非吃不可。

（六）婴儿不爱吃蔬菜

> 蔬菜中含有丰富的维生素等营养素，但是很多儿童自婴儿期开始就不爱吃蔬菜。到了幼儿期或者儿童期，不爱吃菜的儿童也不少。这是什么原因？家长应该如何引导婴儿多吃蔬菜？

案例分析：

婴儿不爱吃蔬菜，可能是做熟的蔬菜如菜水、菜泥等没有水果的香甜味道，也可能是婴儿的咀嚼和吞咽能力还不能较早地胜任吃蔬菜。

应对策略：

家长可以从以下方面解决婴儿不爱吃蔬菜的问题。

1. 首次进食蔬菜一定要研磨成泥状。由于婴儿磨牙发育晚且不发达，菜叶较难被婴儿咀嚼成泥状，即便剁得很碎婴儿也很难将其磨碎，常常含而不咽，进而引起婴儿对蔬菜的反感。

2. 改变蔬菜的性状、味道和口感。对于8—9个月大的婴儿，可以做成蔬菜饺子、丸子等，或者用炖骨头汤来做面条和蔬菜，尤其是对于有特殊味道的蔬菜，如胡萝卜，通过改善食物的性状、味道和口感，引导婴儿多吃蔬菜。

3. 主食、辅食制作，增加进食兴趣。随着婴儿月龄的增加，主食和副食要分开来喂，不仅可以让他（她）品尝不同食物的味道，而且吃一口饭、吃一口菜能够增加婴儿的进食兴趣。

4. 蔬菜品种多样，忌食单一蔬菜。每顿饭尽量吃不同种类的蔬菜，没有哪一种食物能够满足婴儿所需的所有营养素。长期进食单一种蔬菜，即使是成人也会厌倦。

（七）婴儿该不该吃固体食物

吉吉妈妈认为，婴儿还没有长牙齿，不喂食固体食物。而有的妈妈则认为，婴儿太小，喂食固体食物怕被噎到。婴儿该不该吃固体食物呢？

案例分析：

固体食物不仅可以帮助婴儿提升进食技能，如锻炼咀嚼能力，而且对其今后的语言发展也有一定的帮助。

应对策略：

家长可以从以下几个方面解决婴儿不爱吃固体食物的问题。

1. 掌握固体食物添加的先后顺序。添加固体食物性状的顺序是泥糊状、颗粒羹状、小块状、条状等；添加固体食物种类的顺序是谷物、蔬菜、水果、蛋肉类。特别提倡，根据本章节第二部分介绍的内容，在不同月龄为婴儿添加不同的手指食物。

2. 将婴儿爱吃食物制成固体食物。婴儿特别喜欢吃的食物，尽可能制作成固体食物，引导婴儿拿着固体食物吃。

3. 谨防气管进异物等意外事故的发生。婴儿吃东西时，永远要有家长在一旁陪着。吃东西时一定要坐着吃，防止婴儿被呛到。避免孩子接触易被呛到的食物，如整粒坚果，小颗粒水果如葡萄、樱桃、番茄等。

第三节　1—3岁幼儿饮食习惯的培养

幼儿进入1岁以后，从单一的进食乳及乳制品到逐步学吃辅食，又经历了断奶、进而尝试学吃各种食物，这对幼儿是一个巨大的挑战，也是其成长的必经之路。这个阶段正是幼儿建立良好的饮食行为、养成良好饮食习惯的最佳时机，教养者起着关键性的作用。

一、幼儿良好饮食习惯的培养方法

（一）1—2岁幼儿饮食习惯的培养

乳类仍然是这个阶段幼儿的主食，辅食的品种、花样较1岁前丰富多样，食物的性状也以固体食物为主。

1. 烹制的食物能引起幼儿的食欲，有利于消化

（1）选择时令蔬果

应尽量多选用新鲜的时令性蔬菜和水果，如番茄、黄瓜、苹果、梨子等，一些水果的果皮中维生素和矿物质含量比较多，在安全的情况下可以让幼儿带皮吃。但在清洗和烹调的过程中注意保留其营养素，现炒现吃，炒时不加盐、不弃汤以免大量损失维生素C。

（2）做到碎、细、烂、软、嫩

这个阶段的幼儿咀嚼能力较差，食物的制作应做到切碎、切细、煮烂、炖软，保证嫩滑不柴，特别是肉、菜、谷类等均应做到；忌食油炸、油腻、块大、质硬的或刺激性大的食物；口味宜清淡、低盐，不宜使用味精、色素等调味品，以免影响儿童胃肠道的消化和吸收。

（3）做到花样繁多，色、香、味、形俱全

根据幼儿的进食心理，烹调菜肴时，既要杀灭细菌又要保持食物的色香味俱全，做到色诱人、香气浓、味道好、形优美（图4-1），还要经常变花样，以刺激儿童食欲。

双色糕

海鲜羹

墨鱼饼

图4-1　食物的色香味形

（4）严控高糖、高脂和冷饮食物的摄入量

多糖、多油脂的食物摄入要适量，过多摄入，一方面容易引起消化不良，食欲不振，另一方面容易引起儿童龋齿等疾病的发生。特别是在正餐之前要禁止儿童摄入纯糖和纯油脂的食物。幼儿肠胃发育还不成熟，对冷的刺激特别敏感，吃大量的冷饮食物后，胃内温度剧降，会引起胃黏膜血管收缩、胃液分泌过少，杀菌能力降低，会引起腹泻、肠炎等肠道疾病，同时也会降低幼儿的食欲。

2. 顺应幼儿发展的需要，建立良好的进餐行为

随着幼儿精细动作的发展，幼儿1.5岁左右开始尝试独立进餐，家长要为幼儿提供适宜的用餐工具，便于幼儿使用，学会自己进食。

（1）勺子的选择

勺子的选择要考虑形状、大小、材质等。勺子的形状要易于使用，勺子顶部大小为幼儿嘴部大小的1/3—2/3比较合适，而且不要太深，这样用起来方便。勺柄要适中，不要太粗或太细，幼儿抓握方便即可。勺子材质可选择无毒塑料的或不锈钢的。圆边的塑料勺舀取食物时容易滑落，当幼儿习惯使用勺子后还是选择不锈钢的勺子为好。

1岁左右婴幼儿可以尝试使用勺子。幼儿拿勺的发展过程是：1.5岁左右时，从上方抓握，用手掌整体抓住勺子；用大拇指、食指、中指3根手指抓住勺子，也有的幼儿用这3根手指从下方抓住勺子；幼儿进入2岁逐步学会用握笔的方法抓住勺子（图4-2）。幼儿刚开始使用勺子时，手部肌肉的发展还不太完全，教养者要仔细观察幼儿的发展过程逐步进行引导。

手掌整体上方握　　　　　　3根手指下方握　　　　　　握笔方法握

图4-2　幼儿拿勺的方式

（2）碗、碟的选择

1）碗：碗的选择要考虑结实、易拿、方便清洁和消毒。底部凸出的碗比较容易拿握，稍微圆一点的碗比形状类似锥状的碗更稳定一些，便于幼儿配合勺子一起使用。碗的大小适合幼儿双手拿起来为宜。材质方面，刚开始时宜选择摔不碎的塑料碗比较方便，但还是稍微有些重量的陶瓷碗、不锈钢碗更便于使用、清洗和消毒。托幼机构选择不锈钢的碗更为适宜（图4-3）。此外，幼儿碗的厚度选择还是厚一些的好，这样可以避免幼儿的烫伤，也相对保温，便于幼儿进食。

　　碗　　　　　　　　　碟

图 4-3　不锈钢材质的餐具

2）碟子：碟子的形状，选择侧壁和盘底的角度越接近于直角的越便于幼儿配合勺子使用；碟子的图案，避免过于花哨，以免分散幼儿进食的注意力；碟子的材质，一般选用不锈钢的为宜（图 4-3），重量上应微重一些，幼儿取食更加稳固。如果碟子过轻，幼儿用勺子舀取食物时容易将碟子打翻。

（3）合理的进餐次数与进食量，保证幼儿的食欲

1—2 岁幼儿每天进餐次数建议 5—6 次，正餐乳类 3—4 次，加餐辅食 2—3 次，每餐间隔时间 3—3.5 小时。辅食量不宜过多，以免影响乳类的进食量。食物选择上宜富含蛋白质、维生素和矿物质的食物为佳，如各类瘦肉、蛋类、新鲜的深绿色或红黄色的蔬菜和水果等。

3. 遵循良好饮食行为习惯培养原则，耐心引导幼儿良好的进食行为

（1）鼓励幼儿独立进食

幼儿进入 1 岁左右，已经有了自己想要吃饭的意识，教养者一定要珍视幼儿想进食的意愿，可采取少量多次的方式帮助幼儿学习喝水、吃饭、使用餐具。对于幼儿好的行为表现要立刻表扬鼓励，肯定幼儿积极的行为方式，可强化幼儿愉快的进餐意识和行为。不要怕幼儿吃饭慢、撒饭就给其喂饭。

（2）不可急于求成

在培养幼儿独立进食的过程中，教养者要有耐心、信心和持之以恒的决心，坚持不懈，天天练、餐餐学，同时纠正幼儿拿勺的姿势，不要因为怕幼儿吃不饱、饭菜放凉，以及弄脏衣服而停止其学习用勺吃饭。坚持一段时间，你会发现，幼儿自己吃得越来越好。他（她）会非常自如地使用勺子，将食物放入口中，减少食物掉落的现象。所以，不必过于担心和操之过急，这需要教养者耐心、细致地逐步引导、培养。

（二）2—3 岁幼儿饮食习惯的培养

2—3 岁的幼儿每天进餐次数建议 4—5 次，一般三餐两点，接近托幼机构对幼儿的膳食安排。这个时期，幼儿良好饮食习惯的培养包括：饭前做好餐前准备，懂得如厕、洗手；进食要定点，能够在饭桌旁自己进食或喂食；饮食定量，每次进食应在一定时间内完成，不边吃边玩；学习自己正确使用杯、勺、碗；尽量吃多样食物，不挑食、不偏食、不贪食、多喝白开水。

1. 正确的用餐姿势

幼儿用餐时正确的姿势有如下要求：屁股坐椅子中间，挺直腰板稳稳坐好；一只手拿勺，一只手扶碗（用不拿勺子的那只手扶着碗防止滑落），两只胳膊自然放在桌子上；不要把肘部压着桌子，也不要用肚子抵着桌子；嘴里有食物时不要说话。

2. 教给幼儿正确使用勺子的方法

教养者可以拿着成人用的勺子坐在幼儿的旁边，用平行示范的方法，做出和幼儿同步的动作，让幼儿观察教养者的做法。不管是用来练习的碟、碗，还是食物的内容，一开始都要准备那种便于舀取的。还要告诉幼儿在舀取时，用另一只空着的手扶住碟、碗。当幼儿不能舀取时，教养者要手把手地帮着舀。在练习时，幼儿无法顺利舀取很正常，教养者辅助幼儿愉快地练习即可。

3. 教给幼儿使用碟、碗的方法

（1）用手扶住碗

在幼儿还不能端住碗时先教会幼儿用手扶住碗。用手扶住碗后，舀取食物也比较容易。

（2）拿起勺子和碗吃饭时应该用常用手拿勺子，并用另一只手扶碗

养成一手扶碗，一手拿勺，一口饭一口菜的进餐习惯。这个时期，幼儿会手持勺子下方使用这些餐具，同时幼儿使用碗和杯子的技能也有了很大的进步，已经能够一手拿勺子一手扶着碗吃饭了，而且洒饭现象明显减少，大多数幼儿能独立地把饭吃完。

4. 建立良好的饮食习惯

（1）定时进餐、做好餐前准备

饭前半小时保持幼儿安定愉快的情绪，进餐前提示幼儿如厕、洗手，知道洗完手后不再乱摸东西，安静坐好，等待吃饭。此时，也可让幼儿协助成人摆放碗筷，增加对进食的兴趣，做到按时进餐。

（2）进餐过程保持环境安静，不说笑，培养幼儿专心进餐习惯

要根据幼儿一日营养的需求安排食量，养成定量饮食的习惯；幼儿某餐进食量较少时不要强迫进食，以免造成幼儿厌食。进餐时不能催促幼儿，而要让幼儿细嚼慢咽；保持进餐卫生；要让幼儿咽下最后一口才能离开饭桌；注意饭后擦嘴和保持桌面干净。

（3）培养幼儿爱吃各种食物，不挑食、不偏食的好习惯

应按食谱安排每日幼儿的饮食，尽可能根据当地的情况和季节选用多种食物，培养幼儿爱吃各种食物，不挑食、不偏食的好习惯。进餐前，教养者要给幼儿讲食谱，使幼儿获得粗浅的营养知识，增加进食的欲望。不管在家还是在托幼园所，餐桌上特别可口的食物应根据进餐人数适当分配，培养幼儿关心他人，不独自享用的好习惯。要注意桌面清洁，餐具齐全、卫生，饭菜冷热适度。

（4）耐心培养幼儿独立进食的能力

在幼儿进餐的技能尚未完全掌握时，要耐心指导，要鼓励幼儿自己吃完碗里的食物，对幼儿的进步要及时表扬，以增强其学习的积极性和自信心。切忌粗暴处理或包办代替，养

成孩子的依赖性。2—3岁幼儿已经学会使用餐具，自己用餐巾擦嘴、擦手。

5. 培养幼儿良好的饮食习惯应注意的问题

（1）用餐前后的注意事项

1）充足活动，保证空腹。教养者注意调整幼儿的活动节奏，让幼儿充分进行户外活动和体育锻炼，保持空腹的状态才能有进食的欲望。当然，体育锻炼和户外活动至少半小时后方能进食。

2）积极的语言暗示。进餐时可以对幼儿说一些激发幼儿吃饭欲望的话语，如介绍描述菜品："今天的饭闻起来真香啊！今天吃什么好吃的呀？红的萝卜、绿的黄瓜真好看！""我们一起把肚子吃得饱饱的""哇！好香呀！看起来真好吃呀！"等。幼儿年龄小、情绪易受感染，积极的语言暗示会起到事半功倍的进餐效果，尤其是对待挑食、偏食的幼儿会起到积极的暗示作用。

3）及时转换幼儿的情绪。不要把幼儿活动中的浮躁情绪带到进餐中来，饭前留一些时间让幼儿做一些安静的活动，如果幼儿情绪低落也要帮助其转换情绪，可和幼儿说说话、唱首欢快的歌，饭前不可批评幼儿，也不要勉强幼儿吃饭。

4）吃完饭后做一些安静的活动。刚吃完饭后要避免剧烈的运动，可以事先准备一些让幼儿安静活动的游戏，如看图书、搭积木或是组织幼儿散步等。

（2）进餐过程中教养者须注意的问题

1）不强迫幼儿进食。幼儿正处于生长发育过程中，个体差异比较大，引导幼儿进餐时千万不能急于求成，要根据每个幼儿的具体情况循序渐进。比起批评责备，夸奖和鼓励更能帮助孩子进步。

2）教养者是幼儿的榜样。吃饭时教养者可以和幼儿一起进餐，为幼儿树立榜样，对于年龄小的孩子，添加辅食、练习咀嚼时教养者可以坐在他（她）的对面；练习使用勺子、水杯、碟碗时教养者可坐在幼儿旁边。

3）所盛的饭量要适合幼儿的情况。可以少盛一些幼儿不喜欢吃的食物，并表扬幼儿全部吃完，这样可以增加幼儿的自信心。有的幼儿只挑自己喜欢吃的，而把其他都剩下。针对这种情况，教养者可以适当少给幼儿喜欢的食物，如果孩子把食物都吃掉了可以再给幼儿添加一些他（她）喜欢的食物。

4）给幼儿提供一个安静就餐的环境。一个安静的就餐环境非常重要，对于婴幼儿尤其重要。如果在幼儿视野内有电视、玩具等吸引幼儿注意力的东西，幼儿是无法集中精神吃饭的。而且幼儿对玩具的声响非常敏感，因此，这方面教养者要多加注意。家人正常的交谈、播放轻松愉快的轻音乐都有利于幼儿专心进餐。

（三）密切家园配合，关注幼儿饮食

一部分幼儿开始进入保育院、托儿所、幼儿园等托幼机构进行集体生活，幼儿三餐两点在托幼机构完成。如进入幼儿园后，幼儿进餐情况家长不了解、不知情，幼儿又不太会表达自己吃了多少、吃得如何，这就需要家长与幼儿园的老师进行积极的沟通，了解幼儿在园的饮食情况以便合理调整幼儿饮食。

1. 入园前的沟通

与老师详细介绍幼儿在家情况，如会不会自己吃饭、到哪种程度、对食物的喜好、有无过敏，这一点很重要，尤其是有些对鸡蛋、牛奶或是一些水果过敏的幼儿，家长一定不要隐瞒，应主动告知老师予以积极预防。不过像鸡蛋、牛奶之类的食物，大多数幼儿随着年龄增长，食物获取日益广泛，再进食这些食物也就自然适应了。因此，进入托幼园所之初，积极地向幼儿园老师介绍幼儿饮食情况、了解幼儿园饮食作息制度是非常重要的，方便老师了解照顾幼儿，使幼儿更好地适应在园生活。

2. 在园中的交流

幼儿入园后，每天接送幼儿时要及时与老师交流幼儿在园情况，如吃饭、饮水、大便等情况。有特殊情况要做到及时沟通，有的幼儿回家后看见家人吃晚餐也跟着吃很多、有的幼儿却是什么也不吃了。因此，针对幼儿表现，与老师的沟通就很重要，如：幼儿在园遇到不太喜欢吃的食物，家长根据情况适当给幼儿吃一些也是可以的；有的幼儿在园已经吃得很多了，回家再遇上爱吃的则是贪吃的表现，家长就要转移其注意力，避免幼儿进食太多。

3. 入园后的配合

进入集体生活，幼儿的三餐两点规律饮食，幼儿园的老师会把握教育的契机，利用适当的方法教给幼儿独立吃饭、使用餐具的方法。良好的饮食习惯需要家园一致的配合，因此，作为家长一定要积极配合老师的在园要求。比如过去幼儿在家喝饮料不喝白水、用吸管瓶喝水不使用水杯；家长包办代替，因怕幼儿吃的太脏不让幼儿自己吃饭，由家长喂食等。进入幼儿园后，家长一定要配合老师的要求，在家里也要做到不喝饮料、练习用杯子喝水，幼儿园、家庭要求一致，幼儿的好习惯才能逐步地建立和养成。家长切忌忽视幼儿在园的培养要求，在家放任孩子，造成幼儿园、家庭要求不一，为幼儿良好饮食习惯的养成造成困难和麻烦。

二、幼儿常见不良饮食行为问题及应对策略

（一）喂养陋习

2岁半的多多胃出血住院，原因竟然是感染了幽门螺旋杆菌！医生说，像多多这么小的幼儿很少有感染幽门螺旋杆菌而导致胃出血的。于是，医生让其全家人做了呼吸测试，结果奶奶的 HP 数值明显增高。医生问奶奶平时怎么给孩子喂食的，奶奶说："有时候，她肉咬不断，我就咬下来再夹给她吃。有时候她看见我碗里的东西想吃，我就直接用我的筷子喂她。"谜底揭开：原来是奶奶感染了幽门螺旋杆菌，是不良的喂食习惯使多多胃出血！

案例分析：

幽门螺旋杆菌简称 HP，主要传播途径是唾液传染。幼儿感染幽门螺旋杆菌后，会导致慢性胃炎和消化性溃疡，还可以引起幼儿缺铁性贫血、厌食及血小板减少，甚至导致幼儿生长发育迟缓。案例中，奶奶感染了幽门螺旋杆菌，她在嚼食后用自己的筷子喂多多，多多年幼，抵抗力差，胃黏膜脆弱，很易感染。时间一长，胃部溃疡，久而久之，就引发了胃出血。这是中国传统育儿的不良陋习——嚼食对幼儿健康造成伤害的案例。

应对策略：

摒弃嚼食喂食幼儿。家长爱子心切，担忧幼儿不会咀嚼，又怕幼儿营养不够全面，所以就把食物嚼碎，用嘴或手的方式，把碎物抵进幼儿嘴里进行喂食。其实这是极不卫生的喂食幼儿的方式，一旦幼儿感染病菌，就会生病！另外，提倡吃饭时分餐，使用公筷，给幼儿提供独立进食的餐具，鼓励自己进食，家长不用自己的筷子夹食物给幼儿喂食等，这不仅可以大大减少幼儿感染病菌的机会，也有利于幼儿良好饮食习惯的养成。

（二）食欲差

现象 1：珠珠已经 2 岁多了，聪明可爱，是一个乖巧的女孩，相对于跑跑跳跳，珠珠更喜欢看书、听家人讲故事，有的时候一上午的时间她一个人玩积木、看图书、看动画片自己玩得很有兴致，很让大人省心。但就是这样一个乖巧的孩子吃饭却是一个"老大难"，每每吃饭的时候，不是说木耳这个东西太黑，不吃，就是说芹菜的味道怪怪的，不吃。赶上爱吃的虾米还能多吃几口。因为爱吃虾，爸爸妈妈就经常做给她吃，结果吃了几天发现珠珠也不像开始那样喜欢吃了；于是妈妈怕珠珠跟不上营养就天天追着喂，有的时候讲一段书珠珠才吃几口，搭个高楼吃几口，每次吃饭都是追着从餐厅到客厅，再到珠珠卧室，一顿饭下来饭菜凉了是常有的事……

现象 2：1 岁 7 个月的旦旦是个开心果，语言发展好，会用语言表达自己简单的需求，不管做什么都能跟着老师互动表达，只是每当吃饭的时候，旦旦却静静地坐在那里说着一个字"喂"……看到大人走了过来，会摇着脑袋，不停地说"吹吹吹""大家都自己吃，旦旦也自己吃吧""旦旦自己吃，不让老师喂"，嘴里虽是这么说，但还是不自己动手吃饭。老师帮旦旦用小手拿起小勺，旦旦吃了两口，又把小手放了下来，说"旦旦吃饱、旦旦吃饱了"。老师看了看没动几口的饭碗，对旦旦说："旦旦的饭还没吃完，都吃完了，小肚肚才不会饿，才是吃饱了呢。"旦旦看着碗里的饭又吃了两口，小嘴不停地嘟囔着："饱饱，旦旦吃饱，旦旦不吃了。"索性离开餐桌跑到玩具区玩小汽车去了……

案例分析：

这些幼儿对食物没有兴趣，很少有饥饿的表现；与进食相比，他们对游戏或与人交流更感兴趣；经常只吃几口，就拒绝再吃，家长喂食或追喂；进食过程中注意力不集中，容易分心，经常吃一会儿就离开餐桌。

应对策略：

幼儿食欲差排除幼儿身体有关的疾病；要适当地增加活动量，使幼儿产生饥饿感，进而增强食欲；在食物的制作过程中注重对食物色、香、味、形的制作与合理搭配，使幼儿产生进食的兴趣；另外，幼儿进餐时间不宜太长，吃得时间较长，会使幼儿产生疲劳感，应控制在 30 分钟以内；根据幼儿的年龄段合理安排两餐的间隔时间，在两餐过程中不吃零食，餐前不喝饮料；根据幼儿现实情况合理使用开胃、健脾、增加食欲的中成药。

（三）偏食挑食

> 金灵小朋友情绪稳定，喜欢和老师、其他小朋友一起游戏，每到吃饭时都需要老师来喂她，在喂食过程中，她好像不太领情，饭吃得特别慢。经过进一步观察，发现金灵不爱吃菜，与家长沟通后得知她在家时就一口菜也不吃，挑食很严重，凡是胡萝卜、木耳、猪肝等一些特殊形状和颜色的食物都不吃。了解到这些情况后，老师对她进行了有效的策略引导。先是鼓励她到她喜欢的"娃娃家"中玩串菜的游戏，引起幼儿对食物的兴趣，并在游戏过程中为她讲吃菜的好处，如多吃胡萝卜能让眼睛更漂亮；多吃猪肝能让嘴唇红红的，像涂了口红一样漂亮。再是以吃饭好的小朋友为榜样来带动她，老师还制作了爱吃菜的小动物的头饰，吃饭时，金灵戴着头饰与小伙伴一起坐在"娃娃家"中吃饭。一段时间后，金灵的进步很大，逐渐和其他小朋友一样主动吃菜了。

案例分析：

因食物的气味、味道、质地或外观性状的原因，拒绝很多食物，如胡萝卜、芹菜、猪肝等食物。只吃很有限的几种食物，对不喜欢的食物表现出厌恶感；不愿意尝试新鲜食物。

应对策略：

对幼儿而言，新的食物有一个接受的过程，要逐渐引入，先给少量新食物，反复尝试数次以上；将少量的新食物或幼儿不喜欢的食物深入幼儿喜欢的食物中，并逐渐增加新食物的比例，逐步使幼儿完全接受；家长的榜样示范，家长对食物表现出极大的兴趣，引起幼儿进食新食物的兴趣，如"这个胡萝卜做得太漂亮了，我尝一口，嗯，太好吃啦！""我也要像大力水手一样，多吃菠菜，才有力气啊"；提供与幼儿喜欢的食物较接近的食物，采取替代法逐步纠正幼儿存在的挑食、偏食问题；将食物做成漂亮的卡通形象吸引幼儿进食的兴趣，增加幼儿对特殊食物的好感，从而愉快进食。

（四）不良进食习惯

"来，张大嘴巴，把这口吃了，吃完再玩。"1岁8个月的春春，眼睛一动不动地盯着电视，看着动画片，似乎根本没听见奶奶讲话。奶奶见春春一动不动，就转过身面向她，趁春春不注意喂一口饭，春春嘴里嚼着饭，兴奋地对奶奶说："奶奶，喜羊羊又把灰太狼给打败了！"说着蹦起来，学着喜羊羊胜利的样子蹦蹦跳跳地跑过茶几，拿起手枪嘟嘟地比画着。"过来，过来吃完再玩。饭都快凉了。"奶奶着急地追过去，趁着春春刚停下来，又喂了一口饭。就这样，奶奶追着春春，从看电视的客厅追到阳台，趁着春春不注意，一口一口把饭喂到她嘴里，等着她把饭咽下去再喂第二口、第三口，直到春春把整碗饭吃下去。

案例分析：

进餐过程中只顾看电视、玩玩具或讲故事，而非注意力在吃饭；家长追着幼儿喂食；幼儿饭菜经常含在嘴里不往下咽；进食时间过长，超过半个小时。

应对策略：

首先要固定进餐的地点，为幼儿提供适合的进餐桌椅和餐具；鼓励幼儿自己吃饭（一岁以后进行）；规定进餐时间30分钟之内；家长树立专注的进餐榜样，不在进餐中做其他事情，如不边吃边看电视，不训斥幼儿；家庭成员围坐进餐、营造轻松愉快的氛围；进餐过程中家长与幼儿有目光和语言的交流；进餐过程中不强迫幼儿、不威胁幼儿进食；不强迫幼儿吃完。

（五）关注过度，期望值过高

2岁的壮壮如同自己的名字一样虎头虎脑，壮壮实实的，壮壮动手能力强，每每吃饭时都能自己把饭吃完，偶尔还要向老师多要一份饭，饭量着实不小。每天放学回家，老师都要嘱咐家长："孩子在园吃得不少，回家就不要给吃别的东西了。"回到家，晚饭时间到了，大家围坐餐桌准备吃饭，奶奶又给壮壮盛了一碗，说："壮壮来，再吃点，今天有你爱吃的肉肉，多吃饭身体好。""奶奶，我在保育院吃完饭了，我不吃了。""再吃点，这都几点了，再吃点别饿着。"

案例分析：

幼儿有饥饿感，对食物也感兴趣，但家长还是认为幼儿吃得不够多，实际上已满足了幼儿生长发育的需要；幼儿经常不能吃完家长多提供的食物；过分关注可能会导致强迫喂养，产生负面影响。

应对策略：

指导家长正确的喂养与营养知识和观念，对幼儿生长和营养有一个合理的、适当的期望；帮助家长进行营养膳食的分析，提供全面均衡的营养膳食；指导家长正确评价幼儿的生长发育状况，学会使用生长曲线评价方法，从而减少家长的焦虑。

（六）总爱喝奶，不爱吃饭，害怕进食

> 1岁6个月的希希是爸爸妈妈盼了5年才有的宝贝，小家伙的到来给家里带来了无限的欢乐和幸福，父母真是捧在手里怕掉了、含在嘴里怕化了，视若珍宝。希希自出生用的都是最好的，特别是吃饭每每添加辅食都要磨得烂烂的、碎碎的。苹果、香蕉都要打成泥，生怕什么东西刺激到孩子。或许是越精心越出事，现在希希已经1岁多了，父母精细的照顾使得希希也越发娇惯，不爱吃饭、不爱吃菜，饭菜当中有一点硬的东西都会吐出来，弄不好就连刚吃进胃里的东西也吐出来。于是爸爸妈妈又一通手忙脚乱，希希也因为呕吐大哭不止。因为怕希希饿着，所以又连忙给她热奶、喝奶。时间一长，家长为希希吃饭发愁，怕她哭、怕她吐。1岁多了，希希还是以喝奶为主。

案例分析：

幼儿一看到食物就哭，只喝奶不吃饭；用哭、躲、拒绝张口来抗拒进食；有不愉快的进食经历（如误食、呛食等）；食物过于精细，害怕进食粗糙的食物；家长不够耐心。

应对策略：

教养者要与幼儿建立安全依恋的信任关系；采用多样化的用餐器具，选择幼儿喜欢的小碗、杯子或勺子增加幼儿兴趣，减少对食物的恐惧；在幼儿进餐过程中不强迫幼儿进食；检查幼儿口腔、咽喉部、腹部等部位的疾病，判断是否是器质性疾病或考虑发育障碍、食物过敏等疾病并进行相应的治疗。

（七）潜在的疾病状态

> 午饭时间到了，小朋友们都坐到小椅子上，等着老师发饭进餐，今天是洋洋最爱吃的炸酱面，每到这一天，洋洋吃得又快又干净，还会找老师再要一碗，可今天，洋洋没有以往的兴奋劲，眼睛对着那碗炸酱面一点食欲都没有。"洋洋快吃呀，你不是最爱吃炸酱面了？"看着没有动手拿勺吃饭的洋洋，老师走了过去，摸摸她的头，没有发烧啊。于是，老师又哄着洋洋喂她吃饭，没吃两口，洋洋一伸脖子，都吐了出来。"洋洋不舒服吗？"看着老师关切的眼神，洋洋点点头，哭着说："我要找妈妈。"按照老师以往的经验，洋洋异于平常的行为表现，多半是身体不

舒服了。于是，老师连忙叫来保健医生检查洋洋的身体状况。

案例分析：
胃口不好，伴有呕吐、腹泻等症状；或是脾胃不和，怀疑或考虑其他疾病。

应对策略：
对于幼儿表现要细心观察，关注幼儿气色、行为表现并及时就医。

（八）不爱喝白开水

"小朋友们喝水喽！"老师开始给小朋友们倒水，焖焖端起满满一大杯水，咕咚咕咚地喝着，老师还在继续给其他小朋友倒水，"老师，焖焖的水洒了。"循声望去刚刚给焖焖倒好的水都洒到了桌上还弄湿了衣服，老师急忙用毛巾擦桌子又给焖焖换了衣服。焖焖不爱喝水，几乎每次喝水都会出现问题，不是弄洒，就是喝不完。家长、老师平时反复要求喝水，但效果不太理想。

案例分析：
众所周知，多喝水有益于身体健康，要是少喝水身体就会出现很多问题，如口渴、便秘、尿道炎、咽炎等，所以多喝水是家长和老师一再强调的问题。在实际工作中我们常常会遇到一些小朋友不喜欢喝水，有的只喝饮料，有的只喝梨水。为此语言活动儿歌《小花喝水》通过朗朗上口的儿歌让幼儿知道喝水对身体健康有益。

应对策略：
在托幼机构，老师可以利用语言活动《小花喝水》引导幼儿喝水。老师以游戏的口吻说，今天有客人来我们班做客。出示小花，请幼儿欣赏；引导幼儿说出小花长得健壮，花开得漂亮；引入主题"小花最喜欢喝水"，老师以小花的口吻说："我最喜欢喝水了，多喝水我的叶子才会变得绿绿的，多喝水我的花才会有漂亮的颜色，小朋友要想像我一样健康漂亮就要多喝水。"邀请小朋友为小花浇水，边浇水边教幼儿说儿歌《小花喝水》。孩子们在浇水的过程中和老师反复说儿歌，既发展了幼儿的语言表达能力，又激发了幼儿对喝水的兴趣。

本 章 小 结

培养婴幼儿良好的饮食习惯是一个循序渐进的过程，需要教养者根据婴幼儿不同的年龄特点、消化器官的发育水平施以引导、培养。"习惯"是在特定情况下表现出来的而且相对固定的行为模式，因此作为教养者要在婴幼儿学吃辅食时开始培养幼儿对多种食物的兴趣，创设适宜的进餐环境，根据不同月龄，遵循良好饮食习惯培养的原则，规律饮食，耐心指导婴幼儿学习进餐技能并养成良好的饮食习惯。同时，针对常见的一些喂养问题，做到尊重婴幼儿发展的需要，不强迫、不纵容。对于年长入托的幼儿，要密切家园联系，沟通畅通，家园一致要求，以利于幼儿建立良好的饮食行为习惯。

延 伸 学 习

 拓展阅读

幼儿膳食制作详案

1. 双色糕

所需材料：南瓜、菠菜、白面、葡萄干、杏脯、安琪酵母粉、牛奶，配置比例：1斤面粉配20克南瓜茸，菠菜汁同比。

制作方法：

① 取适量南瓜打碎成茸备用。

② 将安琪酵母用40℃温水化开然后与面粉、牛奶和在一起备用。

③ 用南瓜茸着色，与面团充分糅在一起成为金黄色。

④ 将菠菜榨汁，用于和好的面团成绿色。

⑤ 将菠菜面团铺在下面，中间可放一些切成丁的杏脯，然后上面铺上南瓜面团，上面均匀撒上葡萄干，放置醒盆中醒20分钟。

⑥ 醒开后放入蒸箱蒸20—25分钟蒸熟出锅，切成菱形块装盘。

2. 海鲜羹

所需食材：白玉豆腐、鸡蛋、配置比例（1盒：4个鸡蛋）、盐少许、鸡粉少许、虾仁、海参、仙贝。

制作方法：

① 将鸡蛋与白玉豆腐和在一起搅拌，将豆腐搅碎、和均匀，适当放盐着味上锅蒸20分钟。

② 将虾仁挑去沙线切成小丁；海参清洗干净切成小丁，仙贝除去黑块清洗干净切成小丁。

③ 上火烧开水，将3种海鲜沸水焯一下备用。

④ 上锅倒入底油将3种海鲜丁煸一下加入高汤或水，少加盐或不加，然后勾上薄薄的一层玻璃芡，将勾好芡的海鲜丁均匀地铺在豆腐羹上，成品出盘。

3. 墨鱼饼

所需食材：墨鱼、胡萝卜、桶装玉米粒、盐。

制作方法：

① 将墨鱼洗净搅碎成茸放少许盐入味备用。

② 将胡萝卜洗净切成小丁备用。

③ 将墨鱼茸、胡萝丁、玉米粒和在一起均匀调味。
④ 将墨鱼团团压成饼状装盘，上锅蒸 20 分钟出锅摆盘。

关于幼儿零食的把握与控制

零食作为一种丰富、花样繁多的食品类别，经广告宣传，充满了诱惑力，2—3 岁幼儿普遍爱吃零食，零食也是一种辅助正餐的进食方式。现在很多教养者不敢给儿童吃零食，是因为儿童一吃起零食就没完没了了，零食吃多了，也就不好好吃正餐了。也有的教养者觉得孩子喜欢吃、省事，经常给孩子吃。那么，在日常活动中给孩子们在吃零食方面如何把握一个度呢？

1. 不要让零食喧宾夺主

许多儿童零食不离口，想吃就吃。零食不仅影响正餐，甚至还代替了正餐。儿童零食不离口，有很大程度是教养者的原因，教养者往往因为宠爱、图省事，幼儿哭闹就给，无条件无原则地满足幼儿的各种要求，却忽略幼儿年龄小，肠胃功能不健全，零食过多会使胃液分泌失调、功能紊乱、食欲不振、对正餐不感兴趣。况且各种零食含有的营养素也不全面，如果儿童因吃零食过多而不想再吃正餐，必需的营养将得不到保证，甚至导致幼儿营养不良。

2. 合理安排零食时间

吃零食的时间安排在两餐之间，如 9：00—10：00 和 14：00—15：00，离正餐时间已经 2 个多小时。由于儿童代谢比成人快，此时，他们可能出现轻微的饥饿感。如果能够让他们适量地吃些零食，就会起到防止饥饿和增加营养的作用，也不会影响正餐进食的情况。

3. 选择有营养的食品

新鲜的、天然的食材是最好的。要选择富有营养的食品当零食，如奶类、果蔬类、坚果类，这些食品既好吃，对儿童来说又有营养。因此，不要凭教养者的口味和爱好选择零食，要首先考虑零食的营养价值和是否有利于健康。

4. 不能将零食作为奖励品

教养者不要将零食作为奖励或惩罚、安抚或讨好孩子的手段，让孩子养成以吃零食作为"交换条件"的坏习性。长此以往，孩子会形成一种错觉，以为奖励的东西就是好的东西，无形之中在心里产生一种认知感，这些食物是应该吃的，而且很好吃。

5. 提供零食要适当，纠正偏食、挑食习惯

儿童新陈代谢旺盛，须要摄入充足的营养，但是他们的肠胃很小，每餐进食后很容易饿。因此，适时、适量地给儿童一些零食是可以的。给儿童选择零食要适时适量，一般饭前一小时、睡觉之前都不要给幼儿零食，尤其是一些甜点。挑食、偏食对于大多数儿童和教养者来说并不陌生，儿童营养专家表明我国大约有 2/3 的儿童都有严重的偏食行为。这种偏食行为如果不及时纠正，会造成儿童严重营养不良，甚至体弱多病，因此教养者要及时纠正。

引导幼儿积极进食的活动设计举例

活动名称：猜一猜它们是什么。

活动目标：通过猜食物来激发幼儿对食物的渴望；提高幼儿进食的积极性。

活动准备：胡萝卜、黄瓜、油菜等幼儿常见的蔬菜、纸箱一个。

活动过程：

教师：出示一个纸盒，神秘地说："小朋友们，我这箱子里有一些好宝贝，想知道是什么吗？"

幼儿："想知道。"

教师："那我们来摸一摸，猜一猜是什么好东西。"教师请小朋友把手伸进箱子里摸一摸，拿出一种蔬菜。

教师："小朋友们看看，欣欣摸出来了什么？""胡萝卜。""谁爱吃胡萝卜？"

幼儿："小白兔爱吃。""我也爱吃。"

教师："对，这是胡萝卜。"教师引导幼儿认识胡萝卜的颜色、形状，让每个幼儿摸一摸，告诉幼儿多吃胡萝卜眼睛亮。

教师：请幼儿继续摸箱子里的东西，依次摸出黄瓜、油菜、番茄。教师跟幼儿做简短的介绍，引发幼儿对蔬菜的喜爱。

教师：小朋友们真能干，今天认识了这么多蔬菜，下面我们大家尝一尝，看看它们都是什么味道的。请小朋友们一起尝尝黄瓜、胡萝卜，引发幼儿对吃蔬菜的兴趣。

教师：出示油菜。问问小朋友们能不能吃，并告知小朋友们这种绿色的菜要请伙房的叔叔阿姨给做熟了才能吃。

教师："下面我们把油菜摘干净，给伙房叔叔阿姨送去吧。"教师带领幼儿将剩下的蔬菜给伙房叔叔送去。

延伸活动：参观食堂、帮叔叔阿姨择油菜、剥豆豆等活动可加深幼儿对蔬菜的认识、熟悉。

与幼儿进食有关的儿歌

1. 小花喝水

花儿多喝水，叶儿绿、花儿红，越长越漂亮；我们多喝水，脸儿嫩、皮肤白，越长越健康。

2. 小勺子

小小勺，尾巴长；小宝宝，拿好勺；香饭菜，进肚啦！

3. 宝宝吃饭

小饭碗，扶扶好；小勺子，手中拿；一口一口自己吃，不让米粒掉桌上。

进餐前后卫生习惯培养

1. 洗手七步法

1岁后的儿童可以开始学习自己洗手，成人予以辅助。成人给予正确的示范，洗前要卷起袖口、洗手时不溅水，手掌和指甲、指尖都要仔细清洗，洗后擦手。在吃饭前、上厕所以后，以及户外活动后，一定要养成洗手的习惯。2岁以后可以教儿童自己搓肥皂洗手，但仍需要成人的帮助。幼儿园教幼儿正确的洗手方法如下图。

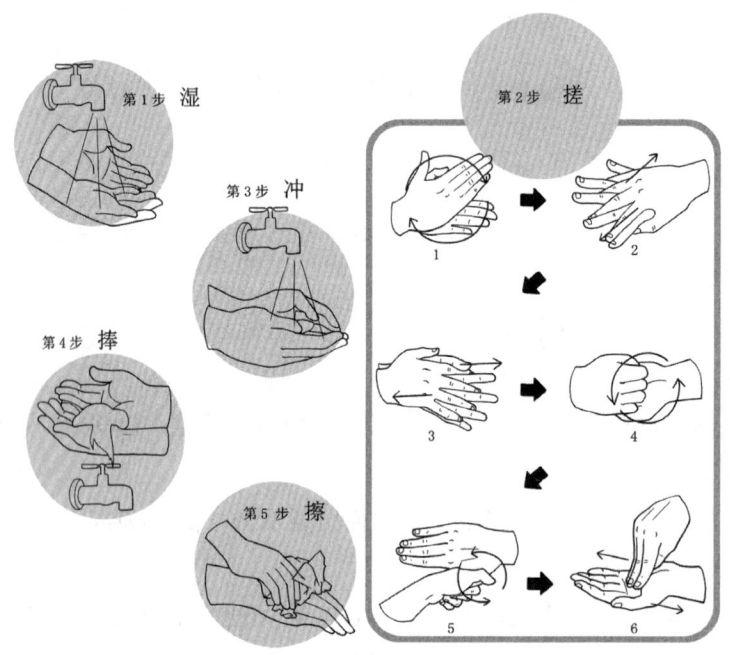

图 4-4　洗手方法

2. 漱口

1岁左右的儿童可以学习漱口，开始漱不好，经常把漱口水咽下去，因此要用温开水漱口，这样幼儿在漱口时咽下去也无妨。

漱口的方法：

（1）鼓起腮帮子：让幼儿模仿动画片中滑稽的动作，做鼓起来的样子，提示幼儿要先吸一口气然后闭紧嘴，再鼓起腮帮子。然后家长用手指轻轻戳戳孩子的腮帮子，左右交替，应引导孩子让小舌头在嘴里左右动一动水吐出来。幼儿进入2—3岁后，就可以让幼儿先含一口水然后闭紧嘴巴，脸朝下将含在嘴里的水吐出来，不弄湿衣服。

（2）咕噜咕噜漱漱口：幼儿熟练掌握含水吐水这个动作后，就可以练习咕噜咕噜漱口了。指导幼儿在嘴里含一口水，闭上嘴晃动左右腮帮子，此时最好是家长或老师进行示范给幼儿看，便于幼儿模仿。

学习活动

1. 到托幼机构见习，了解1—3岁幼儿在托幼机构的饮食习惯建立与培养。
2. 市场调研适宜婴幼儿使用的餐具并撰写调研报告。

复习与思考

1. 简述婴幼儿饮食习惯的含义与内容。
2. 联系实际简述婴幼儿良好饮食习惯培养遵循的原则。
3. 结合实际说明婴儿进食行为习惯培养的方法与策略。
4. 简述婴幼儿良好进食行为习惯的培养。
5. 分析婴幼儿常见饮食问题及应对策略。

第五章 婴幼儿的膳食调查与营养状况评价

学习目标

1. 知识目标
（1）了解常用的膳食调查方法。
（2）熟悉膳食调查的内容和意义及各种膳食调查方法的优缺点。
（3）熟悉婴幼儿营养评价常用指标。
2. 能力目标
（1）会根据实际情况正确选择膳食调查的方法。
（2）会对婴幼儿的膳食和营养状况进行初步评价。

生活中常有家长抱怨自己的孩子不好好吃饭，总感觉自己的孩子长得又矮又瘦，担心孩子会因营养不良而影响生长发育。面对这样的问题，作为婴幼儿的教养者或保健人员，具备婴幼儿膳食和营养状况评价的知识和能力是十分重要的。

第一节 婴幼儿的膳食调查

一、膳食调查的意义与内容

膳食调查是指了解被调查对象在一定时间内通过膳食摄取的能量、各种营养素的数量和质量，以此评价被调查对象能量和营养素需求获得满足程度的一种营养调查方法。调查的内容包括平均每日膳食摄入量（如每日食物品种和摄入量）、饮食习惯（如食物烹制方法、每日餐次及进餐时间等）和各类食物摄入频率等。通过对膳食调查所得资料进行分析，可以明确被调查者食物是否多样，膳食结构是否合理；每日摄入营养素种类是否齐全，能量及各营养素的摄入数量是否能满足机体的需要；三大产能营养素供量比例是否恰当，三餐能量分配是否合理；蛋白质质量、蛋白质、脂肪食物来源是否合理等，进而发现个体或人群的膳食问题，并及时进行改进。

中华人民共和国成立以来共进行了4次大规模的膳食调查，通过调查和评价全面了解我国居民的膳食营养状况，发现许多国民在膳食和人体营养状况中存在的问题，提出了相关的解决方案，为改进我国居民饮食情况和改善机体营养状况作出重要贡献。合理饮食是保障婴幼儿生长发育的重要物质基础，但由于婴幼儿自理能力差，其喂养人员因经济、工作或缺乏合理喂养知识等原因可能导致婴幼儿能量和营养素摄入量不能满足机体快速生长发育的需要，因此对婴幼儿的膳食进行调查，评价婴幼儿营养状况，并在此基础上对其喂养人员进行指导十分必要。

二、膳食调查的常用方法

膳食调查方法有询问法、称重法、记账法和化学分析法，调查者可根据调查研究的目的、研究人群、对结果的精确性要求、经费，以及研究时间的长短来选择适当的调查方法，目前较常用的是询问法。

（一）询问法

询问法是通过问答的方式回顾性地了解调查对象的膳食状况的膳食调查方法，可用于个体和人群调查，包括膳食回顾法和膳食史法。

1. 膳食回顾法

该法是通过询问获得调查对象过去24小时（由最后一餐向前推24小时）实际的膳食情况的一种回顾性膳食调查方法，一般连续调查3天（尽可能包括一天节假日），又称24小时回顾法（表5-1），是目前获得个人或人群膳食摄入量情况最常用的一种调查方法。该方法是依靠被调查者的记忆力和语言描述来获取他们的膳食情况，婴幼儿的膳食调查主要询问其监护人。询问的方式可以通过面对面进行询问，也可使用调查表通过电话或计算机网络等进行，但以面对面调查的应答率高。该法简便易行，但所得资料比较粗略，无论是大型的全国膳食调查，还是小型的研究课题都可采用。调查者要进行严格的培训，不但应具有熟练的专业技巧，调查时还要有诚恳的态度。此外，常须要借助食物模具或食物图谱来提高其准确性。该法是婴幼儿膳食调查的常用方法。

表 5-1　24 小时膳食回顾调查表

食物名称	原料名称	原料编码	原料重量（g）	进餐时间	进餐地点

(续表)

食物名称	原料名称	原料编码	原料重量（g）	进餐时间	进餐地点

注：
进餐时间：1. 早餐 2. 上午小吃 3. 午餐 4. 下午小吃 5. 晚餐 6. 晚上小吃
进餐地点：1. 在家 2. 单位/学校 3. 饭馆 4. 摊点 4. 亲戚/朋友家 5. 幼儿园 6. 其他

2. 膳食史法

该法是询问调查对象在过去一段时期的膳食模式（表 5-2），反映了长时间的膳食习惯，尤其当食物消费种类多、随季节变化大时，采用该法可以更加全面地了解居民膳食摄入情况。该法的优点是可以进行具有代表性的膳食模式的调查，不但调查样本量大，且人力物力耗费量低。该法不适宜于每天饮食有较大变异的个体，由于要反映出一段较长时间内的饮食特点，因此对调查对象的要求较高。在调查过程中应准备一个容易被人们经常遗忘的食物清单，以帮助调查对象进行回忆。该法常与 24 小时回顾法相结合使用能较全面地反映出人群膳食调查的结果，且两种方法都是开放式调查，两者相结合能表现食物和饮食习惯的范围非常广泛，因此适合于对不同饮食文化群体的食物摄取情况的调查。

表 5-2 近期膳食史调查表（一个月内食物消费情况）

序号	食物名称	消费量（g）	序号	食物名称	消费量（g）
1	粮谷类		7	畜肉	
2	薯类		8	水产品	
3	蔬菜类		9	蛋及其制品	
4	水果类		10	奶及其制品	
5	大豆及其制品		11	植物油	
6	禽肉		12	盐	

（二）其他膳食调查方法

1. 称重法

该方法是对集体食堂、家庭或个人一日中各种食物（包括食用油和调味品）的食用量进行称重，调查时间为 3—7 天，调查期间调查对象任何时间和地点摄入的食物都应详细记录，如零食、水果等，可获得每人平均每天能量和各种营养素的摄入量。此方法能准确反映调查对象的食物摄取情况，及一日三餐食物分配情况，适用于个人、家庭和伙食团体的膳食调查，但比较耗费人力物力，不适合大规模的人群调查。该法是儿童个体膳食营养状况调查的常用方法。

2. 记账法

该法适用于有详细账目的集体单位食堂（如幼儿园、学校和军队），通过查阅过去一段时间内食堂各种食品的消费总量，并根据同一时期的进餐人数，粗略得出每人每日各种食品的摄取量，再进行能量和营养素摄入量计算分析（表5-3）。过程相对简便，节省人力物力，一般每次调查可统计1个月的数据，一年四季各进行一次。但不能分析个体膳食摄入情况，与称重法相比也不够精确。该法是托幼机构儿童群体膳食营养状况调查的常用方法。

表5-3 记账法膳食调查表

食物名称																	
食物编码																	
结存量(g)																	
日期	购进量或自产量(g)	废弃量(g)	购进量或自产量(g)	废弃量(g)	购进量或自产量(g)	废弃量(g)	购进量或自产量(g)	废弃量(g)	购进量或自产量(g)	废弃量(g)	购进量或自产量(g)	废弃量(g)	购进量或自产量(g)	废弃量(g)	购进量或自产量(g)	废弃量(g)
第1日																	
第2日																	
第3日																	
第4日																	
总量																	
剩余总量(g)																	
实际消费量(g)																	

3. 化学分析法

该法是指收集调查对象一日膳食中所摄入的全部食物，通过实验室化学分析方法来测定其营养素含量的膳食调查方法。此法能够准确地得出摄入的食物中各种营养素的数量，但是分析过程复杂、成本高，常用于科研工作。

（三）24小时回顾法膳食调查的实施

24小时回顾法膳食调查是目前最常用的膳食调查方法，简便易行，适用于婴幼儿个体膳食情况的调查。在调查开始前须进行一系列相应的准备工作。

1. 调查前的准备工作

调查前的准备工作主要应包括以下 3 项：

（1）编制 24 小时回顾膳食调查表

根据调查的目的、对象或地点等确定调查表的表头。调查对象的基本内容应包括个人基本情况、联系方式和调查日期等，以便调查资料的整理、分析和建立健康档案。调查表的内容一般包括餐次、食物名称、原料名称、摄入量和烹饪方法等。为方便将调查结果输入计算机和统计分析，可以加入"食物原料编码"一项，该编码以《常用食物成分表》为准。调查表设计好后还需对调查表的填写方法做说明，以方便调查。调查表在正式使用之前还须进行预调查，以检验调查表的可行性，并根据预调查中发现的问题对调查表进行更改。

（2）准备调查相关工具

为了使调查对象更好回顾之前所摄入的食物，应当准备可以表示不同体积食物重量的食物模型或食物挂图，以及各种常用的食物容器（如碗、盘等），还须准备分析调查结果时需要的《常用食物成分表》和计算器，或者营养计算软件。

（3）培训调查员

为了更好地进行膳食调查，调查员必须事先进行培训，明确调查的目的、方法、内容和意义，掌握一定的调查技巧，如能与调查对象进行良好的沟通，能通过食物体积估计出重量，熟悉食物生熟比值，了解当地市场上应季供应的食物种类和价格等。

2. 实施调查

调查者首先应向调查对象进行自我介绍，出具相关证件，说明来意，注意态度要诚恳，使调查对象了解调查的目的、意义，建立相互良好的合作信任关系，使调查对象更好地配合自己；接着说明调查内容、方法和持续时间，使调查对象明确该如何进行配合调查；然后开始第一次调查，按照 24 小时内的进餐顺序详细询问所有摄入的食物品种和重量，并一一详细记录，对于无法详细回忆的可利用食物模型或食物容器等工具帮助其回忆。调查完成后要及时对调查表的结果进行检查与核实，再进行分析与评价。

第二节　婴幼儿的营养状况评价

一、婴幼儿常见营养不良状况

（一）婴幼儿营养不良的现状

营养不良是指因摄食不足，需要量增加，损失过多或体内利用过程障碍所造成的一种营养缺乏状况。

国务院妇女儿童工作委员会办公室和中国儿童中心发布的《中国十城市 0—6 岁儿童

健康状况调查》表明，在北京、上海、重庆、广州、哈尔滨、石家庄、济南、郑州、武汉和西安这 10 个代表性的城市中，0—6 岁儿童营养不良率为 10.6%，南方儿童营养不良患病率为 11.85%，北方儿童营养不良患病率为 9.3%；其中 3—4 岁儿童营养不良患病率为 20.19%—26.44%，提示这一年龄段儿童最容易发生营养健康问题。目前，我国贫困地区儿童由于优质蛋白质摄入不足而引发的营养不良比例较高，且非因饥饿造成。

（二）常见营养不良的表现及原因

1. 常见营养不良的表现

面色苍白或萎黄。皮肤弹性差，多皱纹，或有较严重皮肤损害，如皮肤粗糙，出现细小的丘疹，摸上去像鸡皮疙瘩，色素沉着，脱毛，或孩子前后阴部出现皮肤损害等，出现凹陷性水肿，或有皮下出血点，甚至出现"乌青块"。出现这些症状可能是缺乏营养素的表现。

（1）毛发

头发无光泽、脆而枯，掉头发或者头发稀少，或出现白发，这是缺少维生素 C 或 B 族维生素的表现，也是营养不良最常见的症状。

（2）黏膜、指甲

缺锌会出现嘴唇、眼结膜、口腔黏膜颜色苍白。手指甲血色差，压迫后血色恢复慢。指甲不平整，或有白斑，或出现凹陷。

（3）视力

如果缺乏维生素 A，视力出现问题。在昏暗的光线下看东西不清楚，或眼睛干燥，经常眨眼，眼结膜干燥，随着眼球的活动出现褶皱，或眼睛容易疲劳。

（4）食欲

缺少维生素 C 会出现食欲不振，或味觉减退，或有异食癖如吃泥土、纸张或墙壁灰等，或有神经性厌食。

（5）偏食挑食

凡是有明显挑食、偏食，如不爱吃蔬菜，或不爱吃荤菜，或只爱吃白饭不爱吃菜，或嗜好大量碳酸饮料，或不爱喝牛奶，或贪吃零食，以零食当正餐，影响一日三餐者都可能存在营养不良问题。

（6）肥胖

肥胖也可能存在营养不良问题。胖只是能量过剩，不等于营养素充足。

（7）身高体重

孩子体重减轻或增重缓慢，身高增长缓慢或较长时期内几乎不增长都是营养不良的表现。

2. 常见营养不良产生的原因

（1）长期营养素摄入不足

由于营养摄入不足，机体消化、吸收利用的功能不完善，动用体内的糖元，继之消耗脂肪、蛋白质致负氮平衡，血浆蛋白、血糖、胆固醇均下降，基础代谢仅为正常婴幼儿的 70% 或更低。营养不良婴幼儿的消化道运动及分泌功能减弱，体液细胞免疫功能降低。

（2）长期饮食不当，热量不足

人工喂养以粮谷类食物为主，进食质差量少，母乳不足，添加辅食不当，仓促断奶，婴儿不适应。

（3）相关疾病影响

如先天畸形、唇裂、颚裂、幽门狭窄、贲门松弛、哺喂困难，或患有消化功能不健全、吸收不良、肠炎、痢疾、寄生虫、肝炎等消化道疾病。慢性消耗性疾病，反复发作的肺炎、结核等。还由于长期发热，食欲不振，摄入减少，消耗多而导致营养不良。

（4）其他情况

如早产、双胎等均是营养不良的先天条件。较重的营养不良，为多种原因所致。

二、婴幼儿营养不良的评价方法

营养不良至今仍是婴幼儿生长发育中的常见问题或常见疾病。国内外提出的评价方法有许多种，有的比较简单实用，有的比较繁杂。通常从体格测量、膳食调查、临床检查和实验室检测进行综合评价。前一节我们就膳食调查做了详细的介绍，这里主要从国内外流行或常用的方式、方法描述。

（一）国外流行的评价方法

1. SOAP 评价法

这是国外较为流行的营养咨询方法，此法方便、简单、易行，包括了咨询的主要内容。SOAP 是主观询问（subjective）、客观检查（objective）、评价（assessment）和营养支持计划（plan）。

（1）询问饮食营养状况

饮食史、饮食习惯和嗜好、饮食调查、餐次和分配比例、有无偏食史，以及食物烹调加工的方法等。

（2）体格检查

测量身高、体重、三头肌皮褶厚度、上臂围，以及营养缺乏症体格检查；血液常规检验包括白细胞总数、淋巴细胞分类、血清总蛋白、清蛋白、血清蛋白及其分类等。

（3）营养评价

按《中国居民每日膳食营养素参考摄入量标准》进行饮食调查结果的评价；了解食物结构是否合理、各种营养素是否满足机体需要；根据体格营养状况检查及生化检验的结果评价当前营养状况。

（4）饮食营养计划

结合经济条件和饮食习惯，在饮食营养原则方面给予指导，包括饮食宜忌、食物等值互换、参考食谱,以及注意事项等。

2. 儿童生长的 Z 评分

Z 评分是世界卫生组织制订儿童生长标准时采用的一个统计学指标,广泛用于 0—5 岁儿童营养与健康状况的评价。

(1) Z 评分的计算公式

Z 评分 =[儿童身高(身长)或体重的测量值 - 该年龄儿童标准身高(身长)或体重的中位数]/[该年龄儿童身高(身长)/ 或体重的标准差]

(2) Z 评分的意义及评分标准

Z 评分的意义就是将某个儿童的测量数据与推荐理想儿童群体的数据进行比较,该儿童的生长数据高于这个群体中一般水平,则 Z 评分为正值,反之则 Z 评分为负值。Z 评分的绝对值越小(最小为 0),说明该儿童的生长状况越接近一般水平;Z 评分的绝对值越大,说明该儿童的生长状况越好或者越差。也就是说,Z 评分越大(正值),儿童生长指标越高于同伴;Z 评分越小(负值),儿童生长指标越低于同伴。简单地说,Z 评分的绝对值如果在 1 以内,那是非常靠中间的正常范围;Z 评分的绝对值如果在 2 以内,也仍然处于正常范围,只能说有一点点偏高或偏低;Z 评分绝对值超过 2,就需要注意已经不在正常范围以内了;如果 Z 评分绝对值超过 3,那就是非常明显地偏离正常了。

(3) Z 评分范围与判断标准

用测量的儿童体重、身高(身长)和计算得到的 BMI(身体质量指数)数据,按照儿童性别和周龄 / 月龄,查询体重、身高(身长)和 BMI 所处的 Z 评分范围,包括判断身高(身长)、体重是否正常,是消瘦、超重或者肥胖。

1) 判断儿童的身高(身长)是否正常

可采用年龄别身高(身长)Z 评分。介于 -2 与 +2 之间为身高(身长)处于正常范围;介于 -3 与 -2 之间为轻度生长迟缓;≤ -3 则为重度生长迟缓;生长迟缓的原因可能与长期营养不良、家族性矮身材、体质性生长发育迟缓有关,特别是严重生长迟缓,还可能与内分泌功能异常、遗传性疾病有关;介于 +2 与 +3 之间为偏高状态,一般情况下是比较好的事情,家长都希望自己的孩子长得更高一些;≥ +3 则为高身材状况,一般是与家族性高身材、体质性生长发育加速、早熟等情况有关,个别情况也可能与巨人症等病理性原因有关,须给予关注。

2) 判断儿童的体重是否正常

可采用年龄别体重 Z 评分进行。≤ -1 可判定为轻度体重不足;≤ -2 看作为中度体重不足;≤ -3 则为严重体重不足。体重不足(又称为低体重)通常被看作是营养不良。介于 -1 与 +2 之间为体重正常范围;当 ≥ +2 以上时,可能存在超重和肥胖的情况,须结合身高(身长)别体重 Z 评分或者年龄别 BMI Z 评分来判断。

3) 判断儿童的消瘦、超重和肥胖

可采用身长(身高)别体重 Z 评分或者年龄别 BMI Z 评分。介于 -1 与 +1 之间为正常范围，表明儿童体型正常；介于 +1 与 +2 之间，可看作超重；介于 +2 与 +3 之间，可判断为肥胖；≥ +3 则为重度肥胖；介于 −1 与 −2 之间，可看作偏瘦；介于 −2 与 −3 之间，可看为消瘦；≤ −3 则为重度消瘦。消瘦代表了较急性的近期营养不良。

（二）国内常用的评价方法

国内通用两种常用的评价方法，即传统的评价方法与世界卫生组织推荐的评价方法。

1. 传统评价方法

（1）按体重评估

体重反映婴幼儿身体所有组织的重量总和，体重的变化与营养状况有着密切关系。测量体重应在空腹，排空大、小便和仅着内衣的情况下进行。婴儿出生后前 6 个月内体重每月平均增长约 600—700 g，后 6 个月内每月平均增长约 300—400 g。可通过以下公式计算婴幼儿体重：

1—6 个月：体重（kg）= 出生时体重（kg）+ 月龄 × 0.7

7—12 个月：体重（kg）= 出生时体重（kg）+6 × 0.7+（月龄 −6）× 0.4

2—3 岁：体重（kg）= 年龄（岁）× 2+7

按照实用儿科营养不良诊断标准，婴幼儿体重比正常平均体重减少 15% 以上即为营养不良，通常分为 3 个等级：减少 15%—25% 为轻度营养不良，减少 25%—40% 为中度营养不良，减少 40% 以上为重度营养不良。国家卫生和计划生育委员会 2009 年发布的 7 岁以下儿童体重参考标准见表 5-4 和表 5-5。

表 5-4　7 岁以下男童体重标准值（kg）

月龄	−3SD	−2SD	−1SD	中位数	+1SD	+2SD	+3SD
0	2.26	2.58	2.93	3.32	3.73	4.18	4.66
1	3.09	3.52	3.99	4.51	5.07	5.67	6.33
2	3.94	4.47	5.05	5.68	6.38	7.14	7.97
3	4.69	5.29	5.97	6.70	7.51	8.40	9.37
4	5.25	5.91	6.64	7.45	8.34	9.32	10.39
5	5.66	6.36	7.14	8.00	8.95	9.99	11.15
6	5.97	6.70	7.51	8.41	9.41	10.50	11.72
7	6.24	6.99	7.83	8.76	9.79	10.93	12.20
8	6.46	7.23	8.09	9.05	10.11	11.29	12.60
9	6.67	7.46	8.35	9.33	10.42	11.64	12.99
10	6.86	7.67	8.58	9.58	10.71	11.95	13.34
11	7.04	7.87	8.80	9.83	10.98	12.26	13.68

（续表）

月龄	-3SD	-2SD	-1SD	中位数	+1SD	+2SD	+3SD
12	7.21	8.06	9.00	10.05	11.23	12.54	14.00
15	7.68	8.57	9.57	10.68	11.93	13.32	14.88
18	8.13	9.07	10.12	11.29	12.61	14.09	15.75
21	8.61	9.59	10.69	11.93	13.33	14.90	16.66
24	9.06	10.09	11.24	12.54	14.01	15.67	17.54
27	9.47	10.54	11.75	13.11	14.64	16.38	18.36
30	9.86	10.97	12.22	13.64	15.24	17.06	19.13
33	10.24	11.39	12.68	14.15	15.82	17.72	19.89
36	10.61	11.79	13.13	14.65	16.39	18.37	20.64
39	10.97	12.19	13.57	15.15	16.95	19.02	21.39
42	11.31	12.57	14.00	15.63	17.50	19.65	22.13
45	11.66	12.96	14.44	16.13	18.07	20.32	22.91
48	12.01	13.35	14.88	16.64	18.67	21.01	23.73
51	12.37	13.76	15.35	17.18	19.30	21.76	24.63
54	12.74	14.18	15.84	17.75	19.98	22.57	25.61
57	13.12	14.61	16.34	18.35	20.69	23.43	26.68
60	13.50	15.06	16.87	18.98	21.46	24.38	27.85
63	13.86	15.48	17.38	19.60	22.21	25.32	29.04
66	14.18	15.87	17.85	20.18	22.94	26.24	30.22
69	14.48	16.24	18.31	20.75	23.66	27.17	31.43
72	14.74	16.56	18.71	21.26	24.32	28.03	32.57
75	15.01	16.90	19.14	21.82	25.06	29.01	33.89
78	15.30	17.27	19.62	22.45	25.89	30.13	35.41
81	15.66	17.73	20.22	23.24	26.95	31.56	37.39

表5-5　7岁以下女童体重标准值（kg）

月龄	-3SD	-2SD	-1SD	中位数	+1SD	+2SD	+3SD
0	2.26	2.54	2.85	3.21	3.63	4.10	4.65
1	2.98	3.33	3.74	4.20	4.74	5.35	6.05
2	3.72	4.15	4.65	5.21	5.86	6.60	7.46

（续表）

月龄	−3SD	−2SD	−1SD	中位数	+1SD	+2SD	+3SD
3	4.40	4.90	5.47	6.13	6.87	7.73	8.71
4	4.93	5.48	6.11	6.83	7.65	8.59	9.66
5	5.33	5.92	6.59	7.36	8.23	9.23	10.38
6	5.64	6.26	6.96	7.77	8.68	9.73	10.93
7	5.90	6.55	7.28	8.11	9.06	10.15	11.40
8	6.13	6.79	7.55	8.41	9.39	10.51	11.80
9	6.34	7.03	7.81	8.69	9.70	10.86	12.18
10	6.53	7.23	8.03	8.94	9.98	11.16	12.52
11	6.71	7.43	8.25	9.18	10.24	11.46	12.85
12	6.87	7.61	8.45	9.40	10.48	11.73	13.15
15	7.34	8.12	9.01	10.02	11.18	12.50	14.02
18	7.79	8.63	9.57	10.65	11.88	13.29	14.90
21	8.26	9.15	10.15	11.30	12.61	14.12	15.85
24	8.70	9.64	10.70	11.92	13.31	14.92	16.77
27	9.10	10.09	11.21	12.50	13.97	15.67	17.63
30	9.48	10.52	11.70	13.05	14.60	16.39	18.47
33	9.86	10.94	12.18	13.59	15.22	17.11	19.29
36	10.23	11.36	12.65	14.13	15.83	17.81	20.10
39	10.60	11.77	13.11	14.65	16.43	18.50	20.90
42	10.95	12.16	13.55	15.16	17.01	19.17	21.69
45	11.29	12.55	14.00	15.67	17.60	19.85	22.49
48	11.62	12.93	14.44	16.17	18.19	20.54	23.30
51	11.96	13.32	14.88	16.69	18.79	21.25	24.14
54	12.30	13.71	15.33	17.22	19.42	22.00	25.04
57	12.62	14.08	15.78	17.75	20.05	22.75	25.96
60	12.93	14.44	16.20	18.26	20.66	23.50	26.87
63	13.23	14.80	16.64	18.78	21.30	24.28	27.84
66	13.54	15.18	17.09	19.33	21.98	25.12	28.89
69	13.84	15.54	17.53	19.88	22.65	25.96	29.95

(续表)

月龄	-3SD	-2SD	-1SD	中位数	+1SD	+2SD	+3SD
72	14.11	15.87	17.94	20.37	23.27	26.74	30.94
75	14.38	16.21	18.35	20.89	23.92	27.57	32.00
78	14.66	16.55	18.78	21.44	24.61	28.46	33.14
81	14.96	16.92	19.25	22.03	25.37	29.42	34.40

（2）按身高（身长）评估

身高（身长）是指从头顶到足底的全身长度，为身体的纵向发育指标。婴幼儿由于不能站立或站立时不能保持正确的测量身高的姿态，故多采用卧位测量身长。婴儿身长出生后第1年约增长25 cm，第2年约为10 cm，2岁后每年平均增长5—7 cm。2—12岁儿童身高计算公式为：

$$身高（cm）= 年龄 \times 7 + 70$$

身高（身长）低于标准的30%以上时应考虑是否存在营养不良的因素。国家卫生和计划生育委员会2009年发布的7岁以下儿童身高（身长）参考标准见表5-6和表5-7。

表5-6 7岁以下男童身高（身长）标准值（cm）

月龄	-3SD	-2SD	-1SD	中位数	+1SD	+2SD	+3SD
0	45.2	46.9	48.6	50.4	52.2	54.0	55.8
1	48.7	50.7	52.7	54.8	56.9	59.0	61.2
2	52.2	54.3	56.5	58.7	61.0	63.3	65.7
3	55.3	57.5	59.7	62.0	64.3	66.6	69.0
4	57.9	60.1	62.3	64.6	66.9	69.3	71.7
5	59.9	62.1	64.4	66.7	69.1	71.5	73.9
6	61.4	63.7	66.0	68.4	70.8	73.3	75.8
7	62.7	65.0	67.4	69.8	72.3	74.8	77.4
8	63.9	66.3	68.7	71.2	73.7	76.3	78.9
9	65.2	67.6	70.1	72.6	75.2	77.8	80.5
10	66.4	68.9	71.4	74.0	76.6	79.3	82.1
11	67.5	70.1	72.7	75.3	78.0	80.8	83.6
12	68.6	71.2	73.8	76.5	79.3	82.1	85.0
15	71.2	74.0	76.9	79.8	82.8	85.8	88.9
18	73.6	76.6	79.6	82.7	85.8	89.1	92.4

（续表）

月龄	-3SD	-2SD	-1SD	中位数	+1SD	+2SD	+3SD
21	76.0	79.1	82.3	85.6	89.0	92.4	95.9
24	78.3	81.6	85.1	88.5	92.1	95.8	99.5
27	80.5	83.9	87.5	91.1	94.8	98.6	102.5
30	82.4	85.9	89.6	93.3	97.1	101.0	105.0
33	84.4	88.0	91.6	95.4	99.3	103.2	107.2
36	86.3	90.0	93.7	97.5	101.4	105.3	109.4
39	87.5	91.2	94.9	98.8	102.7	106.7	110.7
42	89.3	93.0	96.7	100.6	104.5	108.6	112.7
45	90.9	94.6	98.5	102.4	106.4	110.4	114.6
48	92.5	96.3	100.2	104.1	108.2	112.3	116.5
51	94.0	97.9	101.9	105.9	110.0	114.2	118.5
54	95.6	99.5	103.6	107.7	111.9	116.2	120.6
57	97.1	101.1	105.3	109.5	113.8	118.2	122.6
60	98.7	102.8	107.0	111.3	115.7	120.1	124.7
63	100.2	104.4	108.7	113.0	117.5	122.0	126.7
66	101.6	105.9	110.2	114.7	119.2	123.8	128.6
69	103.0	107.3	111.7	116.3	120.9	125.6	130.4
72	104.1	108.6	113.1	117.7	122.4	127.2	132.1
75	105.3	109.8	114.4	119.2	124.0	128.8	133.8
78	106.5	111.1	115.8	120.7	125.6	130.5	135.6
81	107.9	112.6	117.4	122.3	127.3	132.4	137.6

注：表中 3 岁前为身长，3 岁及 3 岁后为身高

表 5-7　7 岁以下女童身高（身长）标准值（cm）

月龄	-3SD	-2SD	-1SD	中位数	+1SD	+2SD	+3SD
0	44.7	46.4	48.0	49.7	51.4	53.2	55.0
1	47.9	49.8	51.7	53.7	55.7	57.8	59.9
2	51.1	53.2	55.3	57.4	59.6	61.8	64.1
3	54.2	56.3	58.4	60.6	62.8	65.1	67.5
4	56.7	58.8	61.0	63.1	65.4	67.7	70.0

（续表）

月龄	−3SD	−2SD	−1SD	中位数	+1SD	+2SD	+3SD
5	58.6	60.8	62.9	65.2	67.4	69.8	72.1
6	60.1	62.3	64.5	66.8	69.1	71.5	74.0
7	61.3	63.6	65.9	68.2	70.6	73.1	75.6
8	62.5	64.8	67.2	69.6	72.1	74.7	77.3
9	63.7	66.1	68.5	71.0	73.6	76.2	78.9
10	64.9	67.3	69.8	72.4	75.0	77.7	80.5
11	66.1	68.6	71.1	73.7	76.4	79.2	82.0
12	67.2	69.7	72.3	75.0	77.7	80.5	83.4
15	70.2	72.9	75.6	78.5	81.4	84.3	87.4
18	72.8	75.6	78.5	81.5	84.6	87.7	91.0
21	75.1	78.1	81.2	84.4	87.7	91.1	94.5
24	77.3	80.5	83.8	87.2	90.7	94.3	98.0
27	79.3	82.7	86.2	89.8	93.5	97.3	101.2
30	81.4	84.8	88.4	92.1	95.9	99.8	103.8
33	83.4	86.9	90.5	94.3	98.1	102.0	106.1
36	85.4	88.9	92.5	96.3	100.1	104.1	108.1
39	86.6	90.1	93.8	97.5	101.4	105.4	109.4
42	88.4	91.9	95.6	99.4	103.3	107.2	111.3
45	90.1	93.7	97.4	101.2	105.1	109.2	113.3
48	91.7	95.4	99.2	103.1	107.0	111.1	115.3
51	93.2	97.0	100.9	104.9	109.0	113.1	117.4
54	94.8	98.7	102.7	106.7	110.9	115.2	119.5
57	96.4	100.3	104.4	108.5	112.8	117.1	121.6
60	97.8	101.8	106.0	110.2	114.5	118.9	123.4
63	99.3	103.4	107.6	111.9	116.2	120.7	125.3
66	100.7	104.9	109.2	113.5	118.0	122.6	127.2
69	102.0	106.3	110.7	115.2	119.7	124.4	129.1

（续表）

月龄	−3SD	−2SD	−1SD	中位数	+1SD	+2SD	+3SD
72	103.2	107.6	112.0	116.6	121.2	126.0	130.8
75	104.4	108.8	113.4	118.0	122.7	127.6	132.5
78	105.5	110.1	114.7	119.4	124.3	129.2	134.2
81	106.7	111.4	116.1	121.0	125.9	130.9	136.1

注：表中 3 岁前为身长，3 岁及 3 岁后为身高

2. 世界卫生组织推荐的方法

世界卫生组织推荐的婴幼儿营养不良的评价方法是：年龄、体重、身高 3 种测度结合起来形成的 3 类指标体系，即年龄别体重、年龄别身高、身高别体重。指标判断以婴幼儿这 3 个指标的中位数减去两个标准差为标准，将营养不良状况分为低体重、消瘦、发育迟缓和慢性营养不良 4 个类。

（1）按年龄别体重评估

年龄别体重是比较相同年龄和性别儿童体重大小的一种方法，因 3 岁后体重受身高影响大，故该方法适合用于婴幼儿营养状况的评价，能够反映出婴幼儿营养不良/过剩导致的发育迟缓或肥胖。如体重低于同年龄、同性别儿童的体重中位数减去 2 个标准差，则为营养不良。

（2）按年龄别身高评估

年龄别身高是比较相同年龄和性别儿童身高的一种方法，学龄儿童进行营养不良筛查时，应先使用该指标找出生长迟滞者，再用"身高别体重"从剩下的群体中筛查出消瘦者，筛选出的这两个群体均为营养不良。

（3）按身高别体重评估

身高别体重是指在同等身高的婴幼儿中比较体重的大小，该指标能消除发育水平、遗传和种族因素等对身材发育造成的影响。国家卫生和计划生育委员会 2009 年发布 45—110 cm 身高（身长）的体重标准值见表 5-8 和表 5-9。

表 5-8　45—110 cm 身高（身长）的体重标准值（男）

身高（身长）（cm）	体重（kg）						
	−3SD	−2SD	−1SD	中位数	+1SD	+2SD	+3SD
46	1.80	1.99	2.19	2.41	2.65	2.91	3.18
48	2.11	2.34	2.58	2.84	3.12	3.42	3.74
50	2.43	2.68	2.95	3.25	3.57	3.91	4.29
52	2.78	3.06	3.37	3.71	4.07	4.47	4.90
54	3.19	3.51	3.87	4.25	4.67	5.12	5.62

（续表）

身高 （身长） （cm）	体重（kg）						
	−3SD	−2SD	−1SD	中位数	+1SD	+2SD	+3SD
56	3.65	4.02	4.41	4.85	5.32	5.84	6.41
58	4.13	4.53	4.97	5.46	5.99	6.57	7.21
60	4.61	5.05	5.53	6.06	6.65	7.30	8.01
62	5.09	5.56	6.08	6.66	7.30	8.00	8.78
64	5.54	6.05	6.60	7.22	7.91	8.67	9.51
66	5.97	6.50	7.09	7.74	8.47	9.28	10.19
68	6.38	6.93	7.55	8.23	9.00	9.85	10.81
70	6.76	7.34	7.98	8.69	9.49	10.38	11.39
72	7.12	7.72	8.38	9.12	9.94	10.88	11.93
74	7.47	8.08	8.76	9.52	10.38	11.34	12.44
76	7.81	8.43	9.13	9.91	10.80	11.80	12.93
78	8.14	8.78	9.50	10.31	11.22	12.25	13.42
80	8.49	9.15	9.88	10.71	11.64	12.70	13.92
82	8.85	9.52	10.27	11.12	12.08	13.17	14.42
84	9.21	9.90	10.66	11.53	12.52	13.64	14.94
86	9.58	10.28	11.07	11.96	12.97	14.13	15.46
88	9.96	10.68	11.48	12.39	13.43	14.62	16.00
90	10.34	11.08	11.90	12.83	13.90	15.12	16.54
92	10.74	11.48	12.33	13.28	14.37	15.63	17.10
94	11.14	11.90	12.77	13.75	14.87	16.16	17.68
96	11.56	12.34	13.22	14.23	15.38	16.72	18.29
98	11.99	12.79	13.70	14.74	15.93	17.32	18.95
100	12.44	13.26	14.20	15.27	16.51	17.96	19.67
102	12.89	13.75	14.72	15.83	17.12	18.64	20.45
104	13.35	14.24	15.25	16.41	17.77	19.37	21.29
106	13.82	14.74	15.79	17.01	18.45	20.15	22.21
108	14.27	15.24	16.34	17.63	19.15	20.97	23.19
110	14.74	15.74	16.91	18.27	19.89	21.85	24.27

表 5-9　45—110 cm 身高（身长）的体重标准值（女）

身高（身长）（cm）	体重（kg）						
	-3SD	-2SD	-1SD	中位数	+1SD	+2SD	+3SD
46	1.89	2.07	2.28	2.52	2.79	3.09	3.43
48	2.18	2.39	2.63	2.90	3.20	3.54	3.93
50	2.48	2.72	2.99	3.29	3.63	4.01	4.44
52	2.84	3.11	3.41	3.75	4.13	4.56	5.05
54	3.26	3.56	3.89	4.27	4.70	5.18	5.73
56	3.69	4.02	4.39	4.81	5.29	5.82	6.43
58	4.14	4.50	4.91	5.37	5.88	6.47	7.13
60	4.59	4.99	5.43	5.93	6.49	7.13	7.85
62	5.05	5.48	5.95	6.49	7.09	7.77	8.54
64	5.48	5.94	6.44	7.01	7.65	8.38	9.21
66	5.89	6.37	6.91	7.51	8.18	8.95	9.82
68	6.28	6.78	7.34	7.97	8.68	9.49	10.40
70	6.64	7.16	7.75	8.41	9.15	9.99	10.95
72	6.98	7.52	8.13	8.82	9.59	10.46	11.46
74	7.30	7.87	8.49	9.20	10.00	10.91	11.95
76	7.62	8.20	8.85	9.58	10.40	11.34	12.41
78	7.93	8.53	9.20	9.95	10.80	11.77	12.88
80	8.26	8.88	9.57	10.34	11.22	12.22	13.37
82	8.60	9.23	9.94	10.74	11.65	12.69	13.87
84	8.95	9.60	10.33	11.16	12.10	13.16	14.39
86	9.30	9.98	10.73	11.58	12.55	13.66	14.93
88	9.67	10.37	11.15	12.03	13.03	14.18	15.50
90	10.06	10.78	11.58	12.50	13.54	14.73	16.11
92	10.46	11.20	12.04	12.98	14.06	15.31	16.75
94	10.88	11.64	12.51	13.49	14.62	15.91	17.41
96	11.30	12.10	12.99	14.02	15.19	16.54	18.11
98	11.73	12.55	13.49	14.55	15.77	17.19	18.84
100	12.16	13.01	13.98	15.09	16.37	17.86	19.61

（续表）

身高（身长）（cm）	体重（kg）						
	-3SD	-2SD	-1SD	中位数	+1SD	+2SD	+3SD
102	12.58	13.47	14.48	15.64	16.98	18.55	20.39
104	13.00	13.93	14.98	16.20	17.61	19.26	21.22
106	13.43	14.39	15.49	16.77	18.25	20.00	22.09
108	13.86	14.86	16.02	17.36	18.92	20.78	23.02
110	14.29	15.34	16.55	17.96	19.62	21.60	24.00

本 章 小 结

膳食调查是了解婴幼儿从膳食摄取能量、各种营养素数量和质量是否满足其生长发育需要的手段。婴幼儿膳食调查的常用方法有询问法（调查对象是婴幼儿的监护人）和称重法等。记账法是托幼园所群体儿童膳食营养调查的常用方法。每一种方法都各有优点与不足。婴幼儿营养不良至今仍是婴幼儿生长发育中的常见问题或常见疾病，可从其外观和进食状况反映出来。引发营养不良的原因主要是长期的饮食不当、营养素摄入不足、能量不足或相关疾病的影响等。评价婴幼儿营养状况的方法，国内外有许多种，有的比较简单实用，有的比较繁杂。通常从体格测量、膳食调查、临床检查和实验室检测进行综合评价。我国常用传统的身高、体重评价法和世界卫生组织推荐的方法来评估婴幼儿的营养不良状况。

延 伸 学 习

拓展阅读

世界卫生组织降低婴幼儿标准体重标准

世界卫生组织（以下简称"世卫组织"）公布了新的婴幼儿生长发育指标，1岁男婴的体重标准值约为9.6 kg，女婴的约为9 kg。这次公布的新的婴幼儿生长发育指标第一次为儿童如何成长提出一些建议和指导，也为帮助检测儿童是否发育正常提供了一个简单可行的工具。

世卫组织营养中心有关人士称，新的婴幼儿生长发育指标是基于8440名母乳喂养的孩子的生长发育状况做出的。

世卫组织表示，新的研究发现，吃母乳和吃配方奶的婴幼儿生长状况有所不同。与吃母乳的婴幼儿比起来，吃配方奶的孩子体重比吃母乳的孩子要增长得快些。而WHO旧的有关婴幼儿的成长发育指标却是根据吃配方奶的孩子的发育情况制定的,这就意味着这一套标准存在着重大缺陷,从而使新妈妈们,特别是那些用自己的乳汁哺育孩子的母亲们被误导了40多年。

经过长期观察和研究,世卫组织专家们认为,以前的婴儿标准体重表定得有些偏高了,许多父母为了使自己的婴儿能达到表中的体重,都十分"卖力"地把诸如牛奶、人工配方奶、婴儿成长素等多种营养物质喂给小宝宝,结果,最近十几年超重或患有肥胖症的婴儿越来越多;为了改变这种状况,便将婴儿的标准体重调低。

健康专家认为,现在小胖子之所以这么多,实行多年的旧婴幼儿生长发育指标表格可谓"罪不可赦"。专家指出,如果一个人婴幼儿时期体重偏胖,他(她)长大后就很容易发胖,且容易罹患糖尿病和心脏病等多种疾病。

世卫组织营养中心有关人士介绍,早在1993年,世界卫生组织就发现从20世纪70年代后期开始使用的指标不能够充分表现出儿童发育状况。

从1997年到2003年间,世卫组织对包括巴西在内的6个国家的孩子进行了跟踪调查。这些孩子来自巴西、加纳、印度、挪威、阿曼和美国等6个不同的国家,身体都很健康,且他们的母亲都不吸烟,对孩子的照顾也非常周到。而之前的指标只是取单独一个国家的儿童为样本。

新的婴幼儿生长发育指标中还包含了身体质量指数(BMI),这是世卫组织首次在婴幼儿生长发育指标中引入此项指标。BMI为评估体重与身高比例提供了工具,对于监控儿童的肥胖症非常有效。世卫组织有关人士称,这是评估儿童健康的一个重大革新。

世卫组织营养中心有关人士称,我们已经有科学证据表明世界不同地区的婴儿和儿童生长的方式是相似的,在不同的国家,婴幼儿生长发育指标不尽相同,各国专家将根据世界卫生组织的建议制定符合自己国家孩子生长状况的新指标。

学习活动

某2岁幼儿,某一日食谱如下表,请根据附表对其膳食情况作出评价。

表5-10 某2岁幼儿一日食谱表

餐次	食谱名称	食材重量(g)
早餐	面包,肉末粥,牛奶	标二籼米25 富强面粉25 瘦牛肉10 牛奶200 mL
上午加餐	蒸蛋糕,饼干	鸡蛋20 富强面粉20
午餐	碎面条,猪肉焖扁豆	富强面粉50 瘦猪肉25 扁豆80 豆油10
下午加餐	苹果,蛋糕	苹果50 富强面粉20
晚餐	米饭,肉丝炒芹菜,菠菜豆腐汤	标二籼米50 瘦猪肉25 芹菜70 菠菜50 豆腐20 豆油10

评价要求：

1. 该幼儿能量、蛋白质、脂肪、碳水化合物、钙和维生素 A 的摄入量是否能满足机体需求？

2. 热能来源比例是否合理？

营养素	摄入量（g）	产生热能（kcal）	百分比（%）
蛋白质			
脂肪			
碳水化合物			
合计			

3. 优质蛋白比例是否合理？

食物来源	摄入量（g）	百分比（%）
动物性		
大豆及制品		
其他		
合计		

4. 你认为该食谱是否有需要改进的地方？

附表：

常用食物成分表（每100g 可食部分）

食物名称	可食部分（%）	能量（kcal）	蛋白质（g）	脂肪（g）	碳水化合物（g）	钙（mg）	维生素A（ugRE）
稻米（粳，标二）	100	349	8	0.6	77.7	3	0
小麦粉（标准粉）	100	344	11.2	1.5	71.5	31	0
豆腐	100	72	7.4	3.5	2.7	138	5
扁豆	93	35	2.8	0.2	5.4	137	5
菠菜	89	27	2.4	0.5	3.1	66	487
芹菜	74	19	2.2	0.3	1.9	80	57
瘦牛肉	100	106	20.2	2.3	1.2	6.0	9
牛奶	100	54	3	3.2	3.4	104	24
苹果	76	52	0.2	0.2	12.8	4	3
瘦猪肉	100	143	20.3	6.2	1.5	44	6
植物油	100	900	0	100	0	0	0

注：营养评价计算方法与要求

1. 食物中营养素含量计算：通过查询食物成分表可得到待计算食物的可食部分百分比和每100 g 该

食物可食部分的能量与营养素含量,摄入一定重量食物中所含能量或营养素的计算公式如下:

能量或营养素摄入量=摄入食物重量(g)× 可食部分百分比 ÷100× 食物成分表中查得能量或营养素含量数值

2. 能量和营养素摄入量评价:通过查询中国居民膳食营养素参考摄入量得到该评价对象的能量和营养素摄入量标准,将能量和营养素的实际摄入量分别与其摄入量标准相比较,评价能量和营养素摄入量满足该评价对象需要的程度。能量和营养素摄入过多或过少都对健康不利,能量与蛋白质实际摄入量应占摄入量标准的90%—110%,维生素和矿物质实际摄入量应大于摄入量标准的90%,并小于可耐受最高摄入量;能量和营养素摄入量低于摄入量标准的80%为供给量不足,低于60%则为严重不足。

3. 热能来源评价:将一天摄入的蛋白质、脂肪和碳水化合物的重量(以克为单位)分别乘以其能量系数,即可得到三大产能营养素分别产生的热能,然后分别除以三者产生的热能之和,即可得到各自供能比例,再与该评价对象的热能来源比例(如我国成年人标准为碳水化合物产生的热能占一日总热能的50%—65%,蛋白质占10%—15%,脂肪占20%—30%;婴幼儿的标准为碳水化合物产生的热能占一日总热能的50%—65%,蛋白质占12%—15%,脂肪占35%)进行比较。

4. 优质蛋白摄入情况评价:通常动物性食物和大豆及其制品提供的蛋白质为优质蛋白,优质蛋白数量应不少于总摄入量的1/3,对于处于生长发育期的婴幼儿,应不少于总摄入量的1/2。

复习与思考

1. 膳食调查的方法有哪些?简述不同膳食调查方法的优点与不足。
2. 婴幼儿营养不良的常见原因和表现有哪些?
3. 婴幼儿营养不良评价的指标有哪些?如何正确地评价婴幼儿的营养状况?

第六章 婴幼儿营养相关疾病

学习目标

1. 知识目标
（1）了解婴幼儿常见营养相关疾病的基本概念及临床症状。
（2）熟悉婴幼儿常见营养相关疾病的常见原因及防治措施。
2. 能力目标
能针对婴幼儿营养相关疾病给予婴幼儿家长或教师提供科学预防的建议或措施。

第一节 常见营养不良症

营养不良是由不适当饮食或摄入不足所造成的状况。营养不良症通常指由于长期摄入不足、吸收不良或过度损耗营养素所造成的营养不足的病症。

一、蛋白质能量营养不良

蛋白质—能量营养不良（protein-energy malnutrition，PEM）是由于缺乏能量和（或）蛋白质所致的一种营养缺乏症，主要见于3岁以下婴幼儿，特征为体重不增或体重下降、渐进性消瘦或水肿、皮下脂肪减少或消失，常伴全身各组织脏器不同程度的功能低下及新陈代谢失常，是世界范围内最常见的营养缺乏病之一。

（一）常见病因

1. 喂养不当

（1）食物量和（或）质的不足

母亲营养不足；母乳不足同时未适当添加其他富含蛋白质的乳类；奶粉质量差或不遵循配置要求导致配置过稀（案例1）；长期供给单一食物或长期食物中蛋白质含量较低（案

例2)等。

案例 1

2003年安徽阜阳农村婴儿"大头怪病"

在2003年的安徽阜阳农村，因食用一些营养成分严重不足，尤其是蛋白质严重不足的伪劣奶粉，也叫空壳奶粉，导致众多婴儿变成了畸形的"大头娃娃"：头脸胖大、四肢细短，嘴小、浮肿的大头儿童，严重者甚至出现部分儿童死亡。患婴年龄绝大多数都在6个月以下。这是他们一生中发育最迅速、最关键的阶段。医生指出，重度营养不良恢复起来非常慢，而且即使后期营养跟上了，也可能产生后遗症，因为大脑和内脏发育已经受损，会影响婴儿将来的智力、体格和体质，特别是免疫力。

案例 2

重度营养不良的小梅

云南省丽江市玉龙县宝山乡高寒村，海拔3200多米，这座村子里的农作物只有土豆和荞麦，一年也吃不上几次新鲜的蔬菜和肉类，每年的食物都不够吃。

刚满1岁的小梅还在吃母乳，添加辅食已有半年了，辅食是白面和土豆，小梅很难从其他食物中获取生长发育所需的营养。小梅身高67 cm，体重6.2 kg，而国家公布的1岁儿童平均身高体重为75 cm和9.4 kg。小梅的营养状况已属于严重营养不良，并伴有发育迟缓。在高寒村，像小梅这样的孩子并不少见。日复一日的土豆和荞麦，是这里的孩子们童年的主食。由于缺乏婴幼儿生长发育必需的营养食物，这里的孩子普遍面临着营养不良的情况。

（2）喂养方法不当

不定时、不定量、突然停奶而未及时添加辅食；较大儿童的营养不良多为婴幼儿期营养不良的持续；或因不良饮食习惯如偏食、挑食、零食过多等。

（3）其他社会自然问题

部分地区或国家因灾荒（地震、海啸等）、市场经济不发达、战争造成食物供应短缺

2. 疾病因素

（1）消化吸收不良

消化吸收障碍，如消化系统解剖或功能上的异常（如唇裂、腭裂、幽门梗阻、食管狭窄等）、过敏性肠炎、肠道吸收不良综合征。

（2）疾病后需要量增加

急慢性传染病（如麻疹、伤寒、肝炎等）的恢复期、糖尿病、甲状腺功能亢进、恶性肿瘤等均可因需求量增多而造成营养相对缺乏。

3. 先天不足和生理功能低下

如早产儿、双胎或多胎（追赶生长导致营养不良）、生长发育过快等。

（二）临床表现

营养不良的早期表现是精神面貌较差，活动减少，体重生长速度不增或减少，皮下脂肪减少，逐渐消瘦，生长发育缓慢甚至停滞。全身各部位皮下脂肪也按一定顺序减少：腹部→躯干→臀部→四肢→面部。随着情况加重，逐渐出现全身症状及代谢改变。因血浆蛋白降低出现凹陷性水肿，严重时感染形成慢性溃疡。重度营养不良可伴有重要脏器功能损害。婴幼儿营养不良分度可参照表6-1。

表6-1 婴幼儿（出生—3岁）临床营养不良分度

临床表现	轻度	中度	重度
体重减轻	15%—25%	25%—40%	>40%
皮肤	尚正常或稍苍白	苍白弹性差	苍白弹性消失，干皱
腹壁脂肪厚度	0.8—0.4 cm，脂肪层变薄	<0.4 cm，脂肪层轻度消失	消失，皮包骨
精神症状	尚正常，不活泼	不振、易疲劳、烦躁不安、哭声无力、睡眠不安	萎靡、呆滞，嗜睡与烦躁不安交替出现，常有低体温、脉搏缓慢、食欲不振、便秘等
肌肉状况	肌肉不结实	肌肉松弛	肌肉萎缩，肌张力低下
身高状况	不影响	低于正常	明显低于正常

PEM常见并发症有营养性贫血、多种维生素和微量元素缺乏，以维生素A缺乏最为常见，且大部分患儿伴有锌缺乏，由于免疫力功能低下，易患各种感染，如肺炎、肠炎等，特别是重度营养不良，从而形成恶性循环。

（三）防治

营养不良的治疗原则是积极处理各种危及生命的合并症，祛除病因、调整饮食、补充营养、促进消化功能、定期进行生长发育检测。

1. 调整营养

（1）消除营养不足的相关因素

调整机体内环境，主要包括防治低血糖、低体温、脱水、纠正电解质紊乱以及抗感染。

（2）调整饮食（饮食管理）

1）合理喂养。大力提倡母乳喂养，尤其是早产儿，对母乳不足或不宜母乳喂养者应及时选用优质的婴儿配方奶粉喂养或选用牛、羊奶喂养，及时添加辅食，注意蛋白质和能量的摄入。

2）纠正不良饮食习惯。教育婴幼儿不挑食、不厌食、合理零食等。对患有先天消化道畸形患儿及其他慢性疾病的患儿，须尽早治疗原发病。极重度营养不良者应住院治疗。

3）根据程度、消化能力、耐受性逐步调整，食物应富含高热量、优质蛋白，并补充维生素及微量元素。重度营养不良的患儿要定时喂糖水，以防发生低血糖，注意避免诱发腹泻、感染。但由于患儿消化系统及其他系统功能都处于较弱状态，故进食的食物要由少到多、由稀到稠、循序渐进，逐步增加总热量和蛋白质的量。建议可采用流质、半流质食物为主逐渐扩大胃容量，从而减轻胃肠道负担。

（3）食物选择建议

1）适合患儿消化能力。轻度患儿给予牛奶—肉泥肉末辅食。重度患儿给予稀奶—脱脂奶—全奶—肉泥肉末辅食。

2）观察调整效果。每周测量体重一次，每月测身长一次。

3）严重者建议专业医疗介入治疗。

二、婴幼儿缺铁性贫血

缺铁性贫血（iron deficiency anemia，IDA）是由于各种原因（摄入量不足、吸收量减少、需要量增加、利用障碍或丢失过多等）引起的体内存储铁缺乏，导致血红蛋白的合成减少，从而使单位体积内血红蛋白量低于正常水平，从而影响人体内的细胞、组织供氧不足的病症。IDA以婴幼儿发病率最高，严重危害小儿健康，是我国重点防治的小儿常见病之一。

（一）常见病因

1. 先天性铁储备不足

胎儿在母体妊娠3个月后从母体中获得铁最多。早产、双胎或多胎、低出生体重儿等均可使铁储备减少。孕母严重缺铁也可导致婴儿先天储铁不足。

2. 铁摄入量不足

（1）未添加高铁食物

人乳、牛乳、谷物中含铁量均低，不能满足婴幼儿生长发育需要。婴儿出生4个月后，若不及时添加含铁较多的辅食，较易发生缺铁性贫血。

（2）缺乏动物性食物

婴幼儿在添加辅食后可适当补充各种动物性食物，如肝泥、肉泥等。

3. 生长发育旺盛

婴儿期是人一生中生长发育最快的时期，由于生长发育旺盛，未及时添加富含铁的食物，则易导致缺铁。较大儿童则因饮食不良、拒食、偏食、挑食或摄入动物食品较少也容易导致缺铁。

4. 肠道铁吸收障碍

膳食不合理的搭配和胃肠道疾病均可影响铁的吸收。肠道内一些物质也可影响铁的吸收，如：维生素C、稀盐酸、果糖、氨基酸等利于铁的吸收，磷酸、草酸等可导致铁难以吸收，而植物纤维、茶、咖啡等可抑制铁的吸收。

5. 铁丢失增加

长期慢性失血可导致铁丢失。此外，胃肠道畸形、溃疡、钩虫病等也可导致铁丢失。

（二）临床表现

IDA多发生于6个月—3岁的婴幼儿，大多起病缓慢，其临床表现随病情轻重而有所不同。

1. 一般表现

皮肤黏膜逐渐苍白，以唇、口腔黏膜及甲床和手掌最明显。同时出现精神不振，不爱活动，倦怠无力、食欲下降，部分儿童可自诉头晕、眼前发黑、耳鸣等不适症状。

2. 造血器官的表现

伴有肝、脾和淋巴结轻度肿大，婴幼儿年龄越小，贫血越严重，肝脾肿大越明显。

3. 非造血系统表现

（1）消化系统

食欲减退，甚至异食癖，或伴有呕吐、腹泻、口腔炎等。

（2）神经系统

轻者出现烦躁不安、精神不集中、记忆力减退、易激惹、呼吸暂停、屏气发作，甚至智力低于同龄儿童。

（3）心血管系统

明显贫血时心率增快、气促、心动过速、心脏扩大、心脏收缩期杂音，甚至发展为心力衰竭。

（4）其他系统

如运动系统肌肉力量差、骨折愈合延迟。免疫系统免疫功能降低，容易发生感染，恢复时间长。上皮组织异常而出现反甲。

（三）防治

预防比治疗更重要，主要原则为去除病因和补充微量元素铁。

1. 做好孕期及哺乳期营养保健工作，预防早产

有意识地多吃含铁量高的食物，如动物肝脏、瘦肉、鸡蛋等。孕期及时发现问题及时治疗，以免因先天性铁储备不足导致贫血。早产儿、低体重儿、双胞胎或多胎在出生2个月后在医生的指导下服用铁剂，以防止贫血发生。

2. 合理喂养，及时添加辅食，纠正不良饮食习惯

出生0—6个月建议母乳喂养，并保证哺乳期乳母从膳食中摄入足量的铁。4—6个月后

及时添加含铁量丰富且吸收率高的辅食，如强化铁米粉。注意食物的均衡营养，鼓励食用富含维生素C的蔬菜水果，以促进铁的吸收。纠正婴幼儿不良饮食习惯，保障均衡营养素摄入。

3. 去除各种慢性失血性疾病

纠正各种急慢性原发疾病，从源头治疗贫血才是行之有效的办法。

三、婴幼儿肥胖

婴幼儿肥胖主要为单纯性肥胖（obesity），是由于长期能量摄入超过人体的消耗，使体内脂肪过度积聚、体重超过参考值范围的一种营养障碍性疾病。

（一）常见病因

1. 能量摄入过多

随着社会经济的发展和市场经济的便捷，导致物质供应多样化，且膨化食物、煎炸类食物、含糖饮料、快餐等摄入过多，多余的能量转化为脂肪贮存体内，导致儿童肥胖及孕妇肥胖，孕妇的肥胖容易导致新生儿的超重和肥胖，最终导致儿童期或成年期的肥胖。传统观念也是影响儿童肥胖的一个方面，如觉得白白胖胖的孩子健康、可爱，喂养时总担心孩子吃不饱、不够吃等。

2. 活动量过少

随着电子科技产品的流行，玩电脑、游戏机、数码产品等导致户外活动减少，父母及婴幼儿久坐家中；雾霾天气的增多、小区环境不佳等多种因素导致婴幼儿家长及婴幼儿活动量过少。

3. 遗传因素

研究表明，双亲均肥胖的后代肥胖发生率高达70%—80%；双亲之一肥胖者，后代肥胖发生率约为40%—50%；双亲正常的后代肥胖发生率仅10%—14%。遗传因素对肥胖形成的作用占20%—40%。

4. 其他因素

心理异常、疾病、不良饮食习惯、性别差异等也是影响婴幼儿肥胖的常见因素。

（二）临床表现

主要表现为体重明显超过同龄儿童，皮下脂肪肥厚，以腹部表现明显，甚至在胸腹、臀部及大腿皮肤出现皮纹；骨龄发育正常或超过同龄儿，性发育提前；由于体重过重，使婴幼儿走路时双下肢负荷过重可致膝外翻和扁平足；由于体型肥胖不喜欢运动，或者运动中被同伴讥笑而不愿意与人交往，甚至出现自卑、孤僻、离群等心理障碍；婴幼儿期的肥胖容易导致成年的肥胖，诱发高血压、糖尿病、冠心病等。

（三）防治

1. 基本理念

在儿童期对于肥胖的治疗以体重控制为基本原则，不进行减少体重为目标的所谓"减肥""减重"的药物、饥饿治疗。

2. 治疗目标

（1）促进生长发育、提高体质健康水平、控制体脂增长在正常速率范围内。

（2）养成科学、正确和良好的生活习惯、保持身心健康发育、培养没有心血管疾病的一代新人。

3. 防治措施

（1）控制饮食

婴幼儿肥胖患者比较特殊，同时要兼顾婴幼儿生长发育所需，不能通过饥饿、药物的方法来进行减肥，需要依据生长监测数据进行饮食调整达到减肥的目的。根据婴幼儿生长发育所需营养，提供科学的平衡膳食、选择合理的烹饪方法、建立科学的膳食制度、培养良好的饮食习惯等。

（2）加强体格锻炼

肥胖儿童应每日坚持运动（如晨间跑步、散步、做操等每天至少坚持30分钟，运动量以运动后轻松愉快、不感到疲惫为原则），养成习惯。可先从小运动量活动开始，逐步增加运动量与活动时间。运动要循序渐进，不要求之过急。

（3）药物

单纯性肥胖一般不主张通过药物介入治疗，特殊情况下建议在医生的指导下进行药物介入治疗。

（4）心理治疗

解除紧张情绪，增强儿童自信心，有利于提高活动兴趣，合理调控进食量。

第二节 常见营养缺乏症

营养缺乏症是指机体由于摄入营养素不足，如维生素缺乏、蛋白质缺乏、微量元素不足等引起的各种疾病症状。

一、维生素A缺乏症

维生素A缺乏症（vitamin A deficiency disorder，VAD）是指机体所有形式和任何程度的维生素A不足的表现，包括临床维生素A缺乏、亚临床维生素A缺乏及可疑亚临床型维生素A缺乏（或边缘型维生素A缺乏）。

（一）维生素A生理功能

1. 维持正常视觉功能

构成视觉细胞内的感光物质（视紫红质），人体在一定照度下的暗处可看见物体，称为暗适应。这种暗适应的能力与体内维生素A的营养水平有关。

2. 维护上皮组织细胞的健康和促进免疫球蛋白的合成

维生素A与人体上表皮细胞的正常形成和功能有关，维生素A是细胞膜表面糖蛋白、黏多糖合成进行调控的重要物质。当维生素A缺乏时，导致眼结膜和角膜干燥，严重时角膜老化。

3. 维生素A提高机体免疫功能

维生素A主要影响细胞免疫功能。维生素A缺乏时，淋巴细胞的产生和成熟变慢，T细胞的免疫反应能力下降，而易于发生感染性疾病。

4. 维生素A促进生长和骨骼发育

胎儿正常发育需要维生素A，维生素A缺乏造成儿童生长发育迟缓及先天畸形，但孕期维生素A摄入过多也可能造成胎儿畸形的发生。

5. 影响造血

维生素A缺乏可能主要影响铁的转运和贮存，维生素A缺乏也可能直接影响红细胞的生存，从而引起贫血。

（二）常见病因

1. 原发性因素

维生素A缺乏在5岁以下儿童中的发生率远高于成人，其主要原因是维生素A和胡萝卜素都很难通过胎盘进入胎儿体内，因此新生儿血清和肝脏中的维生素A水平明显低于母体，如在出生后不能得到充足的维生素A补充则极易出现维生素A缺乏症。

2. 摄入不足

维生素A为脂溶性维生素，小肠维生素A的消化吸收需胆盐和脂肪的帮助，膳食中脂肪含量过低，如长期以米糊、稀饭或脱脂奶喂养，容易导致维生素A缺乏。

3. 吸收障碍

消化系统慢性疾病，如慢性腹泻、肝胆系统疾病、胰腺疾病等均可导致维生素A的吸收障碍，造成维生素A缺乏。

4. 消耗增加

一些消耗性传染病，如麻疹、猩红热、结核、肺炎等都会使体内的维生素A存储消耗，造成维生素A缺乏。

5. 转化及利用障碍

甲状腺功能减退或糖尿病时，胡萝卜素不能有效转化为视黄醇，从而造成维生素A缺乏。

（三）临床表现

1. 眼部表现

最初出现的暗适应能力减退，但婴幼儿不会诉说，不易发现，进而发生夜盲症。数周后出现干眼症，自觉眼干不适、畏光，经常眨眼或搓揉导致感染。角膜发生软化，形成溃疡，重者可发生角膜溃疡、坏死,引起穿孔,晶状体脱出,导致失明。

2. 皮肤表现

皮肤症状多见于年长儿,可无眼部症状。皮肤干燥、脱屑,角化增生;毛发干枯,易脱落;指(趾)甲脆薄多纹,易折断。

3. 生长发育情况

长期严重维生素A缺乏主要影响骨骼系统的生长,骨增长迟缓,身高落后。表现为体格和智能发育轻度落后。牙龈发生增生和角化,牙釉质发育不良,易发生龋齿。

4. 易感染性增高

患儿抗感染功能受到损害,易患呼吸道和消化道感染,尤其是6个月以上和2岁以下儿童。

5. 其他表现

常伴营养不良、贫血和其他维生素缺乏。

(四) 防治

无论临床症状严重与否,或无明显症状的维生素A缺乏,都应该尽早进行维生素A的补充治疗,因多数病例改变经治疗后都可能逆转而恢复。

1. 原发病治疗

祛除病因,重视原发病的治疗;治疗并存的营养缺乏症。

2. 膳食补充

给予富含维生素A的动物性食物,如动物肝脏;给予富含胡萝卜素的深绿色、黄红色蔬菜,如胡萝卜、番茄等。小年龄儿童是预防维生素A缺乏的主要对象,婴儿期应提倡母乳喂养。人工喂养婴幼儿尽量选择维生素A强化的食物,如配方奶粉和辅食等。

3. 维生素A制剂

建议在医生的指导下进行维生素A制剂治疗。一般经维生素A治疗后临床症状好转迅速,夜盲症常于2—3天后明显改善,干眼症3—5天消失,角膜病变也渐好转,皮肤过度角化需要1—2个月好转。

4. 眼部护理

为防止继发感染,对比较严重的维生素A缺乏症患儿常有眼部的局部治疗。建议在医生指导下进行。

二、维生素D缺乏症

维生素D缺乏症(vitamin D deficiency rickets)是指因体内维生素D不足引起全身性钙、磷代谢失常以致钙盐不能正常沉着在骨骼的生长部分,最终发生骨骼畸形的疾病,也叫维生素D缺乏性佝偻病。这是一种婴幼儿的常见病,虽然很少直接危及生命,但因发病缓慢，易被忽视，一旦发生明显症状时，机体的抵抗力低下，易并发肺炎、腹泻、贫血等其他疾病，对健康危害较大，是我国儿科重点防治的四病之一。

（一）维生素 D 生理功能

1. 促进钙、磷吸收

促进小肠黏膜细胞合成一种特殊的钙结合蛋白，增加肠道钙的吸收，磷也伴之吸收增加，可能有直接促进磷转运作用。

2. 有利于骨的钙化

增加肾近曲小管对钙、磷的重吸收，特别是磷的重吸收，提高血磷浓度，有利于骨的矿化作用。

3. 对骨骼钙的动员

与甲状旁腺协同使破骨细胞成熟，促进骨重吸收，旧骨中钙盐释放入血；另一方面刺激成骨细胞促进骨样组织成熟和钙盐沉积。

（二）常见病因

1. 围生期维生素 D 不足

孕期，特别是孕后期维生素 D 营养不足，如长期在室内工作生活、严重营养不良、肝肾疾病、慢性腹泻，以及早产、双胎或多胎使新生儿体内贮存不足。

2. 日照不足

普通玻璃能阻挡 90% 以上的紫外线，如婴幼儿长期过多在室内活动，使内源性维生素 D 生成不足；大气污染如烟雾、尘埃等可吸收部分紫外线；气候季节的影响，如冬季日照短，紫外线较弱，也可影响部分内源性维生素 D 的生成。

3. 维生素 D 摄入不足

天然食物、母乳及其他乳类含维生素 D 均较少，即使纯人工喂养婴儿，或已经添加辅食的婴儿，若户外活动少仍易患佝偻病。

4. 生长速度快，需要量增加

胎儿出生后，生长发育较快，尤其是早产或多胎体内维生素 D、钙、磷贮备不足，对维生素 D 需求量较大，若不及时补充，易发生佝偻病。

5. 疾病因素

长期胃肠道或肝胆慢性疾病影响维生素 D 和钙、磷吸收与利用，肝、肾严重损害可致维生素 D 羟化障碍，引起佝偻病。

6. 药物影响

抗惊厥药可使肝细胞微粒体的氧化酶系统活性增加，使维生素 D 分解为无活性的代谢产物增加，导致体内维生素 D 不足。

（三）临床表现

1. 早期表现

神经精神症状，如易激惹、烦躁、睡眠不安、夜间啼哭、多汗等，但这些并非佝偻病的特异症状,诊断时要结合日光照射不足及维生素 D 缺乏的病史综合考虑。佝偻病的多汗症状与季节和室温无关,尤其是头部,因汗液刺激皮肤发痒,患儿常摇头摩擦枕部,出现枕秃,但枕秃也不是佝偻病的特异症状。

2. 骨骼改变

若治疗不及时,生长最快部位的骨骼继而发生改变,并可影响肌肉发育及神经兴奋性的改变。重症佝偻病患儿还可有消化和心肺功能障碍并可影响行为发育和免疫功能。由于不同年龄的骨骼生长速度不同,所以维生素 D 缺乏性佝偻病骨骼的临床表现与年龄密切相关,具体情况见表 6-2。

表 6-2 营养性维生素 D 缺乏性佝偻病活动期骨骼畸形与好发年龄

部位	名称	好发年龄
头面部	颅骨软化	3—6 个月
	方颅	8—9 个月
	前囟增大及闭合延迟	迟于 1.5 岁
	出牙迟	1 岁出牙,2.5 岁仍未出齐
胸部	肋骨串珠	1 岁左右
	肋骨沟	
	鸡胸、漏斗胸	
四肢	手镯、足镯	6 个月后
	"O"形腿或"X"形腿	1 岁后
脊柱	后弯、侧弯	学坐后
骨盆	扁平	

(四) 防治

防治维生素 D 缺乏性佝偻病的关键是补充充足的维生素 D,同时维生素 D 缺乏性佝偻病是自限性疾病,一般通过户外活动,可以自愈。

1. 户外活动

指导婴幼儿尽早户外活动,逐渐达到每天 1—2 小时,尽量暴露婴儿身体部位,如头面部、手足。

2. 维生素 D 补充

主张从膳食的牛奶、配方奶和豆制品中获得钙和磷。婴儿只要进食足够奶量,不须要补充钙剂。但在有低血钙表现、严重佝偻病和营养不足时,需要补充钙剂,建议在儿科医生指导下进行治疗。

3. 其他

应注意加强营养,保障足够奶量,及时添加转乳期食品,坚持每日户外活动。

三、碘缺乏症

碘缺乏症（iodine deficiency disorders，IDD）是由于自然环境碘缺乏造成机体碘营养不良所表现的一系列有关联疾病的总称。机体因缺碘导致的一系列疾病，以前命名为地方性甲状腺肿和地方性克汀病，现在统称为碘缺乏病。缺碘，会导致胎儿发育不良，流产、早产、死胎、畸形，严重碘缺乏可造成大脑发育不可逆的损害，其严重后果就是呆小症，即克汀病。

（一）碘的生理作用

碘是甲状腺素的必需成分，身体内的碘大约有1/3集中在甲状腺组织中，其余的碘分散在体内的其他组织中。甲状腺利用碘和酪氨酸合成甲状腺激素，当碘摄入不足时，机体会出现一系列的障碍，由于机体缺碘的程度和时期不同，机体出现障碍的严重程度也不同。

甲状腺激素的作用如下：

1. 甲状腺激素可调节身体的物质代谢，提供能量，从而维持身体恒定的体温。

2. 甲状腺激素可促进体格发育，包括骨骼、肌肉和性发育。

3. 甲状腺激素可促进大脑的发育，尤其在生长发育较快的时期，如胎儿及出生后0—5岁婴幼儿是大脑发育的重要时期，此时若碘营养不良，脑发育将受到不可逆的损伤，严重的可导致智力低下、呆傻、聋哑、瘫痪。因此，保障孕妇、哺乳期妇女、0—5岁婴幼儿的碘营养充足最为重要。

（二）常见病因

碘缺乏病主要病因是环境缺碘，人体摄取碘不足所致。

1. 自然地理原因

本病分布广泛，全国多省区均有分布。该病主要多见于远离沿海及海拔高的山区，流行地区的土壤、水和食物中含碘量极少。我国地方性甲状腺肿也多分布在山区，主要因为山区坡度大，雨水冲刷，碘从土壤中丢失所致。我国黑龙江的三江平原缺碘可能因为历史上频繁的泛滥，以及地下水的运动活跃造成的。

2. 饮水中碘的含量

人体碘的供给约60%来源于植物性食品，土壤中的碘只有溶于水才能被植物吸收，最后通过食物被人体摄入。水碘含量不仅反映了环境中碘的水平，而且反映了人体碘的摄入水平，水碘含量与碘缺乏病的流行有着密切的关系。

3. 食物因素

低蛋白、高碳水化合物可影响甲状腺对碘的吸收和利用。人们普遍认为玉米、小米、甜薯、高粱及各种豆类在肠道中可释放出氰化物，可抑制甲状腺摄取碘化物。钙磷含量高的食物可妨碍碘的吸收，抑制甲状腺素的合成，加速碘的排泄。

4. 经济状况

现今地方性甲状腺肿主要分布在发展中国家，而且越贫穷的国家流行越严重。同在一个病区内,也是越贫穷的家庭发病越多。病区大多在偏僻的山区和农村,交通不便,经济落后,食用当地自产粮菜。一旦交通条件改善,物质交流频繁,生活水平提高,即使不采取食盐加碘等防治措施,流行情况也会缓解。

5. 药物因素

硫脲类抗甲状腺药物、四环素、磺胺类、咪唑类等药物可干扰酪氨酸的碘化过程,也有一定的导致甲状腺肿的作用。

(三)临床表现

该病的临床表现取决于缺碘的程度、持续时间和患病年龄。怀孕期妇女缺碘,不仅严重影响孕妇的身心健康,还会危及胎儿。胎儿期缺碘可致早产、流产、死胎、先天畸形儿、先天聋哑儿等;新生儿期可表现为甲状腺功能减退;儿童和青春期则会出现甲状腺肿(粗脖子)。儿童主要表现为智力损伤、耳聋、体格发育落后、身材矮小、性器官发育障碍等。

(四)防治

1. 食用碘盐

食用碘盐是补碘的最好方法。若外环境缺碘,人类则需要长期适量补碘。加碘盐安全、有效、经济、方便、持久,是我国预防碘缺乏病的最好措施。只要正确地使用碘盐,就可以预防碘缺乏病。目前我国已经全面推行食盐加碘。

2. 摄入含碘丰富食物

多吃含碘丰富的食物,如海带、牡蛎、海鱼、干贝、龙虾等海产品,其中海带含碘量最高。

3. 药物治疗

机体严重碘缺乏,建议在医生指导下药物治疗。

四、锌缺乏症

锌缺乏(zinc deficiency)是由于锌摄入不足、代谢障碍或排泄导致体内锌含量过低,引起儿童食欲减退、生长发育迟缓、皮炎和异食癖等临床表现的营养缺乏性疾病。

(一)锌生理作用

锌主要分布在皮肤、肌肉、肝脏、头发、唾液、指甲、睾丸、附睾、前列腺、骨骼、红细胞、眼球等。锌对人体多种生理功能起着重要作用,锌缺乏将导致多种功能紊乱。锌参与40多种酶的合成,与80多种酶活性有关,能加速生长发育,增强创伤组织再生能力,增强抵抗力,促进性机能。

缺锌时可影响蛋白质的合成、维生素A的利用和细胞免疫功能,因而会对全身各系统产生不利影响。孕妇缺锌,容易导致胎儿中枢神经系统畸形率增高,无脑儿就是其中一种。若在妊娠末期缺锌会影响胎儿正常发育。

锌是唾液蛋白的基本成分,在品尝味道方面有重要意义。

（二）常见病因

1. 摄入不足

动物性食物含有丰富的锌,且容易吸收,坚果类含锌量也不低,而植物性食物中含有不利于锌吸收的物质,因此,长期素食或缺乏动物性食物,可能导致体内锌缺乏。牛乳中锌含量高于人乳,但吸收率却低于人乳。人工喂养、未及时添加辅食,婴儿生长速度较快,易发生锌的相对摄入不足。

2. 吸收不良

患有慢性腹泻、慢性痢疾、胆囊纤维化、肠道感染等腹泻疾病的婴幼儿,均可减少锌的吸收。谷类食物中的植酸盐和粗纤维素也会影响锌的吸收。

3. 丢失增加

如反复出血、大面积烧伤、慢性肾脏疾病、长期透析、钩虫病、疟疾、外伤等疾病,均可引起锌丢失。大量出汗也会造成锌的丢失增加。

4. 需要量增加

婴幼儿生长发育迅速、营养不良恢复期或术后组织修复过程体内对锌的需求量增加,均可导致体内锌缺乏。

5. 疾病影响

长期感染、发热时,锌需要量增加,同时食欲减退,若不及时补充,则导致锌缺乏。此外遗传性吸收障碍性疾病也可引起锌吸收障碍。

6. 药物影响

长期使用金属螯合剂（如青霉胺、四环素等）,可降低锌的吸收率及生物活性,这些药物会与锌结合从肠道排出体外,从而造成锌的缺乏。

（三）临床表现

1. 生长发育落后

儿童期缺锌的早期典型表现是生长速度缓慢。儿童的身高、体重常低于正常同龄儿,严重者甚至出现侏儒症。

2. 消化功能减退

锌缺乏影响味蕾细胞更新和唾液磷酸酶的活性,使舌黏膜增生、角化不全,导致味觉敏感度下降,发生食欲不振、厌食或异食癖。补锌后症状好转。

3. 免疫功能下降

锌缺乏的儿童因细胞免疫功能受损而易患各种感染性疾病和腹泻、肺炎等。

4. 伤口愈合缓慢

锌缺乏时,创伤颗粒组织中的胶原减少,肉芽组织易于破坏,使创伤愈合困难。

5. 智能发育延迟

锌缺乏可使脑 DNA 和蛋白质合成障碍,从而引起智能发育延迟。

6. 其他

缺锌还可能出现脱发、皮肤损害、眼病、地图舌、反复口腔溃疡、性器官发育不良、夜盲、贫血等。

(四)防治

1. 治疗原发病

针对病因,治疗原发病。

2. 饮食治疗

多食用含锌量高的动物性食物、坚果类及初乳。

3. 补充锌剂

建议在医生指导下用药。

4. 提倡母乳喂养

人初乳含锌量较高,人乳中的锌吸收利用率也较高,故婴儿母乳喂养对预防缺锌有利。但随年龄增长要按时添加辅食,如强化锌米粉、瘦肉、鱼肉、蛋黄、动物内脏等。人工喂养最好辅以强化锌的婴儿配方乳粉、米粉等。但要注意适量,若长期食用多种强化锌的食品,锌摄入过多亦可致中毒。

第三节 常见食物过敏及不耐受

当人体免疫系统对来自空气、水源、接触物或食物中天然无害物质出现过度反应时就可认为人体出现了过敏。食物不良反应是指由食物或食物添加剂引起的所有临床异常反应,包括食物过敏、食物不耐受和食物中毒,前两者合称为食物的非毒性反应。

一、乳糖不耐受

乳糖不耐受(lactose intolerance,LI),又称乳糖消化不良或乳糖吸收不良,是指人体内乳糖酶分泌少或不能完全消化分解母乳或牛乳中的乳糖,未经消化的乳糖停留在肠道里,就会造成胃肠非感染性腹胀、气多、腹泻、肠鸣等症状,又称乳糖酶缺乏症。

(一)常见病因

1. 先天性乳糖酶缺乏

先天性乳糖酶缺乏是罕见的常染色体隐性遗传疾病,在出生时机体乳糖酶活性即低下或乳糖几乎完全缺失,且终生不能耐受或治愈,未经治疗可引起死亡。这一类型很少见。

2. 原发性乳糖酶缺乏

原发性乳糖酶缺乏又称成人型乳糖酶缺乏，发病率与年龄和种族有关，大部分人属于这种类型。

3. 继发性乳糖酶缺乏

乳糖酶位于小肠绒毛表面，其活性在空肠中最强，在十二指肠和末端回肠稍低。当各种原因致使小肠上皮损伤的疾病都可导致乳糖分泌不足或活性降低，常见病因有：感染性腹泻、肠道手术、急性胃肠炎等，待机体疾病康复后恢复正常。对于婴幼儿来说，秋季多发性腹泻、细菌性腹泻会引起肠胃功能的暂时低下，乳糖酶分泌减少或活性降低，持续饮奶会引起继发性乳糖不耐受。大剂量服用头孢类、内酰胺类抗菌素后也会引起继发性乳糖不耐受。

4. 乳糖酶相对不足

当乳糖摄入量超过肠道正常水平乳糖分解能力时，形成乳糖酶相对不足，导致部分乳糖不能被分解吸收，继而发生乳糖不耐受。

（二）临床表现

完全乳糖酶缺乏较少，部分缺乏者发生临床症状与多种因素有关。

1. 腹泻、腹部痉挛、腹胀或放屁等

如果婴幼儿患乳糖不耐受，可能会在吃母乳或吃其他乳制品（如开始吃辅食后吃的奶酪或酸奶）之后30分钟至两小时之间出现腹泻、腹部痉挛、腹胀或放屁等现象。乳糖不耐受和牛奶过敏不同，牛奶过敏是身体免疫系统的反应，而乳糖不耐受则是消化系统的问题。但是这两者的症状很相似，例如，牛奶过敏或乳糖不耐受都可能吃完乳制品后就腹痛或腹泻。

2. 水样泻

水样泻是婴幼儿主要症状，可表现为急性、严重腹泻，甚至明显失水。粪便常呈水样，有恶心、呕吐、腹胀和绞痛。有时腹泻也可较轻，慢性。在年长儿和成人表现可不典型，腹泻虽然为水样，但可为间歇性，或出现腹部绞痛、腹胀。

（三）防治

乳糖不耐受无法治疗达到痊愈，但可以限制饮食中乳糖含量以改善临床症状，并以其他食物代替生长发育过程中所需的营养物质。如果婴幼儿出现乳糖不耐受症状，可以采取以下措施来帮助婴幼儿减轻症状。

1. 减少饮食中乳糖含量

类似于脱敏治疗的理念，因为人群中能耐受摄入的乳糖量具有个体差异。采用减少饮用量后就不会有不舒服的感觉，对这部分人群来说每天多喝几次，一段时间后再增加食用量，使胃肠慢慢地适应后，症状会有所减轻或完全不会发生任何症状。

2. "稀释"治疗

一般来讲，乳糖不耐受者空腹喝奶会有较重症状，但与其他食物共同进食时，牛奶中的乳糖浓度在特定环境中得到相应的"稀释"，使乳糖不耐受程度降低。喝奶前吃些饼干、面

包会减少排气和不舒服的感觉。

3. 代替治疗

婴儿乳糖不耐受，可选用无乳糖婴儿配方乳粉或低乳糖婴儿配方乳粉喂哺。对于年长儿或成人，喝酸奶应该是一个有效的办法。酸奶是在牛奶中加入一定乳酸菌经发酵后制成的，发酵过程使得原奶中的 20%—30% 的乳糖被分解，蛋白质和脂肪也分解成为较小的成分，使其更有利于胃肠的消化吸收。酸奶中的乳酸菌对于正常人群具有助消化的功能，对饮用牛奶后常有腹胀、腹泻者的乳糖不耐受人群最为适宜。

4. 补充治疗

在牛奶中加入乳糖酶，经过一定时间和温度的消解，利用乳糖酶分解乳糖，达到降低乳糖的目的。

5. 医疗介入治疗

在医生指导下进行专业治疗。

（1）保证婴幼儿钙的需求

乳类及其制品是婴幼儿钙的最好来源。如果去掉饮食中的乳类及乳制品，那么就要保证婴幼儿所需的其他钙质来源，以帮助婴幼儿的骨骼和牙齿健康生长。不含奶的钙质来源包括绿叶菜、强化钙的果汁、豆奶、豆腐、西兰花、三文鱼罐头、橙子和强化钙的面包等。

（2）保证婴幼儿维生素 A、维生素 D、核黄素的需要

乳类及其制品也是维生素 A、维生素 D、核黄素的良好来源。可以在营养咨询师的指导下，选择适宜婴幼儿体质的配方乳粉和食品，以满足其营养需要。

二、其他食物过敏

食物过敏（food allergy）是人体免疫系统对来自食物中天然无害物质出现过敏反应时表现出来的一些异常现象，主要累及消化系统、皮肤和呼吸系统。婴幼儿过敏是目前世界上最关注的公共卫生问题之一，被称为 21 世纪最流行的非感染性疾病。

（一）常见病因

1. 食物消化不良或吸收不良

婴儿出生后，生理内外环境发生了剧烈改变，首先由自身呼吸系统产生自主呼吸，同时通过自身消化系统自主进食。一般经肺的呼吸不会造成食物过敏，经口进食才是导致食物过敏的原因。食物在新生儿的胃肠道内被加工成很多细小的颗粒才能完全消化，再通过吸收过程，进入人体内。但如果在消化过程中食物颗粒没有被消化，吃什么拉什么即为消化不良；导致食物消化后不能被很好地吸收，这种现象叫吸收不良，这两种情况均与过敏有关。

2. 肠道发育不成熟

食物在消化过程中，颗粒由大逐渐变小，通常情况下，这些小的颗粒会被吸收，大颗粒

就被当作废物排出体外，但如果肠道壁细胞之间有缝隙，一些还不是非常小的食物颗粒就会直接穿过肠壁，被血液直接吸收。而这些食物颗粒对于血液来说都是异物，会刺激人体免疫细胞，导致婴幼儿出现过敏的现象。而容易引起肠道壁细胞之间有缝隙的原因有：肠道发育不成熟，如早产儿、双胎或多胎等；肠道的急慢性损伤，如过早或过晚引入固体食物、添加过多的维生素制剂、滥用抗生素等。

（二）临床表现

1. 消化系统

消化系统是食物过敏的最先、最常见的累及部位，进食一种或多种食物后，快速出现的胃肠道症状，如口腔瘙痒或出现恶心、腹痛、呕吐、腹泻等，食物引起的过敏很多时候表现为慢性症状，如便秘、腹泻、便秘及腹泻交替出现、拒食或厌食、大便中带血或黏液、肛周红肿等。

2. 上皮组织（皮肤）

当成年人没有意识到食物过敏问题，继续给婴幼儿吃，吸收到孩子体内，可能出现皮疹，如湿疹，湿疹实际晚于消化系统表现。当食物过敏时，皮肤可出现荨麻疹及湿疹，表现为瘙痒、潮红、口周或眼周的血管性水肿或红斑等。

3. 呼吸系统

鼻痒、流涕、慢性咳嗽、打喷嚏、过敏性鼻炎、喘息、哮喘等，严重者还可表现为喉水肿。

4. 心血管系统

多见于年长儿童，甚至可出现全身严重过敏反应，严重者甚至出现过敏性休克或死亡。

5. 其他

头痛、烦躁不安、精神萎靡等其他临床表现。

（三）防治

1. 避免绝对无菌

无论是家庭还是托幼园所的环境都不可能做到完全无菌，肠道与外界环境原本就是相通的环境，故在肠道内需要适度的细菌。适当的细菌可以刺激免疫系统的成熟，同时肠道的正常细菌群的分泌物可以覆盖在肠道缝隙，可减少细小颗粒直接进入人体血液，防止过敏。

2. 避免滥用抗生素

抗生素是一类杀灭细菌的强有效药物，但其弊端是无论好坏一并杀死，一样会导致肠道内正常细菌群被杀死，从而减少对肠道缝隙的保护。

3. 食物的选择

婴幼儿正处于生长发育的时期，对营养物质的需求量大。提倡母乳喂养，根据婴儿体质选择婴儿配方乳粉。辅食添加不早于4个月，母乳喂养的婴儿建议6个月后添加辅食。在添加辅食时，一定要遵循辅食添加的原则，并观察孩子对新食物的接受程度。根据年龄特点选择合适的食物，制作适合婴幼儿消化系统发育程度、避免进食超出其消化能力的食物。通常1岁内的婴幼儿不吃以下几种食物：蛋清（难以被消化）、蛋黄（9个月添加比较安全）、鲜牛奶及鲜奶制品、大豆和花生（容易过敏）、带壳海鲜（壳越厚，过敏性越强）等。

4. 尽量母乳喂养

母乳是赐给新生儿及婴幼儿的最佳食物，也是母体对婴幼儿延续的一种保护，母乳中含有丰富的营养，同时可诱导婴幼儿胃肠道屏障和免疫应答的早期成熟，减少婴幼儿接触各种蛋白的机会，从而降低过敏性疾病发生的风险。根据世界卫生组织的建议，母乳喂养可以到2岁或更长。

5. 尽早发现致敏原

尽早发现并确定致敏原，避免对婴幼儿再次伤害。

6. 对症治疗

当婴幼儿过敏时，消化系统、呼吸系统以及其他系统均会出现一些反应，建议在医疗专业人员的指导下进行药物治疗。对症治疗，治标不治本，要针对原发病进行治疗。

此外，增强体质、强身健体可以预防过敏，因为锻炼可以提高机体免疫力，建立正常的肠道细菌群，避免过敏反应的发生。

本 章 小 结

婴幼儿营养相关疾病主要概述了常见营养不良症（如蛋白质—能量营养不良、缺铁性贫血、肥胖）、常见营养缺乏症（如维生素A缺乏症、维生素D缺乏症、碘缺乏症、锌缺乏症）及常见食物过敏及不耐受（如乳糖不耐受、其他食物过敏）。每一种疾病都是从基本概念、常见病因、主要临床表现和防治措施等几个方面进行描述和分析。

延 伸 学 习

拓展阅读

叶　酸

孕期妇女对叶酸的需求增大，据专家介绍，成年妇女每天须摄入100—200 μg的叶酸，而妊娠期妇女上升为600—800 μg。孕妇常因为膳食结构及饮食习惯问题导致叶酸缺乏。

叶酸对人体的重要营养作用早在1948年即已得到证实，人类（或其他动物）如缺乏叶酸可引起巨红细胞性贫血以及白细胞减少症。此外，研究还发现，叶酸对孕妇尤其重要。如在怀孕后前3个月内缺乏叶酸，可导致胎儿神经管发育缺陷，从而增加裂脑儿、无脑儿的发生率。其次，孕妇摄入足量叶酸，可防止新生儿体重过轻、早产，以及婴儿唇腭裂（兔唇）等先天性畸形。

1. 备孕期：怀孕前的 3 个月建议摄取小剂量叶酸

怀孕前 3 个月建议就要开始服用小剂量叶酸，目的是为使妇女体内的叶酸维持在一定的水平，以保证胚胎早期有一个较好的叶酸营养状态，就能保证怀孕初期的体内叶酸水平。

2. 怀孕后前 3 个月：怀孕后前 3 个月补充小剂量叶酸尤为重要

孕早期（3—6 周）是胎儿中枢神经系统生长发育的关键时期。妊娠第 4 周末胚胎就形成了原始脑泡，这时候胎儿的脑细胞增殖迅速，最易受到致畸因素的影响。因此怀孕后前 3 个月尤为重要。

3. 孕中、后期：仍然须要持续补充小剂量叶酸

在孕中、后期，胎盘组织及红细胞的增加使孕妇对叶酸的需要量大大增加。即使胎儿的神经管畸形不再发生，但孕中、后期叶酸的缺乏仍然会引起巨幼红细胞性贫血、先兆子痫、胎盘早剥的发生。

4. 哺乳期：也应该服用小剂量叶酸

这是因为叶酸有促进骨髓中幼细胞成熟的作用，人类若缺乏叶酸可引起巨红细胞性贫血及白细胞减少症。

急症室故事

急症室镜头回放 1：补钙和多种维生素出现便秘

冬冬已经 6 个多月。由于妈妈乳汁不足，很早就开始给冬冬喂配方奶粉。现在除了每天喝 800 mL 配方奶以外，还添加了 2 次以米粉、蔬菜为主的辅食。近来冬冬经常便秘，爸爸妈妈认为可能是平时给冬冬喝的水不够，可是当我了解了孩子每次排尿情况后，却没有发现缺水的表现。再详细了解孩子的喂养情况，才得知孩子从出生后 15 天开始就每天服用钙和多种维生素制剂。我建议爸爸妈妈先停用钙和多种维生素制剂，3 天后大便形状开始见好。

急症室镜头回放 2：小辉睡眠问题出在哪儿？

小辉出生时体重已达 4 kg。也许是得到了父母高个子的遗传优势，出生后，他的生长发育速度很快。6 月龄时，体重和身高就达到相当于大多数孩子 9—10 月龄的水平。在小辉的喂养上，父母可谓不惜代价，不仅选择了非常好的配方奶粉，而且也及时地给孩子补充了钙粉和维生素 D。他们认为自己的孩子长得快，更需要足够和全面的营养，配方奶粉中营养成分均衡，肯定优于米粉等辅食，应当是最佳选择。因此，对孩子 6 月龄后的辅食添加并没有特别在意。随着孩子一天天长大，他们发现了一个问题：孩子有时会无原因地哭闹，特别是夜里睡觉时，会突然哭醒。而且，这种情况越来越严重。小辉 9 个月时，父母带着他来到了我的急症室。

在小辉的例子中，问题就在于添加辅食不足，以及不适当地补充了钙剂和维生素 D。增加动物蛋白的摄入不仅可以给身体提供充分的蛋白质，还能保证锌、铁等微量营养素的

提供。单独且不适当地补充某种微量营养素（例如，钙、锌、铁等）都将影响人体对其他微量营养素的吸收和利用。

急症室镜头回放 3：奶制品与湿疹

妈妈带 3 岁的小红来健康体检。一进门，小红妈妈就兴奋地告诉我，近来孩子的皮肤光滑多了。湿疹几乎全部消失，孩子也不再受皮肤痒痛的骚扰了。

小红从出生后接受的是母乳与进口配方奶粉混合喂养。出生 1 月起，脸上和头皮就开始出现脱屑样皮疹。抱她时，她会在大人肩膀上蹭；爬着时，脸会在床上蹭，而且，这种情况在逐渐加重。2 个月时，脑枕部明显缺头发（枕秃）。3 个月时，全身几乎所有部位都受到了湿疹的侵扰。由于孩子经常烦躁不安，只能靠含有激素的药膏暂时缓解痒痛。

大家都知道，这种现象与奶制品有关，对于小婴儿，不能停用奶制品。还好，小红已 3 岁，停用奶制品对她的生长发育没有什么影响。随着长大，情况也好转起来。现在，妈妈笑容满面，可当初的烦恼却是别人很难体会的。

学习活动

1. 以小组为单位，组织一次专业实践学习：走访或观摩社区医疗机构、区妇幼保健机构的专家或门诊，学习常见营养性疾病并了解基本家庭护理原则，如何对家长进行指导。学习后各小组进行分享、交流。

2. 跟踪记录学习：跟踪记录身边肥胖儿或其他营养性疾病患儿，描述其基本情况、喂养状况并给家长提出合理性建议。

复习与思考

1. 简述蛋白质—能量营养不良、缺铁性贫血的常见原因、临床表现及防治。

2. 简述婴幼儿维生素 A（或维生素 D）缺乏症、碘（或锌）缺乏症的常见原因、临床表现及防治。

3. 什么是乳糖不耐受？简述其症状及防治措施。

4. 针对食物过敏的婴幼儿，在食物选择上应注意哪些问题？

第七章 婴幼儿食品安全与管理

学习目标

1. 知识目标
（1）了解食物污染的种类、转基因食品的分类、食物中毒的分类。
（2）掌握各种食品的安全管理方法。
（3）熟悉托幼机构食品安全工作规范。
2. 能力目标
学会在日常生活中运用正确的方法，判断食品安全及科学管理食品、食品添加剂。

第一节 食品中的安全隐患

食品安全一直是我们对婴幼儿食品最关心的问题。了解食品污染物和食品安全检测的方法有助于排除食品中的安全隐患。

一、食品污染

食品本身不应含有有毒有害的物质。但是，食品在种植或饲养、生长、收割或宰杀、加工、贮存、运输、销售到食用前的各个环节中，由于环境或人为因素的作用，可能使食品受到有毒有害物质的侵袭而造成污染，使食品的营养价值和卫生质量降低。这个过程就是食品污染。食品污染分为生物性、化学性及物理性污染3类。

（一）生物性污染

生物性污染主要指病原体的污染。细菌、霉菌以及寄生虫卵侵染蔬菜、肉类等食物后，造成的食品污染。这些病原体如下：

1. 微生物

主要包括细菌与细菌毒素、霉菌与霉菌毒素等污染食品。

2. 寄生虫

主要包括虫卵，指病人或病畜的粪便间接或直接污染食品。

3. 昆虫

主要指甲虫、螨类、蛾、蝇、蛆等污染食品。

4. 病毒

主要指肝炎病毒、脊髓灰质炎病毒、口蹄疫病毒等污染食品。

（二）化学性污染

化学性污染是指有害化学物质的污染。在农田、果园中大量使用化学农药，是造成粮食、蔬菜、果品化学性污染的主要原因。这些污染物还可以随着雨水进入水体，然后进入鱼虾体内。化学性污染原因如下：

1. 来自生产、生活和环境中的污染物

如农药、兽药、有毒金属、多环芳烃化合物、N-亚硝基化合物、杂环胺、二噁英、三氯丙醇等。

2. 有害物质渗入食品

食品容器、包装材料、运输工具等中的有害物质溶入食品。

3. 滥用食品添加剂

如滥用亚硝酸盐腌制腊肉，滥用膨化剂制作油条、糕点等，还有滥用防腐剂、杀菌剂、漂白剂、抗氧化剂、甜味剂、调味剂、着色剂等。

4. 食品加工、贮存过程中产生的物质

如酒中有害的醇类、醛类等。

5. 掺假、造假过程中加入的物质

（三）物理性污染

物理性污染是指有杂物污染，污染物可能不会威胁健康，但会影响食品的感官性状或营养价值。物理性污染原因有以下这些。

1. 产、储、运、销过程中的污染物

如粮食收割时混入的草籽、石子等。

2. 掺假、造假

如粮食中掺入的沙石、肉中注入的水等。

3. 放射性污染

如大量的放射性核素被释放到陆地和海洋环境中，引起了植物和海产品的污染。

二、转基因食品

（一）转基因食品的概念

通过基因工程技术将一种或几种外源性基因转移到某种特定的生物体中，并使其有效地表达出相应的产物（多肽或蛋白质）的过程叫转基因。以转基因生物为原料加工生产的食品就是转基因食品。

1983年世界上最早的转基因作物（烟草）诞生，1994年美国孟山都公司转基因食品研制的延熟保鲜转基因西红柿在美国批准上市，转基因食品的研发迅猛发展，产品品种及产量也成倍增长。转基因作为一种新兴的生物技术手段，它的不成熟和不确定性，使得转基因食品的安全性成为人们关注的焦点。

（二）转基因食品的分类

1. 根据转基因食品中是否含有转基因源为标准分类

（1）食品本身不含转基因的转基因食品，是指食品尽管来源于转基因生物，但其产品本身并不会有任何转移来的基因。

（2）转基因食品中确实含有转基因成分，但在加工过程中其特性已发生了改变，转移来的活性的基因不复存在的转基因食品。

（3）转基因食品中确实带有活性的基因成分，人们食用这种转基因生物或食品后，转移来的基因和生物本身固有的基因均会被人体消化吸收的转基因食品。

2. 根据转基因食品来源的不同分类

（1）植物性转基因食品，指以含有转基因的植物为原料的转基因食品。

（2）动物性转基因食品，指以含有转基因的动物为原料的转基因食品。动物的转基因食品，主要是利用胚胎移植技术培养生长速率快、抗病能力强、肉质好的动物或其制品。

（3）微生物转基因食品，指以含有转基因的微生物为原料的转基因食品。转基因微生物食品，主要是利用微生物的相互作用，培养一系列对人类有利的新物种。

三、食品安全的判断方法

托幼机构选购食品，要根据婴幼儿的特点和需要，选择营养丰富、保证热能供给、容易被消化吸收的食物，更重要的是必须确保食物的卫生和新鲜，不被致病微生物和有毒有害物质污染。

为了确保食品安全，选购的食品不应有下列几种情况。

（一）细菌污染和腐烂变质的食物

被细菌污染并引起腐烂变质的食物，是最为常见的有害食物，如鱼、肉、蛋的腐臭、粮食霉变、水果腐烂等。这些腐烂变质食物的营养素被大量破坏，失去了食用价值，给人以难以接受的感官性状，使用后能使人致病。如，腐烂的肉和鱼类中有大量的普通变形杆菌、大肠杆菌、使蛋白质和脂肪分解产生有害物质；又如，粮食霉变产生的黄曲霉素是非常典型的致癌物质。

（二）含亚硝胺和多环芳香烃致癌物的食品

这些物质在腌腊制品、烘烤和熏制的鱼肉中含量较高，经常食用可导致肝癌、食道癌、胃癌等。

（三）天然有毒食物

发绿发芽的马铃薯含有有毒物质龙葵素，食用后引起恶心、呕吐、腹痛、腹泻、脱水等中毒症状。百余种蕈都含有天然毒素，食用后可导致神经麻痹、胃肠道等中毒症状。毒蘑菇毒性成分复杂，中毒表现各异，主要有恶心、呕吐、流涎、流泪、精神错乱、急性贫血、黄疸、脏器损害等，严重者可死亡。食用毒蘑菇中毒症状严重，发病急，死亡率高，目前尚无特效疗法，也没有简单易行的鉴别方法。预防毒蘑菇中毒的根本办法就是不要采食野生蘑菇，以免发生意外，危害身体健康甚至生命安全。

（四）被农药、化肥等污染的食物

农药残留量大的蔬菜、水果，食用后会发生农药中毒。

（五）无生产许可证、无保质期的食物

无食品卫生生产许可证的企业生产的熟食、点心、饮料等；超过保质期的食品；添加了不符合国家卫生标准的食品添加剂、食品防腐剂的食品。

第二节 各类食品卫生、食品添加剂管理

食品在生产、运输、贮存、销售等环节可能受到生物性、化学性及物理性有毒有害物质的污染，威胁人体健康。研究和掌握各类食品及食品加工的卫生学问题和卫生管理要求，有利于采取适当措施，确保食品安全。

一、各类食品的卫生及管理

（一）粮豆类食品的卫生及管理

1. 主要卫生学问题

（1）霉菌及其毒素的污染

粮豆在生长、收获及贮存过程的各个环节均可受到霉菌的污染。当环境温度增高、湿度增大时，霉菌易在粮豆中生长繁殖，分解其营养成分并可能产生霉菌毒素，引起粮豆霉变而导致其感官性状发生改变，营养和食用价值降低。

（2）农药残留

粮豆中农药的残留来自：①防治病虫害和除草时直接施用农药。②通过水、空气、土壤等途径从污染的环境中吸收。③在贮存、运输及销售过程中由于防护不当受到污染等。粮

豆中残留的农药最后可通过食物进入人体。

(3) 有毒有害物质的污染

主要是汞、镉、砷、铅、铬、酚和氰化物。有毒有害物质的来源有：未经处理或处理不彻底的工业废水和生活污水灌溉农田、菜地；某些地区自然环境中本底含量（指自然环境在未受污染情况下，各种环境要素中的化学元素或化学物质的基线含量）过高。一般情况下，有害有机成分经过生物、物理及化学方法处理后可减少甚至清除，但以重金属为主的无机有害成分或中间产物不易降解，生物半衰期长，可通过富集作用严重污染农作物。

(4) 仓储害虫

我国常见的仓储害虫有甲虫（大谷盗、米象和黑粉虫等）、螨虫（粉螨）及蛾类（螟蛾）等50余种。当仓库温度在18℃—21℃、相对湿度在65%以上时，易在原粮、半成品粮豆上孵化虫卵、生长繁殖，使粮豆变质，降低或失去食用价值；当仓库温度在10℃以下时，害虫活动减少。

(5) 其他问题

包括无机夹杂物、有毒种子的污染以及掺假。泥土、砂石和金属是无机夹杂物，可来自田园、晒场、农具和加工机械。麦角、毒麦、麦仙翁籽、槐籽、毛果洋茉莉籽、曼陀罗籽、苍耳子等均是粮豆在农田生长期和收割时混杂的有毒植物种子。销售过程中发现有不法分子在粮豆中掺伪，如新米中掺入霉变米、陈米；米粉和粉丝中加入有毒的荧光增白剂、滑石粉、吊白块等。

2. 粮豆的卫生要求

不同品种粮豆都具有固有的色泽和气味，霉变的不能食用，粮豆制品含水分高，营养成分丰富，若有微生物污染，易引起腐败变质。粮豆制品感官上的变化能灵敏地反映出产品的新鲜度，如新鲜的豆腐块形状整齐、软硬适宜、质地细嫩、有弹性，随着鲜度下降，颜色开始发暗、质地溃散并有黄色液体析出，产品发黏、变酸并有异味，应予注意。豆制品能够存放的时间很短，特别是在夏季，应该选购小包装豆制品并及时冷藏。

(二) 蔬菜、水果的卫生及管理

蔬菜、水果生产的特点有：①生产基地主要集中在城镇郊区。②生产周期短，施用化肥增产效果明显。③组织及食用部分鲜嫩多汁、营养丰富，但容易感染病虫害。④栽培过程中极易受到工业废水、生活污水、农药和塑料等有毒有害物质污染。

1. 蔬菜、水果的主要卫生学问题

(1) 细菌及寄生虫污染

蔬菜、水果在栽培过程中施用人畜粪便和生活污水灌溉，可被肠道致病菌和寄生虫卵污染，国内外都有因生食蔬菜而引起肠道传染病和寄生虫病的报道。另外，在运输、贮藏或销售过程中若卫生管理不当，也可受到肠道致病菌的污染。污染程度与表皮破损有关，一般表皮破损严重的水果大肠杆菌检出率高。水生植物，如红菱、茭白、荸荠等有可能污染姜片虫囊蚴，生吃可导致姜片虫病。

(2) 有害化学物质的污染

农药污染：使用过农药的蔬菜和水果在收获后，常会有一定量的农药残留，残留量大将会对人体产生危害。甲胺磷为高毒杀虫剂,禁止在蔬菜、水果上使用,绿叶菜尤其应该注意这个问题,我国常有鸡毛菜等绿叶蔬菜刚喷洒农药就上市结果造成农药中毒的报道。

工业废水和生活污水污染:工业废水中含有许多有害物质,如镉、铅、汞、酚等。用未经无害化处理的工业废水和生活污水灌溉,可使蔬菜受到其中有害物质的污染。有些地区镉是蔬菜、水果的主要污染物,主要因为使用未经处理的工业废水灌溉所致。

(3)腐败变质和亚硝酸盐含量

蔬菜和水果中含有大量的水分和营养物质,适宜于细菌、霉菌等微生物生长。蔬菜和水果采收后,生命活动仍在进行,储存条件稍有不适,极易腐败变质。正常情况下,蔬菜、水果中的硝酸盐和亚硝酸盐的含量是很少的,但在生长时遇到干旱或收获后不恰当地存放、贮藏和腌制,硝酸盐和亚硝酸盐的量即有所增长,人畜食用后会引起中毒。

2. 蔬菜、水果的卫生要求

(1)选购新鲜的蔬菜和水果并及时食用

新鲜的蔬菜水果不要长期保存,采摘后及时食用营养价值高,而且新鲜、适口。蔬菜、水果水分含量高,组织娇嫩,易损伤和腐败变质,保持蔬菜水果新鲜度的关键是合理贮藏。贮藏条件应根据蔬菜、水果的种类和品种特点而定。应剔除有外伤的蔬菜、水果,一般保存蔬菜、水果的适宜温度是0℃左右,此温度既能抑制微生物生长繁殖,又能防止蔬菜、水果间隙结冰,避免在冰融时因水分溢出而造成蔬菜水果的腐败。

(2)食用新鲜的蔬菜和水果前应确保食品安全

新鲜的蔬菜和水果在生食前应清洗干净或消毒,既要杀灭肠道致病菌及寄生虫卵,又要保护营养素,最好的方法是先在流水中清洗,然后在沸水中进行极短时间的热烫。水果在食用前削皮再吃,为了防止污染及变质,削皮切开的水果应尽快食用。

(三)畜类食品的卫生及管理

畜肉食品包括牲畜的肌肉、内脏及其制品,能供给人体所必需的多种营养素,且吸收好、饱腹作用强,故食用价值高。但肉品易受致病菌和寄生虫的污染,易腐败变质,导致人体发生食物中毒、肠道传染病和寄生虫病。因此,必须加强和重视畜肉的卫生管理。

1. 畜肉食品主要卫生学问题

(1)腐败变质

畜肉在加工和保藏过程中,如果卫生处理不当,往往会发生腐败变质。病畜肉和过度疲劳的畜肉pH值较高(pH=6.8—7.0),在宰杀前即有细菌侵入,这种肉品本身不具备杀菌能力。细菌的生长繁殖,可使畜肉食品迅速分解,引起腐败变质。腐败变质的畜肉不能食用。

(2)病畜肉

根据肉品卫生检验制度,未经检验的肉品不准上市;对新鲜畜肉的感官要求主要从色泽、黏度、弹性、气味和肉汤等方面进行鉴别；改变生食或半生食肉类的饮食习惯；烹调时防止交叉污染，加热要彻底；牲畜若患下列疾病，其肉不能食用。

1）炭疽：是由炭疽杆菌引起的烈性传染病。主要传染食草动物（如牛、羊和马等），其次是猪和犬。人感染炭疽的主要方式是皮肤接触或空气吸入，也可由被污染的食品感染。病畜应焚烧或就地经消毒后深埋。

2）鼻疽：常见于马、驴、骡等的牲畜烈性传染病。人可被感染，病原体为鼻疽杆菌，可经消化道、呼吸道及损伤的皮肤和结膜感染。肉尸的处理同炭疽病。

3）口蹄疫：病原体为口蹄疫病毒，是牛、羊、猪等偶蹄动物的一种急性传染病。病畜表现为体温升高，在口腔黏膜、牙龈、舌面和鼻翼边缘出现水痘或形成烂斑，蹄冠、蹄叉发生典型水泡。口蹄疫是传播速度最快、发病率最高、流行最猛烈的动物传染病之一，凡接触过病畜的工具、衣服、屠宰场所等均应进行严格消毒。

4）猪瘟、猪丹毒、猪出血性败血症：是猪的三大传染病，因病猪抵抗力下降，肌肉和内脏中往往有沙门菌属继发感染，人食用后易引起食物中毒。

5）结核病：是由结核杆菌引起的人畜共患慢性传染病，牛、羊、猪和家禽均可感染。牛型和禽型结核可传染给人。

6）布氏杆菌病：是由布氏杆菌引起的慢性接触性传染病，绵羊、山羊、牛及猪易感，主要经皮肤、黏膜接触传染。雌畜在怀孕期对布氏杆菌最敏感，患病后表现为传染性流产或死胎、阴道炎、子宫炎；雄畜为睾丸炎或附睾炎。

7）囊虫病：病原体在牛、猪体内，当人吃有囊尾蚴的肉后，囊尾蚴在人的肠道内发育为成虫并长期寄生在肠道内，引起人的绦虫病，严重损害人体健康。根据囊尾蚴寄生部位的不同，可分为脑囊尾蚴病、眼囊尾蚴病和肌肉囊尾蚴病。

8）旋毛虫病：由旋毛虫引起，猪、狗等易感。旋毛虫幼虫主要寄生在动物的膈肌、舌肌、心肌、胸大肌和肋间肌等，当人食入含旋毛虫包囊的肉后，约一周幼虫在肠道发育为成虫，并产生大量新幼虫钻入肠壁，随血液循环移行到身体各部位，损害人体健康。人患旋毛虫病与嗜生食或半生食肉类习惯有关。

（3）药物残留

为防治牲畜疫病及提高畜产品的生产效率，经常会使用各种药物，如抗生素、抗寄生虫药、生长促进剂、雌激素等。这些药品不论是大剂量短时间治疗还是小剂量在饲料中长期添加，在畜肉、内脏都会有残留，残留过量会危害食用者健康。

1）抗生素。抗生素在畜类食品中残留对人体的危害包括：经常食用含抗生素残留的畜肉可使人产生耐药性，影响药物的治疗效果；对抗生素过敏的人群具有潜在的危险性；改变人肠道菌群的微生态环境，造成菌群失调，可能造成人体发生条件致病菌感染。

2）生长促进剂和激素。主要作为动物饲料添加剂，以促进动物生长。在使用时亦能在畜体内残留，现已证实有的药物对人体是有危害的。我国农业部已颁布《动物性食品中兽药最高残留限量》，要求合理使用兽药，遵守休药期（即兽、禽停止给药到允许屠宰，或它们的产品如奶、蛋许可上市的间隔期），加强残留量的检测。

3）盐酸克伦特罗（瘦肉精）。盐酸克伦特罗属于拟肾上腺素药物，临床上用于治疗哮喘病。饲料中添加盐酸克伦特罗后可使牲畜和禽类生长速率、饲料转化率、胴体瘦肉率提高10%以上，所以盐酸克伦特罗在作为饲料添加剂销售时，其商品名为"瘦肉精"或"肉多精"。盐酸克伦特罗在体内代谢较慢，添加于饲料中会在畜、禽肌肉，特别是内脏，如肺、肝、肾脏等中残留而引起食用者中毒。

2. 肉制品的卫生学问题

肉制品品种繁多，常见的有干制品（如肉干、肉松等）、腌制品（如咸肉、火腿、腊肉等）、灌肠制品（如香肠、肉肠、粉肠、红肠等）、熟肉制品（如卤肉、肴肉）及各种烧烤制品。在制作熏肉、火腿、香肠及腊肉时，应注意降低多环芳烃的污染，加工腌肉或香肠时应严格限制硝酸盐或亚硝酸盐用量，肉制品加工时，必须保证原料肉的卫生质量。使用的食品添加剂种类及剂量必须符合国家卫生标准，防止滥用添加剂。

（四）禽类食品的卫生及管理

禽肉有两类微生物污染：一类为病原微生物，如沙门菌、金黄色葡萄球菌和其他致病菌，这些菌侵入肌肉深部，食前未充分加热可引起食物中毒或传染病；另一类为假单胞菌等非致病微生物，能在低温下生长繁殖，引起禽肉感官改变甚至腐败变质，在禽肉表面可产生各种色斑。因此，必须加强禽肉的卫生检验，宰前发现病禽应及时隔离、急宰，宰后检验发现的病禽肉尸应根据情况作无害化处理。

（五）蛋类的卫生及管理

1. 鲜蛋

鲜蛋的主要卫生学问题是条件病原微生物（沙门氏菌、金黄色葡萄球菌）和引起腐败变质的微生物污染。

（1）产蛋前污染

禽类（特别是水禽）感染传染病后病原微生物通过血液进入卵巢卵黄部，使蛋黄带有致病菌，如鸡伤寒沙门菌等。

（2）产蛋后污染

蛋壳在泄殖腔、不洁的产蛋场所及运输、贮藏过程中受到细菌污染，在适宜条件下，微生物通过蛋壳气孔进入蛋内并迅速生长繁殖，使禽蛋腐败变质。在贮存过程中，由于酶和微生物的作用，蛋白质分解导致蛋黄移位、蛋黄膜破裂，形成"散黄蛋"。如果条件继续恶化，蛋黄与蛋清混在一起，称为"浑汤蛋"，至此，蛋白质分解形成的硫化氢、胺类、粪臭素等产物使蛋具有恶臭气味。外界霉菌进入蛋内可形成黑斑，称"黑斑蛋"。凡已经腐败变质的蛋不得食用，应予销毁。

此外，不正确地使用抗生素、激素等，也会对禽蛋造成污染。

2. 蛋制品

蛋类制品有冰蛋、蛋粉、咸蛋和皮蛋（松花皮蛋），制作蛋制品不得使用腐败变质的蛋。制作冰蛋和蛋粉应严格遵守有关的卫生制度，采取有效措施防止沙门菌的污染，如打蛋前蛋壳预先洗净并消毒，工具容器也应消毒。制作皮蛋时应注意铅的含量，可采用氧化锌代替氧化铅，使皮蛋内铅含量明显降低。

（六）鱼类食品的卫生及管理

1. 鱼类食品的卫生学问题

（1）腐败变质

鱼类营养丰富，水分含量高，污染的微生物多，且酶的活性高，与肉类相比，更易发生腐败变质。当鱼离开水后很快死亡，鱼死后的变化先呈现僵直。僵直的鱼具有新鲜鱼的良好特征：手持鱼身时尾不下垂，按压肌肉不凹陷、腮紧闭、口不张、体表有光泽、眼球光亮等。鱼体出现腐败，表现为鱼鳞脱落、眼球凹陷、腮呈褐色并有臭味、腹部膨胀、肛门肛管突出、鱼肌肉碎裂并与鱼骨分离。

（2）有害物质及病原微生物、寄生虫的污染

鱼类能在体内蓄积重金属物质，常因生活水域被污染使其体内含有较多的重金属。由于人畜粪便及生活污水的污染，使鱼类及其他水产品受到病原微生物的污染，常见致病微生物有副溶血性弧菌、沙门氏菌、志贺氏菌、大肠杆菌、霍乱弧菌，以及肠道病毒等。海产食品最容易受到副溶血性弧菌的污染，它是引起夏秋季食物中毒常见的原因。鱼类及其他水产品还可受到有机磷、有机氯等农药的污染，淡水鱼受污染程度高于海水鱼。我国常见的鱼类寄生虫有华支睾吸虫、肺吸虫等。

2. 鱼类食品的卫生管理

（1）保鲜措施

鱼处在僵直期时组织状态完整、质量新鲜。鱼的保鲜就是要抑制鱼体组织酶的活力和防止微生物的污染并抑制其繁殖，使自溶和腐败延缓发生。有效的措施是低温、盐腌、防止微生物污染和减少鱼体损伤。

（2）运输销售过程的卫生要求

鱼类在运输销售时应达到规定的鲜度，尽量冷冻调运，减少鱼体损伤。不得出售和加工已死亡的黄鳝、甲鱼、乌龟、河蟹及各种贝类等水产品；含有天然毒素的水产品，如鲨鱼等必须去除肝脏，河豚鱼不得食用。凡青皮红肉的鱼类，如鲐鱼、金枪鱼、秋刀鱼、沙丁鱼等易分解产生大量组胺，食用后发生食物中毒，购买时应注意鲜度质量。

（3）鱼类制品的卫生要求

制备咸鱼的原料应为良质鱼，使用食盐制作，氯化钠含量应在95%以上。制作鱼松的原料鱼质量必须得到保证，色泽正常，无异味。

（七）奶及奶制品的卫生及管理

1. 奶及奶制品的主要卫生问题

奶类食品的主要问题是微生物污染和有毒有害物质污染等。

（1）奶中存在的微生物

一般情况下，刚挤出的奶中存在少量的微生物，这些微生物主要来自乳房、空气和水，即便是在理想的条件下挤出的奶也不会是无菌的。但奶中的乳素具有抑制细菌生长的作用，其抑菌作用的时间与奶中存在的菌量和存放的温度有关。当菌数多、温度高时，抑菌时间就短。因此，奶挤出后应及时冷却，否则微生物会大量繁殖，致使奶腐败变质。

（2）致病菌对奶的污染

1）挤奶前的污染。主要是动物本身的致病菌，通过乳腺进入奶中。常见的致病菌有牛型结核杆菌、布氏杆菌、口蹄疫病毒、炭疽及能引起乳房炎的葡萄球菌等，它们均能引起人畜共患疾病。

2）挤奶后的污染。包括挤奶时奶挤出后到食用前的各个环节都有可能受到的污染，致病菌主要来自带菌的手、挤奶用具、容器、空气和水及畜体表面，常见的致病菌有伤寒杆菌、副伤寒杆菌、痢疾杆菌、及溶血性链球菌等。

（3）奶及奶制品的有毒有害物质残留

病牛使用抗菌素，饲料中霉菌的有毒代谢产物、残留农药、重金属、放射性核素等对奶的污染，也应引起重视。

（4）掺伪、非法添加

不法分子在牛奶中加水，还会掺入盐、明矾、石灰水等，有的为了增加比重，有的为了中和牛奶的酸度掩盖牛奶变质，甚至加入防腐剂。2008年我国三聚氰胺污染奶粉导致重大公共卫生事件，此事件是由于不法奶农为获取更多的利润向鲜牛奶中掺入三聚氰胺。婴幼儿进食污染奶粉后发生泌尿系统结石，并导致肾功能损害，严重的病例最终会肾功能衰竭，甚至死亡。据统计，因食用含三聚氰胺污染奶粉的婴幼儿去医院检查的达数万人，临床诊断泌尿系统结石患儿6000多人，并有肾功能损害和死亡病例。

2. 奶及奶制品的消毒方法及卫生要求

（1）奶及奶制品消毒

鲜奶必须经过消毒才能食用，消毒方法一般采用：

1）低温长时间巴氏消毒法：将奶加热到62℃，保持30分钟。

2）高温短时间巴氏消毒法：75℃加热15秒或80℃—85℃加热10秒—15秒。

3）超高温瞬间灭菌法：在135℃，保持2秒。

4）煮沸消毒法：将奶直接加热煮沸，保持10分钟。方法简单但对奶的理化性质和营养成分有影响，且煮沸时泡沫部分温度低而影响消毒效果。若泡沫层温度提高3.5℃—4.2℃可保证消毒效果。

5）蒸汽消毒法：将瓶装生奶置蒸汽箱或蒸笼中加热至蒸汽上升后维持10分钟，奶温可达85℃，该法奶的营养损失小，适于在无巴氏消毒设备的条件下使用。

（2）奶制品的卫生要求

乳制品包括炼乳、各种奶粉、酸奶、复合奶、奶酪和含奶饮料等。为提高乳品的卫生质量，维持居民身体健康，我国制定了《乳与乳制品的卫生管理办法》，保证乳品卫生标准的切实执行。如在乳和乳制品管理办法中规定，乳汁中不得掺杂、掺假；乳制品使用的添加剂应符合《食品添加剂使用卫生标准》，用作酸奶的菌种应纯良、无害；乳制品包装必须严密完整，并注明品名、厂名、生产日期、批号、保存期限及食用方法，包装外食品标签必须与内容相符，严禁伪造和假冒。

1）全脂乳粉：感官性状应为浅黄色、具有纯正的乳香味、干燥均匀的粉末，经搅拌可迅速溶于水中不结块。全脂乳粉卫生质量应达到《乳粉卫生标准》（GB 19644-2005）的要求，当有苦味、腐败味、霉味、化学药品和石油等气味时禁止食用，作废弃品处理。

2）炼乳：为乳白色或微黄色、有光泽、具有牛乳的滋味、质地均匀、黏度适中的黏稠液体。酸度（°T）≤ 48，奶中重金属铅 ≤ 0.5 mg/kg，铜 ≤ 4 mg/kg，锡 ≤ 10 mg/kg，微生物指标应达到《奶油、稀奶油卫生标准》（GB 19646-2005）的要求。

3）酸奶：呈乳白色或稍带微黄色，具有纯正的乳酸味，凝块均匀细腻，无气泡，允许少量乳清析出。制果味酸牛奶时允许加入各种果汁，加入的香料应符合食品添加剂使用卫生标准的规定。酸牛奶在出售前应贮存在2℃—8℃的仓库或冰箱中，贮存时间不应超过72小时。当酸奶表面生霉、有气泡和大量乳清析出时不得出售和食用。详见《酸乳卫生标准》（GB 19302-2003）。

4）奶油：正常奶油为均匀一致的乳白色或浅黄色，组织状态微柔软、细腻、无孔隙、无析水现象，具有奶油的纯香味。凡有霉斑、腐败、异味（苦味、金属味、鱼腥味等）均作废品处理。其他理化指标、微生物指标应达到《奶油、稀奶油卫生标准》（GB 19646-2005）要求。

二、食品添加剂及其管理

（一）食品添加剂概况

食品添加剂是为改善食品品质和保持色、香、味，以及为防腐和加工工艺的需要而加入食品中的化学合成或者天然物质。食品产品中使用食品添加剂是现代食品加工生产的需要，对于防止食品腐败变质，保证食品供应，繁荣食品市场，满足人们对食品营养、质量以及色、香、味的追求，起到了重要作用。合理使用食品添加剂可以改善食品的组织状态、增强食品的口感，在食品生产日益社会化和规模化的今天，食品添加剂对食品生产来说已不可或缺。

我国目前批准使用的食品添加剂有2000种左右，按照功能分成23个类别，如防腐剂、膨松剂、香料（香精）、着色剂（色素）等，此外还有加工助剂、营养强化剂等。

据食品添加剂行业协会统计，2010年全国食品添加剂产量在710万吨左右，同比增长约11%，产品销售额约720亿元，同比增长12.5%，出口创汇约32亿美元。

（二）食品添加剂管理情况

目前，国内外均允许使用食品添加剂，我国与国际食品法典委员会和其他发达国家的管理措施基本一致，有一套完善的食品添加剂监督管理和安全性评价制度。列入我国国家标准的食品添加剂，均进行了安全性评价，并经过食品安全国家标准审评委员会食品添加剂分委会严格审查，公开向社会及各有关部门征求意见，确保其技术必要性和安全性。

（三）使用食品添加剂的目的

保持或提高食品本身的营养价值；作为某些特殊膳食用食品的必要配料或成分；提高食品的质量和稳定性，改进其感官特性；便于食品的生产、加工、包装、运输或者贮藏。

（四）食品添加剂使用时应符合以下基本要求

不应对人体产生任何健康危害；不应掩盖食品腐败变质；不应掩盖食品本身或加工过程中的质量缺陷或以掺杂、掺假、伪造为目的而使用食品添加剂；不应降低食品本身的营养价值；在达到预期效果的前提下尽可能降低在食品中的使用量。

（五）食品添加剂的种类

食品添加剂按功能用途分为很多类别，不同种类的食品添加剂功能、用途、适用范围和限量都有不同的规定。

1. 酸度调节剂

是指用以维持或改变食品酸碱度的物质。这类物质通过调节食品或食品加工过程中的 pH，从而改善食品的感官性状，增加食欲，并具有防腐和促进体内钙、磷物质消化吸收的作用。

我国现已批准使用的酸度调节剂有 20 余种，如枸橼酸、乳酸、酒石酸、苹果酸等。有机酸大多存在于天然食品中，均能参与体内代谢，故它们的毒性很低。

2. 抗氧化剂

是指能防止或延缓油脂或食品成分氧化分解、变质，提高食品稳定性的物质。食品中因含有大量脂肪（特别是多不饱和脂肪酸），容易氧化酸败。因此，通常在食品工业的腌制和浸渍过程中，加入抗氧化剂来延缓或防止油脂及富脂食品的氧化酸败（"常用抗氧化剂"见本章拓展阅读）。

3. 漂白剂

是指能够破坏、抑制食品的发色因素，使其褪色或使食品免于褐变的物质。常用漂白剂：二氧化硫，常用于烘炒食品、银耳、干黄花菜、蜜饯食品等。亚硫酸盐类，常用于蜜饯中。硫磺，在我国规定硫磺仅限用于水果干类、蜜饯凉果、干制蔬菜、经表面处理的鲜食用菌和藻、粉丝、粉条和食糖。

4. 着色剂

是指使食品赋予色泽和改善食品色泽的物质。这类物质本身具有色泽，故又称为色素。按其来源和性质可分为天然色素和合成色素两类。

（1）**天然色素**

是指来自天然物质（主要是来源于动植物或微生物代谢产物），利用一定的加工方法所获得的有机着色剂。如红曲米、焦糖色、甜菜红、虫胶红（紫胶红）、番茄红素、β-胡萝卜素等。

（2）合成色素

主要指用人工合成的方法从煤焦油中制取或以苯、甲苯、萘等芳香烃化合物为原料合成的有机色素，故又称为煤焦油色素或苯胺色素。我国允许使用的合成色素有：苋菜红、胭脂红、赤鲜红、诱惑红、新红、柠檬黄、日落黄、亮蓝、靛蓝以及二氧化钛等共20余种。

5. 护色剂（又称发色剂）

是指能与肉及肉制品中呈色物质作用，使之在食品加工、保藏等过程中不致分解、破坏，呈现良好色泽的物质。

我国允许使用的护色剂有：硝酸钠（钾）、亚硝酸钠（钾）、葡萄糖酸亚铁、D-异抗坏血酸及其钠盐7种。常用的护色剂是（亚）硝酸盐。

6. 各类酶制剂

是指由动物或植物的可食或非可食部分直接提取，或由传统或通过基因修饰的微生物（包括但不限于细菌、放线菌、真菌菌种）发酵、提取制得，用于食品加工，具有特殊催化功能的生物制品。主要用于加速食品加工过程和提高食品产品质量。如谷氨酰胺转氨酶、木瓜蛋白酶、α-淀粉酶。

7. 增味剂

是指补充或增强食品原有风味的物质。增味剂可能本身并没有鲜味，但却能增加食物的天然鲜味。常用的有谷氨酸钠（又名味精）、核苷酸增味剂等。

8. 防腐剂

是指防止食品腐败变质、延长食品储存期的物质（"常用防腐剂"见本章拓展阅读）。

9. 甜味剂

是指赋予食品以甜味的物质。甜味剂是世界各地使用最多的一类添加剂，在食品工业中具有十分重要的地位。

我国允许使用的甜味剂有甜菊糖苷、糖精钠、环己基氨基磺酸钙（甜蜜素）、天门冬酰苯丙氨酸甲酯（阿斯巴甜）、乙酰磺胺酸钾（安赛蜜）、甘草、木糖醇、麦芽糖醇等20余种。使用的范围有腌渍蔬菜、饮料、蜜饯凉果、冷饮、糕点、饼干、面包、坚果、配制酒等。

（六）合理使用食品添加剂

合理使用食品添加剂是指符合食品安全国家标准对其使用范围及使用量的要求，且符合食品添加剂的使用原则。目前没有出现合理使用食品添加剂造成健康损害的案例。

超出国家规定的使用范围（比如染色馒头里面的柠檬黄），或者超出国家规定的使用量（也就是常说的超标），或者违背食品添加剂使用原则（比如用香精腌渍鸭肉伪造牛羊肉），都属于滥用食品添加剂。

如果添加的物质不在国家标准允许的范围内，就属于违法添加行为，例如苏丹红事件、台湾塑化剂事件、三聚氰胺事件；使用工业级产品也属此列，例如工业明胶、工业柠檬酸、工业硫酸铜等。

（七）婴幼儿膳食应避免使用食品添加剂

婴幼儿处于生长发育的重要时期，在食物加工中应该避免使用食品添加剂，尽量采用新鲜的食物，减少预包装食品的摄入。在食品加工时利用食物本身的红、黄、绿等色彩进行搭配，通过食材漂亮的颜色引起幼儿的食欲。3岁以下儿童应该控制零食的摄入。零食以天然食物为主，如牛奶、酸奶、水果、蛋糕、牛肉干等，口味以清淡为佳。不宜选用那些口味很重添加很多调味品的零食，如蜜饯、膨化食品、果冻等。

第三节　食物中毒

食物中毒是食品安全问题危害人体健康甚至生命的典型事件。

一、食物中毒的分类

（一）食物中毒的概念

食物中毒（food poisoning）系指摄入含有生物性、化学性有毒有害物质的食品或把有毒有害物质当作食品摄入后出现的非传染性的急性、亚急性疾病。

食物中毒属食源性疾病的范畴，是食源性疾病中最为常见的疾病。食物中毒既不包括因暴饮暴食而引起的急性胃肠炎、食源性肠道传染病（如伤寒）和寄生虫病（如旋毛虫），也不包括因一次大量或长期少量多次摄入某些有毒、有害物质而引起的以慢性毒害为主要特征（如致癌、致畸、致突变）的疾病。

（二）引起食物中毒的食品

被致病菌和（或）毒素污染的食品；被有毒化学品污染的食品；外观与食物相似而本身含有有毒成分的物质，如毒蕈；本身含有有毒物质，而加工、烹调不当未能将毒物去除的食品，如河豚鱼；由于贮存条件不当，在贮存过程中产生有毒物质的食品，如发芽的马铃薯、霉变粮食等。

（三）食物中毒的发病特点

食物中毒发生的原因各不相同，但发病具有如下共同特点：

1. 发病急，呈爆发性

发病潜伏期短，来势急剧，呈爆发性，短时间内可能有多数人发病，发病曲线呈突然上升又很快下降趋势，没有传染病发病曲线所出现的余波。

2. 发病与食物有关

发病与食物有关，病人有食用同一污染食物史；流行波及范围与污染食物供应范围相一致；停止污染食物供应后，流行即告终止。

3. 有中毒临床症状

中毒病人临床表现基本相似，以恶心、呕吐、腹痛、腹泻等胃肠道症状为主。

4. 人与人之间无直接传染

这些特点对诊断食物中毒有重要意义。

(四)食物中毒的流行病学特点(以2015年国家卫计委食物中毒统计数据为例)

1. 发病的季节性特点

食物中毒发生的季节性与食物中毒的种类有关,细菌性食物中毒主要发生在5—10月,化学性食物中毒全年均可发生。第三季度(7—9月)食物中毒事件报告起数和死亡人数最多,分别占全年食物中毒事件总报告起数和总死亡人数的43.8%和62.8%。8月份食物中毒事件报告起数和死亡人数最多,分别占全年食物中毒事件总报告起数和总死亡人数的20.1%和33.1%。第二季度(4—6月)食物中毒人数最多,占全年食物中毒总人数的29.6%。5月份食物中毒人数最多,占全年食物中毒总人数的16.0%。

2. 发病的地区性特点

绝大多数食物中毒的发生有明显的地区性,如我国东南沿海省区多发生副溶血性弧菌食物中毒,肉毒中毒主要发生在新疆等地区,霉变甘蔗中毒多见于北方地区,等等。

3. 食物中毒事件原因特点

在我国引起食物中毒的原因分布每年均有所不同。但据国家卫生计生委2015年的全国食物中毒的统计资料表明,2015年微生物性食物中毒事件的中毒人数最多,主要致病因子为沙门氏菌、副溶血性弧菌、蜡样芽孢杆菌、金黄色葡萄球菌及其肠毒素、致泻性大肠埃希氏菌、肉毒毒素等。有毒动植物及毒蘑菇引起的食物中毒事件报告起数和死亡人数最多,病死率最高,是食物中毒事件的主要死亡原因,主要致病因子为毒蘑菇、未煮熟四季豆、乌头、钩吻、野生蜂蜜等,其中,毒蘑菇食物中毒事件占该类食物中毒事件报告起数的60.3%。化学性食物中毒事件的主要致病因子为亚硝酸盐、毒鼠强、克百威、甲醇、氟乙酰胺等,其中,亚硝酸盐引起的食物中毒事件9起,占该类事件总报告起数的39.1%,毒鼠强引起的食物中毒事件4起,占该类事件总报告起数的17.4%。

4. 食物中毒发生场所分布特点

发生在家庭的食物中毒事件报告起数及死亡人数最多,病死率最高,为7.9%,误食误用毒蘑菇和化学毒物是家庭食物中毒事件死亡的主要原因。农村自办家宴引起的食物中毒事件20起,中毒1055人,死亡13人,分别占家庭食物中毒事件总报告起数、总中毒人数和总死亡人数的25.3%、81.1%和12.6%。发生在集体食堂的食物中毒事件中毒人数最多,主要原因是食物污染或变质、加工不当、储存不当及交叉污染等。学校集体食堂是学生食物中毒事件发生的主要场所。

(五)食物中毒的分类

按病原物分类,一般可将食物中毒分为5类。

1. 细菌性食物中毒

指摄入含有细菌或细菌毒素的食品而引起的食物中毒。细菌性食物中毒是食物中毒中最多见的一类,发病率通常较高,但病死率较低。发病有明显的季节性,5—10月最多。

细菌性食物中毒

2014年5月27日下午,海南省海口市演丰镇一家私立幼儿园,陆续有孩子出现呕吐、腹泻及肚子疼等症状。值班老师将身体不适的幼儿送往海口市演丰镇卫生院检查。其间,园内又有其他幼儿出现类似症状。海口卫生部门对幼儿园食物、食材及幼儿排泄物进行了取样。海口市食药监局对幼儿中午食用的食物残留标本100余份进行了取样封存,送至监测机构进行检测化验和分析。同时,海口市疾控中心进行了流行病学调查,海口市美兰公安分局、演丰派出所也已介入展开调查。

根据流行病学调查和患者的主要临床表现,判定为一起疑似细菌性食物中毒事件。在接诊的97名患者当中,符合疑似食物中毒病例定义的为69名。

2. 真菌及其毒素食物中毒

指食用被真菌及其毒素污染的食物而引起的食物中毒。中毒发生主要由被真菌污染的食品引起,用一般烹调方法加热处理不能破坏食品中的真菌毒素,发病率较高,死亡率也较高,发病的季节性及地区性均较明显,如霉变甘蔗中毒常见于初春的北方。

3. 动物性食物中毒

指食用动物性有毒食品而引起的食物中毒。发病率及病死率较高。引起动物性食物中毒的食品主要有2种:①将天然含有有毒成分的动物当作食品。②在一定条件下产生大量有毒成分的动物性食品。我国发生的动物性食物中毒主要是河豚鱼中毒,近年来其发病有上升趋势。

4. 有毒植物中毒

指食用植物性有毒食品引起的食物中毒,如含氰贰果仁、木薯、菜豆、毒蕈等引起的食物中毒。发病特点因引起中毒的食品种类而异,如毒蕈中毒多见于春、秋暖湿季节及丘陵地区,多数病死率较高。

5. 化学性食物中毒

指食用化学性有毒食品引起的食物中毒。发病的季节性、地区性均不明显,但发病率和病死率均较高,如有机磷农药、鼠药、某些金属或类金属化合物、亚硝酸盐等引起的食物中毒。

二、食物中毒的预防

1. 做好食品卫生监督和食堂卫生,禁止食用病死禽畜肉或其他变质肉类。醉虾、腌蟹等最好不吃。

2. 冷藏食品应保质、保鲜,动物食品食前应彻底加热煮透,隔餐剩菜食前也应充分加热。

3. 烹调时要生熟分开,避免交叉污染。

4. 腌腊罐头食品，食前应煮沸 6—10 分钟。

5. 禁止食用毒蕈、河豚等有毒动植物。

6. 炊事员、保育员有沙门菌感染或带菌者，应调离工作，待 3 次大便培养阴性后才可返回原工作岗位。

第四节　托幼机构食品安全管理

托幼机构食品的科学管理是保证婴幼儿食品安全的重要保障。要依法、标准操作与管理，确保婴幼儿身体健康。

一、食品安全法律法规

托幼机构食堂应当按照《中华人民共和国食品安全法》（2015 年）、各地区的《食品安全法实施条例》，以及《餐饮服务许可管理办法》《餐饮服务食品安全监督管理办法》《学校食堂与学生集体用餐卫生管理规定》等有关法律法规和规章的要求，取得《餐饮服务许可证》，建立健全各项食品安全管理制度。

二、托幼机构食品安全基本设施要求

食堂按照《餐饮服务许可审查规范》建设，必须获得《餐饮服务许可证》。

托幼机构内应设置区域性餐饮具集中清洗消毒间，消毒后有保洁存放设施。应当配有食物留样专用冰箱，并有专人管理。煮沸消毒时水要浸没食具，水开后要煮 5 分钟。用流动蒸汽消毒，送蒸汽后应有 20 分钟，消毒时的温度达 95℃。

炊事人员与儿童配备比例：提供每日三餐一点的托幼机构应当达到 1∶50，提供每日一餐二点或二餐一点的应当达到 1∶80。

托幼机构的厨房应有合乎卫生要求的工作面积，厨房应有排烟、排气、防尘、防蝇、防鼠、防蟑螂的设备。厨房应有提供清洁水源和排除污水的设施。生熟食品分开存放，生熟刀案严格分开。

厨房应有垃圾和无害化处理的设施，能及时处理废物，防止害虫滋生和臭气产生。

三、托幼机构食品加工过程管理

托幼机构食堂在食品加工过程中，要尽量保存食物中的营养素，使婴幼儿能从定量的

食物中得到尽可能多的营养素;通过拣、洗、烧等烹调制备过程,改变食物的组织结构,杀菌去毒,增加色、香、味,有利于婴幼儿的消化吸收。

1. 食物的烹调制备要减少营养素的损失,保留最高的营养成分

米经过淘洗,维生素 B_1 的损失可达到 40%—60%,蛋白质、脂肪、无机盐也都有损失。因此淘米时要用冷水,不要用力搓米,淘米次数要少,以减少营养素的流失。做饭、烧粥和制作面食时不要放碱,以免 B 族维生素受损。

蔬菜要先洗后切,否则维生素 C 会大量损失,切后在水中浸洗时间越长,维生素 C 损失越多。蔬菜要切后就炒,急火快炒,都可以减少营养素的损失。煮菜要少放水,水沸后放菜,以缩短煮菜的时间。

加工动物性食物要尽量切得细、薄,用急火快炒,可拌少量淀粉,使表面凝结,减少维生素的损失。

使用不同材料的炊具也会影响食物中营养素保存。如用铝锅烹调食品,维生素 C 损失最少。

2. 食物的烹调制备要避免有害物质的产生或去除有毒有害物质

托幼机构烹调制备食物要避免采用烘烤、烟熏的方法。这类方法会使食物中的蛋白质、脂肪和碳水化合物焦化,产生变性氨基酸、苯并芘和有毒的多环芳香烃等致癌物质。

生豆浆含有皂素、抗胰蛋白酶等有害物质,对胃肠道有刺激性。可引起恶心、呕吐、腹泻等症状。生豆浆加热到 80℃ 左右时可出现假沸现象,虽有泡沫,但是有害物质未被破坏。因此,在煮豆浆时,泡沫上溢时可改用小火煮,煮开煮透后方可食用。四季豆也含皂素、抗胰蛋白酶等,食用前应将四季豆用清水浸泡,然后烧熟煮透,使有毒物质得到破坏。

要避免用铁锅煮酸性食物,或用铁器盛醋、酸梅汤、山楂汁等食物,因为酸会溶解出大量的铁,食用后可导致呕吐、腹痛、腹泻等中毒症状。

3. 食物的烹调制备要使食品具有良好的感官性状,能增进食欲,促进胃肠对食物的消化吸收

婴幼儿进餐时有旺盛的食欲,才能使食物被充分地消化吸收。由于婴幼儿对食物的色、香、味、形都比较敏感,因此要通过对食物的烹调加工,使食品具有良好的感官性状,充分调动起婴幼儿的食欲。

婴幼儿的口腔较小,口腔黏膜薄嫩,容易受损伤。因此,托幼机构给婴幼儿提供的食物不可过烫过硬。婴幼儿的胃容积较小,胃壁的肌肉层和弹性纤维发育还不完善,蠕动能力较差,胃液中的胃酸和酶的强度都较低,因此,烹调制备的食品要碎、细、软、烂,不要让婴幼儿食用有浓烈调味和刺激性食品。婴幼儿干细胞发育还不成熟,分泌胆汁少,对脂肪消化的能力较弱,不宜让他们经常食用过分油腻的食品和油炸食品。

4. 食品加工过程中,食品从业人员工作时必须穿工作服,工作帽要能包盖头发,戴好口罩

食品从业人员要注意保持个人卫生,勤洗头、勤换衣服和勤剪指甲。上班前、大小便后要洗手,如厕前要脱去工作服。在烧菜、分菜时不直接从食具中取食物尝味,也不对着食物

咳嗽、打喷嚏或说话。

四、托幼机构食品安全工作规范

托幼机构应当为儿童提供符合国家《生活饮用水卫生标准》的生活饮用水。保证儿童按需饮水。每日上、下午各 1—2 次集中饮水，1—3 岁幼儿饮水量 50—100 mL/次，3—6 岁儿童饮水量 100—150 mL/次，而且喝水是随时的，并根据季节变化酌情调整饮水量。

儿童膳食应当专人负责，建立有家长代表参加的膳食委员会并定期召开会议，进行民主管理。工作人员的膳食与儿童膳食要严格分开，儿童膳食费专款专用，账目每月公布，每学期膳食收支盈亏不超过 2%。

儿童食品应当在具有《食品生产许可证》或《食品流通许可证》的单位采购。食品进货前必须采购查验及索票索证，托幼机构应建立食品采购和验收记录。

儿童食堂应当每日清扫、消毒，保持内外环境整洁。食品加工用具必须生熟标识明确、分开使用、定位存放。餐饮具、熟食盛器应在食堂或清洗消毒间集中清洗消毒，消毒后保洁存放。库存食品应当分类、注有标识、注明保质日期、定位储藏。

禁止加工变质、有毒、不洁、超过保质期的食物，不得制作和提供冷荤凉菜。留样食品应当按品种分别盛放于清洗消毒后的密闭专用容器内，在冷藏条件下存放 48 小时以上；每样品种不少于 100 g 以满足检验需要，并做好记录。

进餐环境应当卫生、整洁、舒适。餐前做好充分准备，按时进餐，保证儿童情绪愉快，培养儿童良好的饮食行为和卫生习惯。

本 章 小 结

食品污染物主要有生物性、化学性和物理性污染三大类。转基因食品作为一种新型的生物技术手段，其安全性成为人们关注的焦点。托幼机构选购食品，除了考虑食品的营养素和能量供应外，更要确保食品的卫生与新鲜、无污染，并依法标准操作与管理食品，保证婴幼儿食品安全。

延 伸 学 习

 **拓展阅读**

常用抗氧化剂

丁基羟基茴香醚（BHA）：我国规定 BHA 适用于食用油脂、油炸食品、饼干、方便面、方便米制品、果仁罐头、腌腊肉制品等。

二丁基羟基甲苯（BHT）：我国规定 BHT 适用于食用油脂、油炸食品、饼干，最大使用量为 0.2 g/kg。

没食子酸丙酯（PG）：我国规定 PG 适用于食用油脂、油炸食品、饼干、方便面、方便米制品、果仁罐头、腌腊肉制品、干水产品、膨化食品等。

特丁基对苯二酚（TBHQ）：我国规定 TBHQ 适用于食用油脂、油炸食品、饼干、方便面、方便米制品、果仁罐头、腌腊肉制品、干水产品、膨化食品等。

L-抗坏血酸类：是一种抗氧化营养素，可以保护维生素 A、维生素 E 及其他多种天然抗氧化剂免受氧化破坏。

各类防腐剂

苯甲酸、山梨酸及其钠盐：主要用于碳酸（果汁）饮料、低盐酱菜、酱类、蜜饯、葡萄酒、果酒、软糖、酱油、食醋、肉制品等多种食品中。

丙酸及其盐类：丙酸盐主要用于面包、糕点类食品，对控制面包生霉和发黏非常有效，但是对于酵母菌基本无影响。丙酸还可以直接用于处理水果、蔬菜。

羟基苯甲酸乙酯用于酱油、酱制品、食醋、糕点馅、热凝固蛋制品、果蔬保鲜、碳酸饮料等。

乳酸链球菌素：在食用菌、藻类罐装食品、酱油、复合调味料、肉制品和乳制品中使用。

绿 色 食 品

绿色食品（green food）是遵循可持续发展原则，按照绿色食品标准生产，经过专门机构认定，许可使用绿色食品标志的无污染、安全、优质、营养类食品。绿色食品必须同时符合下列条件：①产品或产品原料的产地必须符合绿色食品的生态环境标准。②农作物种植、畜禽饲养、水产养殖及食品加工必须符合绿色食品的生产操作规程。③产品必须符合绿色食品的质量和卫生标准。④产品外包装必须符合国家食品标签通用标准，符合绿色食品特定的包装、装潢和标签规定。

图 7-1　绿色食品标志

绿色食品分为 AA 级和 A 级两个技术等级。AA 级绿色食品是指产地环境质量符合《绿色食品产地环境技术条件》（NY/T391），生产过程中不使用化学合成的农药、肥料、兽药、食品添加剂、饲料添加剂及其他有害于环境和人体健康的物质，按有机农业生产方式生产，产品质量符合绿色食品产品标准，经专门机构认定，许可使用 AA 级绿色食品标志的产品。A 级绿色食品是指产地环境质量符合 NY/T391，生产过程中严格按照绿色食品生产资料使用准则和生产操作规程的要求，限量使用限定的化学合成生产资料，产品质量符合绿色食品产品标准，经专门机构认定，许可使用 A 级绿色食品标志的产品。

绿色食品的标志图形由 3 部分组成，即上方的太阳、下方的叶片和中心的蓓蕾。标志为圆形，意为保护、安全。AA 级绿色食品标志与标准字体为绿色，底色为白色。A 级绿色食品标志与标准字体为白色，底色为绿色。绿色食品标志作为一种特定产品质量的证明商标，经国家工商行政管理局批准注册，其商标专用权受《商标法》保护。

有 机 食 品

有机食品（organic food）指来自有机农业生产体系，根据有机农业生产规范生产加工，并经独立的认证机构认证的农产品及其加工产品等。有机农业是指在动植物生产过程中不使用化学合成的农药、化肥、饲料调节剂、饲料添加剂等物质，以及基因工程生物及其产物，而是遵循自然规律和生态学原理，采取一系列可持续发展的农业技术，协调种植业和养殖业的平衡，维持农业生态系统持续稳定的一种农业生产方式。有机食品与绿色食品、无公害食品比较，其安全质量要求更高，AA级绿色食品在标准上与有机食品类似。

有机食品生产加工中，要求原料应来自有机农业生产体系，不得使用基因工程生物及产品，不得使用人工合成的食品添加剂，加工用水应符合《有机（天然）食品加工用水质量标准》。生产过程中严格按照《有机（天然）食品生产和加工技术规范》的要求操作，不得使用能改变原料成分分子结构或发生化学变化的处理方法，洗消剂应为无污染的天然物质。包装材料、仓储等必须符合有关的标准和规定。

认证标志分为中国有机产品认证标志和中国有机转换产品认证标志两种。

中国有机产品认证标志　　　　中国有机转换产品认证标志

图 7-2

学习活动

1. 参观：举办一次托幼机构食堂的参观活动，在参观过程中观察托幼机构食堂幼儿食用的食物，观察食堂中可能引起食物中毒的因素，检查食堂管理过程中可能存在的问题。

2. 小组讨论：针对食堂食品安全管理的现状，如何保证食堂的食品管理更安全？

复习与思考

1. 食品中的安全隐患有哪些？
2. 什么是食物中毒？如何预防食物中毒？
3. 托幼园所食品安全工作规范有哪些？
4. 简述各类食品的卫生要求。

参 考 文 献

[1] 大 J. 跟美国儿科医生学育儿[M]. 第 1 版. 北京：中国妇女出版社，2017.

[2] 中国营养学会. 中国居民膳食指南[M]. 第 1 版. 北京：人民卫生出版社，2016.

[3] 孙长颢. 营养与食品卫生学[M]. 第 7 版. 北京：人民卫生出版社，2015.

[4] 桂永浩，薛辛东. 儿科学[M]. 第 3 版. 北京：人民卫生出版社，2015.

[5] 李海芸，江琳. 幼儿营养与幼儿园膳食管理[M]. 第 1 版. 北京：北京师范大学出版集团，2015.

[6] 毛萌，李廷玉. 儿童保健学[M]. 第 3 版. 北京：人民卫生出版社，2015.

[7] 蒋竞雄. 儿童早期发展系列教材之五：婴幼儿营养与体格生长促进[M]. 第 1 版. 北京：人民卫生出版社，2014.

[8] 中国营养学会. 中国居民膳食营养素参考摄入量（2013 版）[M]. 第 1 版. 北京：中国标准出版社，2014.

[9] 石淑华，戴耀华. 儿童保健学[M]. 第 3 版. 北京：人民卫生出版社，2014.

[10] 兰贯虹. 育婴员实训教程[M]. 第 1 版. 北京：海洋出版社，2014.

[11] 陈雅芳. 0—3 岁儿童教养[M]. 第 1 版. 上海：复旦大学出版社. 2014.

[12] 崔玉涛. 图解家庭育儿[M]. 第 1 版. 北京：东方出版社，2013.

[13] 崔玉涛. 宝贝健康公开课[M]. 第 2 版. 北京：北京出版社，2013.

[14] 王卫平. 儿科学[M]. 第 8 版. 北京：人民卫生出版社，2013.

[15] 杨月欣，王光亚，潘兴昌. 中国食物成分表[M]. 第 2 版. 北京：北京大学医学出版社，2012.

[16] 国家卫生和计划生育委员会. 儿童喂养与营养指导技术规范[Z]. 2012-04-20.

[17] 刘湘云，陈荣华，赵正言. 儿童保健学[M]. 第 4 版. 南京：江苏科学技术出版社，2011.

[18] 殷大奎等. 营养师专业知识课程培训纲要[M]. 第 1 版. 上海：第二军医大学出版社，2008.

[19] 柳启沛，郭俊生. 营养指导师（上、下册）[M]. 第 1 版. 北京：中国劳动社会保障出版社，2006.

[20] 张蔼丽. 科学育儿 300 问（修订版）[M]. 北京：金盾出版社出版，2001.

[21] 鲍秀兰. 塑造的人生开端：新生儿行为与 0—3 岁潜能开发指南[M]. 第 1 版. 北京：中国商业出版社出版，2001.

附录

儿童喂养与营养指导技术规范

一、目的

通过对辖区内儿童家长进行母乳喂养、食物转换、合理膳食、饮食行为等科学喂养知识的指导,提高6个月内婴儿纯母乳喂养率,预防营养性疾病,促进儿童健康。

二、服务对象

辖区内0—6岁(7岁以下)儿童及其家长。

三、内容与方法

(一)婴儿期喂养指导

1. 纯母乳喂养

婴儿6月龄内应纯母乳喂养,无须给婴儿添加水、果汁等液体和固体食物,以免减少婴儿的母乳摄入,进而影响母亲乳汁分泌。从6个月起,在合理添加其他食物的基础上,继续母乳喂养至2岁。

(1)建立良好的母乳喂养方法

1)产前准备:母亲孕期体重适当增加(12—14 kg),贮存脂肪以供哺乳能量的消耗。母亲孕期增重维持在正常范围内可减少妊娠糖尿病、高血压、剖宫产、低出生体重儿、巨大儿和出生缺陷及围产期死亡的危险。

2)尽早开奶:出生后2周内是建立母乳喂养的关键时期。产后1小时内应帮助新生儿尽早实现第一次吸吮,对成功建立母乳喂养十分重要。

3)促进乳汁分泌:

① 按需哺乳:3个月内婴儿应频繁吸吮,每日不少于8次,可使母亲乳头得到足够的刺激,促进乳汁分泌。

② 乳房排空:吸吮产生的"射乳反射"可使婴儿短时间内获得大量乳汁;每次哺乳时应强调喂空一侧乳房,再喂另一侧,下次哺乳则从未喂空的一侧乳房开始。

③ 乳房按摩:哺乳前热敷乳房,从外侧边缘向乳晕方向轻拍或按摩乳房,有促进乳房血液循环、乳房感觉神经的传导和泌乳作用。

④乳母生活安排：乳母身心愉快、充足睡眠、合理营养（须额外增加能量 500 kcal/d），可促进泌乳。

4）正确的喂哺技巧：

①哺乳前准备：等待哺乳的婴儿应是清醒状态、有饥饿感，并已更换干净的尿布。哺乳前让婴儿用鼻推压或舔母亲的乳房，哺乳时婴儿的气味、身体的接触都可刺激乳母的射乳反射。

②哺乳方法：每次哺乳前，母亲应洗净双手。正确的喂哺姿势有斜抱式、卧式、抱球式。无论用何种姿势，都应该让婴儿的头和身体呈一条直线，婴儿身体贴近母亲，婴儿头和颈得到支撑，婴儿贴近乳房、鼻子对着乳头。正确的含接姿势是婴儿的下颌贴在乳房上，嘴张得很大，将乳头及大部分乳晕含在嘴中，婴儿下唇向外翻，婴儿嘴上方的乳晕比下方多。婴儿慢而深地吸吮，能听到吞咽声，表明含接乳房姿势正确，吸吮有效。哺乳过程中注意母婴互动交流。

③哺乳次数：3 个月内婴儿应按需哺乳。4—6 个月逐渐定时喂养，每 3—4 小时一次，每日约 6 次，可逐渐减少夜间哺乳，帮助婴儿形成夜间连续睡眠能力。但有个体差异，须区别对待。

（2）常见的母乳喂养问题

1）乳量不足：正常乳母产后 6 个月内每天泌乳量随婴儿月龄增长逐渐增加，成熟乳量平均可达每日 700—1000 mL。婴儿母乳摄入不足可出现下列表现：

①体重增长不足，生长曲线平缓甚至下降，尤其新生儿期体重增长低于 600 g。

②尿量每天少于 6 次。

③吸吮时不能闻及吞咽声。

④每次哺乳后常哭闹不能安静入睡，或睡眠时间小于 1 小时（新生儿除外）。

若确因乳量不足影响婴儿生长，应劝告母亲不要轻易放弃母乳喂养，可在每次哺乳后用配方奶补充母乳不足。

2）乳头内陷或皲裂：乳头内陷需要产前或产后做简单的乳头护理，每日用清水（忌用肥皂或酒精之类）擦洗、挤、捏乳头，母亲亦可用乳头矫正器矫正乳头内陷。母亲应学会"乳房喂养"而不是"乳头喂养"，大部分婴儿仍可从扁平或内陷乳头吸吮乳汁。每次哺乳后可挤出少许乳汁均匀地涂在乳头上，乳汁中丰富的蛋白质和抑菌物质对乳头表皮有保护作用，可防止乳头皲裂及感染。

3）溢奶：

①发生原因：小婴儿胃容量较小，呈水平位置，且具有贲门括约肌松弛、幽门括约肌发育较好等消化道的解剖生理特点，使 6 个月内的小婴儿常常出现溢奶。喂养方法不当导致吞入气体过多或过度喂养亦可发生溢奶。

②缓解方法：喂奶后宜将婴儿头靠在母亲肩上竖直抱起，轻拍背部，可帮助排出吞入空气而预防溢奶。婴儿睡眠时宜右侧卧位，可预防睡眠时溢奶而致窒息。若经指导后婴儿溢奶症状无改善，或体重增长不良，应及时转诊。

4）母乳性黄疸：母乳性黄疸是指纯母乳喂养的健康足月儿或近足月儿出生2周后发生的黄疸。母乳性黄疸婴儿一般体格生长良好，无任何临床症状，无须治疗，黄疸可自然消退，应继续母乳喂养。若黄疸明显，累及四肢及手足心，应及时就医。如果血清胆红素水平大于15—20 mg/mL，且无其他病理情况，建议停喂母乳3天，待黄疸减轻后，可恢复母乳喂养。停喂母乳期间，母亲应定时挤奶，维持泌乳，婴儿可暂时用配方奶替代喂养。再次喂母乳时，黄疸可有反复，但不会达到原有程度。

5）母亲外出时的母乳喂养：母亲外出或上班后，应鼓励母亲坚持母乳喂养。每天哺乳不少于3次，外出或上班时挤出母乳，以保持母乳的分泌量。

（3）母乳保存方法

母亲外出或母乳过多时，可将母乳挤出存放至干净的容器或特备的"乳袋"，妥善保存在冰箱或冰包中，不同温度下母乳储存时间可参考下表，母乳食用前用温水加热至40℃左右即可喂哺。

表1 母乳储存方法

储存条件	最长储存时间
室温（25℃）	4小时
冰箱冷藏室（4℃）	48小时
冰箱冷冻室（-20℃）	3个月

（4）不宜母乳喂养的情况

母亲正接受化疗或放射治疗、患活动期肺结核且未经有效治疗、患乙型肝炎且新生儿出生时未接种乙肝疫苗及乙肝免疫球蛋白、HIV感染、乳房上有疱疹、吸毒等情况下，不宜母乳喂养。母亲患其他传染性疾病或服用药物时，应咨询医生，根据情况决定是否可以哺乳。

2. 部分母乳喂养

母乳与配方奶或其他乳类同时喂养婴儿为部分母乳喂养，其中母乳与配方奶同时喂养的方法有下列两种。

（1）补授法

6个月内婴儿母乳不足时，仍应维持必要的吸吮次数，以刺激母乳分泌。每次哺喂时，先喂母乳，后用配方奶补充母乳不足。补授的乳量根据婴儿食欲及母乳分泌量而定，即"缺多少补多少"。

（2）代授法

一般用于6个月以后无法坚持母乳喂养的情况，可逐渐减少母乳喂养的次数，用配方奶替代母乳。

3. 配方奶喂养

（1）喂养次数

因新生婴儿胃容量较小,出生后3个月内可不定时喂养。3个月后婴儿可建立自己的进食规律,此时应开始定时喂养,每3—4小时一次,约6次/日。允许每次奶量有波动,避免采取不当方法刻板要求婴儿摄入固定的奶量。

(2) 喂养方法

在婴儿清醒状态下,采用正确的姿势喂哺,并注意母婴互动交流。应特别注意选用适宜的奶嘴,奶液温度应适当,奶瓶应清洁,喂哺时奶瓶的位置与婴儿下颌成45°,同时奶液宜即冲即食,不宜用微波炉热奶,以避免奶液受热不均或过烫。

(3) 奶粉调配

应严格按照产品说明的方法进行奶粉调配,避免过稀或过浓,或额外加糖。

(4) 奶量估计

配方奶作为6个月内婴儿的主要营养来源时,需要经常估计婴儿奶的摄入量。3月龄内婴儿奶量约500—750 mL/d,4—6月龄婴儿约800—1000 mL/d,逐渐减少夜间哺乳。

(5) 治疗性配方奶选择

1) 水解蛋白配方:对确诊为牛乳蛋白过敏的婴儿,应坚持母乳喂养,可继续母乳喂养至2岁,但母亲要限制奶制品的摄入。如不能进行母乳喂养而牛乳蛋白过敏的婴儿应首选氨基酸配方或深度水解蛋白配方奶,不建议选择部分水解蛋白配方奶、大豆配方奶。

2) 无乳糖配方:对有乳糖不耐受的婴儿应使用无乳糖配方奶(以蔗糖、葡萄糖聚合体、麦芽糖糊精、玉米糖浆为碳水化合物来源的配方奶)。

3) 低苯丙氨酸配方:确诊苯丙酮尿症的婴儿应使用低苯丙氨酸配方奶。

4. 食物转换

随着生长发育,消化能力逐渐提高,单纯乳类喂养不能完全满足6个月后婴儿生长发育的需求,婴儿须要由纯乳类的液体食物向固体食物逐渐转换,这个过程称为食物转换(旧称辅食添加)。婴儿期若断离母乳,仍需维持婴儿总奶量800 mL/d左右。儿童营养需求包括营养素、营养行为和营养环境3个方面,婴幼儿喂养过程的液体食物喂养阶段、泥糊状食物引入阶段和固体食物进食阶段中,不仅要考虑营养素摄入,也应考虑喂养或进食行为,以及饮食环境,使婴幼儿在获得充足和均衡的营养素摄入的同时,养成良好的饮食习惯。在资源缺乏、日常饮食无法满足婴儿营养需要时,可使用营养素补充剂或以大豆、谷类为基质的高密度营养素强化食品。

(1) 月龄

建议开始引入非乳类泥糊状食物的月龄为6个月,不早于4个月。此时婴儿每次摄入奶量稳定,约180 mL/次,生长发育良好,提示婴儿已具备接受其他食物的消化能力。

(2) 种类

1) 第一阶段食物:应首先选择能满足生长需要、易于吸收、不易产生过敏的谷类食物,最好为强化铁的米粉,米粉可用奶液调配;其次引入的食物是根茎类蔬菜、水果,主要目的是训练婴儿的味觉。食物应用勺喂养，帮助训练吞咽功能。

2）第二阶段食物：7—9个月逐渐引入婴儿第二阶段食物，包括肉类、蛋类、鱼类等动物性食物和豆制品。引入的食物应以当地食物为基础，注意食物的质地、营养密度、卫生和制作方法的多样性。

（3）方法

婴儿食物转换期是对其他食物逐渐习惯的过程，引入的食物应由少到多，首先喂给婴儿少量强化铁的米粉，由1—2勺到数勺，直至一餐；引入食物应由一种到多种，婴儿接受一种新食物一般需尝试8—10次，约3—5日，至婴儿习惯该种口味后再换另一种，以刺激味觉的发育。单一食物逐次引入的方法可帮助及时了解婴儿是否出现食物过敏及确定过敏源。

（4）进食技能训练

食物转换有助于婴儿神经心理发育，引入的过程应注意食物的质地和培养儿童的进食技能，如用勺、杯进食可促进口腔动作协调，学习吞咽；从泥糊状食物过渡到碎末状食物可帮助学习咀嚼，并可增加食物的能量密度；用手抓食物，既可增加婴儿进食的兴趣，又有利于促进手眼协调和培养儿童独立进食能力。在食物转换过程中，婴儿进食的食物质地和种类逐渐接近成人食物，进食技能亦逐渐成熟。

表2 婴儿食物转换方法

类别	6个月	7—9个月	10—12个月
食物性状	泥状食物	末状食物	碎状、丁块状、指状食物
餐次	尝试，逐渐增加至1餐。	4—5次奶，1—2餐其他食物。	2—3次奶，2—3餐其他食物。
乳类	纯母乳、部分母乳或配方奶；定时（3—4小时）哺乳，5—6次/日；奶量800 mL/d；逐渐减少夜间哺乳。	母乳、部分母乳或配方奶；4—5次/日，奶量600—800 mL/d左右。	部分母乳或配方奶；约2—3次/日，奶量600—800 mL/d。
谷类	选择强化铁的米粉，用水或奶调配；开始少量（1勺）尝试，逐渐增加到每天1餐。	强化铁的米粉、稠粥或面条，每日约30—50 g。	软饭或面食，每日约50—75 g。
蔬菜水果类	开始尝试蔬菜泥（瓜类、根茎类、豆荚类）1—2勺，然后尝试水果泥1—2勺，每日2次。	每日碎菜25—50 g，水果20—30 g。	每日碎菜50—100 g，水果50 g。
肉类	尝试添加	开始添加肉泥、肝泥、动物血、鱼等动物性食品。	添加动物肝脏、动物血、鱼虾、鸡鸭肉、红肉（猪肉、牛肉、羊肉等），每日25—50 g。

(续表)

类别	6个月	7—9个月	10—12个月
蛋类	暂不添加	开始添加蛋黄,每日自1/4个逐渐增加至1个。	1个鸡蛋
喂养技术	用勺喂食	可坐在一高椅子上与成人共进餐,开始学习用手自我喂食。可让婴儿手拿"条状"或"指状"食物,学习咀嚼。	学习自己用勺进食;用杯子喝奶;每日和成人同桌进餐1—2次。

注:可在进食后再饮奶,自然形成一餐代替一顿奶,引入的食物不应影响总奶量;食物清淡,无盐,少糖、油;不食用蜂蜜水或糖水,尽量不喝果汁。

5. 早产/低出生体重儿出院后喂养

出生体重<2000 g、出生后病情危重或并发症多、完全肠外营养>4周、或体重增长缓慢的早产/低出生体重儿,出院后需到有诊治条件的医疗保健机构定期随访,在专科医生的指导下进行强化母乳、早产儿配方奶或早产儿出院后配方奶喂养。

出生体重≥2000 g,且无以上高危因素的早产/低出生体重儿,出院后仍首选纯母乳喂养,仅在母乳不足或无母乳时考虑应用婴儿配方奶。乳母的饮食和营养均衡对早产/低出生体重儿尤为重要。

早产/低出生体重儿引入其他食物的年龄有个体差异,与其发育成熟水平有关。胎龄小的早产/低出生体重儿引入时间相对较晚,一般不宜早于校正月龄4个月,不迟于校正月龄6个月。

(二)幼儿及学龄前儿童饮食指导

1. 食物品种和进食量

(1)幼儿进食品种及量

每天应摄入350—500 mL乳类,不能继续母乳喂养的2岁以内幼儿建议选择配方奶。注意膳食品种多样化,提倡自然食品、均衡膳食,每天应摄入1个鸡蛋、50 g动物性食物、100—150 g谷物、150—200 g蔬菜、150—200 g水果、20—25 g植物油。幼儿应进食体积适宜、质地稍软、少盐易消化的家常食物,避免给幼儿吃油炸食品,少吃快餐,少喝甜饮料,包括乳酸饮料。

(2)学龄前儿童进食品种及量

每天应摄入300—400 mL牛奶及奶制品、180—260 g谷类、120—140 g肉蛋类动物性食物、25 g豆类及豆制品、200—250 g蔬菜、150—300 g水果、25—30 g植物油。

(3)饮食安排

每天的进食可安排3餐主食、2—3次乳类与营养点心,餐间控制零食。家长负责为儿童提供安全、营养、易于消化和美味的健康食物,允许儿童决定进食量,规律进餐,让儿童体验饥饿和饱足感。

2. 饮食行为

（1）进食方式

12月龄的幼儿应该开始练习自己用餐具进食，培养幼儿的独立能力和正确反应能力。1—2岁幼儿应分餐进食，鼓励自己进食，2岁后的儿童应独立进食。

（2）进食行为

应定时、定点、定量进餐，每次进餐时间为20—30分钟。进食过程中应避免边吃边玩、边看电视，不要追逐喂养，不使用奶瓶喝奶。家长的饮食行为对幼儿有较大影响，避免强迫喂养和过度喂养，预防儿童拒食、偏食和过食。家长少提供高脂、高糖食物、快餐食品、碳酸饮料及含糖饮料。

（3）食物烹调方式

食物宜单独加工，烹制以蒸、煮、炖、炒为主，注意食物的色、香、味。可让儿童参与食物制作过程，提高儿童对食物的兴趣。

（4）适量饮水

根据季节和儿童活动量决定饮水量，以白开水为好，以不影响幼儿奶类摄入和日常饮食为度。

3. 饮食环境

家人围坐就餐是儿童学习自主进食的最佳方式，应为儿童提供轻松、愉悦的良好进餐环境和气氛，避免嘈杂的进餐环境。避免进餐时恐吓、训斥和打骂儿童。

（三）食品安全

1. 食物选择

避免给3岁以下儿童提供容易引起窒息和伤害的食物，如小圆形糖果和水果、坚果、果冻、爆米花、口香糖，以及带骨刺的鱼和肉等。

2. 饮食卫生

婴幼儿食物的制备与保存过程需保证食物、食具、水的清洁和卫生。在准备食物和喂食前儿童和看护人均应洗手，给儿童提供新鲜的食物，避免食物被污染。禽畜肉类、水产品等动物性食物应保证煮熟，以杀灭有害细菌。剩余食物再食时宜加热避免污染，加热固体食物应彻底、液体食物应煮沸。

3. 食物储存

食物制作后应立即食用，避免食物放置的时间过长，尤其是在室温下。剩余食物应放入冰箱保存，加盖封藏，以减缓细菌的繁殖速度。

四、工作要求

（一）在儿童健康体检时，根据儿童的年龄阶段以及体格评价结果，开展儿童喂养与营养指导。

（二）认真做好母乳喂养、食物转换、儿童合理营养的咨询指导工作，指导家长采用科学的喂养方法，尽早培养儿童健康的饮食行为，促进儿童生长与发育。

（三）开展多种形式的喂养与营养保健知识健康教育活动，普及儿童营养知识。

五、考核指标

（一）6个月内纯母乳喂养率=（调查前24小时纯母乳喂养婴儿数/调查6个月内婴儿数）×100%

（二）6个月内母乳喂养率=（调查前24小时母乳喂养婴儿数/调查6个月内婴儿数）×100%

（三）家长科学喂养知识知晓率=（调查时辖区所有掌握喂养与营养知识的0—6岁儿童家长数/调查的辖区0—6岁儿童家长数）×100%

（摘自：国家卫生和计划生育委员会.卫生部办公厅关于印发新生儿访视等儿童保健技术规范的通知[Z].卫办妇社发〔2012〕49号文件，2012.）

常用食物成分表（部分，摘录）

常用食物成分表（部分，摘录）（100g 食物可食部含量）

食品名称	能量 kcal	蛋白质 g	碳水化合物 g	脂肪 g	维生素A μgRE	胡萝卜素 μg	视黄醇当量 μg	硫胺素 mg	核黄素 mg	抗坏血酸 mg	钾 mg	钙 mg	镁 mg	铁 mg	锌 mg	铜 mg	硒 μg
粮 谷 类																	
稻米（粳，特级）	334	7.3	75.3	0.4	0	0		0.08	0.04	0	58	24	25	0.9	1.1	0.3	2.5
稻米（籼）	359	9.9	74.8	2.2	0	0		0.14	0.05	0	214	13	0	5.1	2.7	0.3	1.8
糯米（江米）	348	7.3	77.5	1	0	0		0.11	0.04	0	137	26	49	1.4	1.5	0.3	2.7
糯米（粳）	343	7.9	76	0.8	0	0		0.2	0.05	0	125	21	42	1.9	1.8	0.2	3.3
糯米（籼）	352	7.9	77.5	1.1	0	0		0.19	0.04	0	132	14	52	1.8	1.5	0.2	2.4
黑米[稻米（紫）]	333	9.4	68.3	2.5	0	0		0.33	0.13	0	256	12	147	1.6	3.8	0.1	3.2
米饭（蒸，粳米）	117	2.6	26	0.3	0	0		0	0.03	0	39	7	20	2.2	1.4	0.1	4
米饭（蒸，籼米）	114	2.5	25.6	0.2	0	0		0.02	0.03	0	21	6	10	0.3	0.5	0.1	0
米粉	355	7.4	81.2	0.1	0	0		0.02	0.02	0	14	6	16	3.2	0.8	0.3	7.5

(续表)

食品名称	能量 kcal	蛋白质 g	碳水化合物 g	脂肪 g	维生素A μgRE	胡萝卜素 μg	视黄醇当量 μg	硫胺素 mg	核黄素 mg	抗坏血酸 mg	钾 mg	钙 mg	镁 mg	铁 mg	锌 mg	铜 mg	硒 μg
小麦(龙麦)	352	12	76.1	0	0	0	0	0.48	0.14	0	0	0	0	5.9	3.5	0.3	4.1
标准粉	344	11.2	71.5	1.5	0	0	0	0.28	0.08	0	190	31	50	3.5	1.6	0.4	5.4
富强粉	350	10.3	74.6	1.1	0	0	0	0.17	0.06	0	128	27	32	2.7	1	0.3	6.9
小麦粉(特二粉)	349	10.4	74.3	1.1	0	0	0	0.15	0.11	0	124	30	48	3	1	0.6	6
小米	358	9	73.5	3.1	0	100	17	0.33	0.1	0	284	41	107	5.1	1.9	0.5	4.7
挂面(标准粉)	344	10.1	74.4	0.7	0	0	0	0.19	0.04	0	157	14	51	3.5	1.2	0.4	9.9
挂面(精白粉)	347	9.6	75.7	0.6	0	0	0	0.2	0.04	0	122	21	48	3.2	0.7	0.6	11
挂面(赖氨酸)	347	11.2	74.5	0.5	0	0	0	0.18	0.03	0	109	26	48	2.3	0.9	0.4	14
馒头(蒸,标准粉)	233	7.8	48.3	1	0	0	0	0.05	0.07	0	129	18	39	1.9	1	0.1	9.7
馒头(蒸,富强粉)	208	6.2	43.2	1.2	0	0	0	0.02	0.02	0	146	58	20	1.7	0.4	0.2	7.2
面条(标准粉)	280	8.5	58	1.6	0	0	0	0.35	0.1	0	161	13	61	2.6	1.1	0	0.4

(续表)

食品名称	能量 kcal	蛋白质 g	碳水化合物 g	脂肪 g	维生素A μgRE	胡萝卜素 μg	视黄醇当量 μg	硫胺素 mg	核黄素 mg	抗坏血酸 mg	钾 mg	钙 mg	镁 mg	铁 mg	锌 mg	铜 mg	硒 μg
面条（富强粉）	285	9.3	59.5	1.1	0	0	0	0.18	0.04	0	102	24	29	2	0.8	0.2	17
面条（干）	355	11	77.5	0.1	0	0	0	0.28	0.05	0	100	8	42	9.6	1.5	0	7.8
高粱米	351	10.4	70.4	3.1	0	0	0	0.29	0.1	0	281	22	129	6.3	1.6	0.3	2.8
淀粉（蚕豆）	341	0.5	84.8	0	0	0	0	0.04	0	0	10	36	8	2.3	0.1	0	0.5
淀粉（马铃薯粉）	337	1.2	82	0.5	0	0	0	0.08	0.06	0	8	0	27	10.7	1.2	1.1	1.6
淀粉（玉米）	345	1.2	84.9	0.1	0	0	0	0.03	4	0	8	18	6	4	0.1	0.1	0.7
玉米（白）	336	8.8	66.7	3.8	0	0	0	0.27	0.07	0	262	10	95	2.2	1.9	0.3	4.1
玉米（黄）	335	8.7	66.6	3.8	0	100	17	0.21	0.13	0	300	14	96	2.4	1.7	0.3	3.5
玉米（鲜）	106	4	19.9	1.2	0	0	0	0.16	0.11	0	238	0	32	1.1	0.9	0.1	1.6
玉米面（白）	340	8	66.9	4.5	0	0	0	0.34	0.06	0	276	12	111	1.3	1.2	0.2	1.6
玉米面（黄）	340	8.1	69.6	3.3	0	40	7	0.26	0.09	0	249	22	84	3.2	1.4	0.4	2.5
玉米糁（黄）	347	7.9	72	3	0	0	0	0.1	0.08	0	177	49	151	2.4	1.2	0.2	4.9
蔬菜类																	
萝卜	20	0.8	4	0.1	0	20	3	0.02	0.06	18	178	56	11	0.3	0.1	0	0

(续表)

食品名称	能量 kcal	蛋白质 g	碳水化合物 g	脂肪 g	维生素A μgRE	胡萝卜素 μg	视黄醇当量 μg	硫胺素 mg	核黄素 mg	抗坏血酸 mg	钾 mg	钙 mg	镁 mg	铁 mg	锌 mg	铜 mg	硒 μg
萝卜（白萝卜）	20	0.9	4	0.1	0	20	3	0.03	0.03	21	173	36	16	0.5	0.3	0	0.6
萝卜（青萝卜）	31	1.3	6	0.2	0	60	10	0.03	0.06	14	232	40	12	0.8	0.3	0	0.6
萝卜（水萝卜）	20	0.8	4.1	0	0	250	42	0.02	0.05	45	0	0	0	0	0.5	0	0
萝卜（心里美）	21	0.8	4.1	0.2	0	10	2	0.08	0.04	23	116	68	34	0.5	0.2	0.1	1
胡萝卜（红）	37	1	7.7	0.2	0	4130	688	0.04	0.03	13	190	32	14	1	0.2	0.1	0.6
胡萝卜（黄）	43	1.4	8.9	0.2	0	4010	668	0.04	0.04	16	193	32	7	0.5	0.2	0	2.8
大白菜	21	1.7	3.1	0.2	0	250	42	0.06	0.07	47	130	69	12	0.5	0.2	0	0.3
小白菜	15	1.5	1.6	0.3	0	1680	280	0.02	0.09	28	178	90	18	1.9	0.5	0.1	1.2
茄子	21	1.1	3.6	0.2	0	50	8	0.02	0.04	5	142	24	13	0.5	0.2	0.1	0.5
茄子（绿皮）	25	1	4	0.6	0	120	20	0.02	0.2	7	162	12	13	0.1	0.2	0.1	0.6
长茄子	19	1	3.5	0.1	0	180	57	0.03	0.03	7	136	55	15	0.4	0.2	0.1	0.6
番茄	19	0.9	3.5	0.2	0	550	0	0.03	0.03	19	163	10	9	0.4	0.1	0.1	0.2
圆白菜	22	1.5	3.6	0.2	0	70	12	0.03	0.03	40	124	49	12	0.6	0.3	0	1
西兰花	33	4.1	2.7	0.6	0	7210	1202	0.09	0.13	51	17	67	17	1	0.8	0	0.7

(续表)

食品名称	能量 kcal	蛋白质 g	碳水化合物 g	脂肪 g	维生素A μgRE	胡萝卜素 μg	视黄醇当量 μg	硫胺素 mg	核黄素 mg	抗坏血酸 mg	钾 mg	钙 mg	镁 mg	铁 mg	锌 mg	铜 mg	硒 μg
韭菜	26	2.4	3.2	0.4	0	1410	235	0.02	0.09	24	247	42	25	1.6	0.4	0.1	1.4
韭黄	22	2.3	2.7	0.2	0	260	43	0.03	0.05	15	192	25	12	1.7	0.3	0.1	0.8
菠菜	24	2.6	1.8	0.3	0	2920	487	0.04	0.11	32	311	66	58	29	0.9	0.1	1
茼蒿	21	1.9	2.7	0.3	0	1510	252	0.04	0.09	18	220	73	20	2.5	0.4	0.1	0.6
芹菜（茎）	20	1.2	3.3	0.2	0	340	57	0.02	0.06	8	206	80	18	1.2	0.2	0.1	0.6
芹菜（水芹菜）	13	1.4	1.3	0.2	0	380	63	0.01	0.19	5	212	38	16	6.9	0.4	0.1	0.8
芹菜（叶）	31	2.6	3.7	0.6	0	2930	488	0.08	0.15	22	137	40	58	0.6	1.1	1	2
青菜	15	1.5	1.6	0.3	0	1680	280	0.02	0.09	28	178	90	18	1.9	0.5	0.1	1.2
生菜（花叶）	13	1.3	1.3	0.3	0	1790	298	0.03	0.06	13	170	34	18	0.9	0.3	0	1.2
木耳菜	20	1.6	2.8	0.3	0	2020	337	0.06	0.06	34	140	166	62	3.2	0.3	0.1	2.6
菜花	24	2.1	3.4	0.2	0	30	5	0.03	0.08	61	200	23	18	1.1	0.4	0.1	0.7
绿苋菜	25	2.8	2.8	0.3	0	2110	352	0.03	0.12	47	207	187	119	5.4	0.8	0.1	0.5
灯笼椒	22	1	4	0.2	0	340	92	0.03	0.03	72	142	14	12	0.8	0.2	0.1	0.3
四季豆（菜豆）	28	2	4.2	0.4	0	210	35	0.04	0.07	6	123	42	27	1.5	0.2	0.1	0.4
刀豆	35	3.1	5.3	0.2	0	220	37	0.05	0.07	15	209	48	28	3.2	0.8	0.1	0.9

（续表）

食品名称	能量 kcal	蛋白质 g	碳水化合物 g	脂肪 g	维生素A μgRE	胡萝卜素 μg	视黄醇当量 μg	硫胺素 mg	核黄素 mg	抗坏血酸 mg	钾 mg	钙 mg	镁 mg	铁 mg	锌 mg	铜 mg	硒 μg
豆角	30	2.5	4.6	0.2	0	200	33	0.05	0.07	18	207	29	35	1.5	0.5	0.2	2.2
扁豆	326	25.3	55.4	0.4	0	30	5	0.26	0.45	0	439	137	92	19.2	1.9	1.3	32
豌豆苗	29	3.1	2.8	0.6	0	0	0	0	0	0	174	59	13	1.8	0.5	0	0.7
荷兰豆	27	2.5	3.5	0.3	0	480	80	0.09	0.04	16	116	51	16	0.9	0.5	0.1	0.4
豇豆（长）	29	2.7	4	0.2	0	120	20	0.07	0.07	18	145	42	43	1	0.9	0.1	1.4
豇豆（紫）	315	18.9	58.9	0.4	0	20	3	0.22	0.09	0	500	67	41	7.9	1.6	1.4	1.5
冬苋菜	30	3.9	2.7	0.3	0	6950	1158	0.15	0.05	20	280	82	30	2.4	1.4	0.1	2.4
空心菜	20	2.2	2.2	0.4	0	1520	253	0.03	0.08	25	243	99	29	2.3	0.4	0.1	1.2
香菜	31	1.8	5	0.4	0	1160	193	0.04	0.14	48	272	101	33	2.9	0.5	0.2	0.5
香椿	47	1.7	9.1	0.1	0	700	117	0.07	0.12	40	172	96	36	3.9	2.3	0.1	0.4
地瓜	55	0.9	12.6	0.2	0	0	0	0.03	0.03	13	111	21	14	0.6	0.2	0.1	1.3
马铃薯	76	2	16.5	0.2	0	30	5	0.08	0.04	27	342	8	23	0.8	0.4	0.1	0.8
甘薯（白心）	104	1.4	24.2	0.2	0	220	37	0.07	0.04	24	174	24	17	0.8	0.2	0.2	0.6
红薯	99	1.1	23.1	0.2	0	750	125	0.04	0.04	26	130	23	12	0.5	0.2	0.2	0.5
莲藕	70	1.9	15.2	0.2	0	20	2	0	0.03	44	243	39	19	1.4	0.3	0.1	0.4
山药	56	1.9	11.6	0.2	0	20	7	0.05	0.02	5	213	16	20	0.3	0.3	0.2	0.6

（续表）

食品名称	能量 kcal	蛋白质 g	碳水化合物 g	脂肪 g	维生素A μgRE	胡萝卜素 μg	视黄醇当量 μg	硫胺素 mg	核黄素 mg	抗坏血酸 mg	钾 mg	钙 mg	镁 mg	铁 mg	锌 mg	铜 mg	硒 μg
荸荠（地栗、马蹄）	59	1.2	13.1	0.2	0	20	3	0.02	0.02	7	306	4	12	0.6	0.3	0.1	0.7
莴苣	14	1	2.2	0.1	0	150	25	0.02	0.02	4	212	23	19	0.9	0.3	0.1	0.5
竹笋	19	2.6	1.8	0.2	0	0	0	0.08	0.08	5	389	9	1	0.5	0.3	0.1	0
佛手瓜	16	1.2	2.6	0.1	0	20	3	0.01	0.1	8	76	17	10	0.1	0.1	0	1.5
秋葵	37	2	7.1	0.1	0	310	52	0.05	0.09	4	95	45	29	0.1	0.2	0.1	0.5
黄秋葵	37	2	7.1	0.1	0	310	52	0.05	0.09	4	95	45	29	0.1	0.2	0.1	0.5
茭白	23	1.2	4	0.2	0	30	5	0.02	0.03	5	209	4	8	0.4	0.3	0.1	0.5
西葫芦	18	0.8	3.2	0.2	0	30	5	0.01	0.03	6	92	15	9	0.3	0.1	0	0.3
冬瓜	11	0.4	1.9	0.2	0	80	13	0.01	0.01	18	78	19	8	0.2	0.1	0.1	0.2
黄瓜	15	0.8	2.4	0.2	0	90	15	0.02	0.03	9	102	24	15	0.5	0.2	0.1	0.4
苦瓜	19	1	3.5	0.1	0	100	17	0.03	0.03	56	256	14	18	0.7	0.4	0.1	0.4
南瓜	24	0.4	5.7	0	0	100	17	0.05	0.08	17	182	12	10	0.4	0.3	0.1	0.4
倭瓜	22	0.7	4.5	0.1	0	890	148	0.03	0.04	8	145	16	8	0.4	0.1	0	0.5
丝瓜	20	1	3.6	0.2	0	90	15	0.02	0.04	5	115	14	11	0.4	0.2	0.1	0.9

瓜 果 类

食品名称	能量 kcal	蛋白质 g	碳水化合物 g	脂肪 g	维生素A μgRE	胡萝卜素 μg	视黄醇当量 μg	硫胺素 mg	核黄素 mg	抗坏血酸 mg	钾 mg	钙 mg	镁 mg	铁 mg	锌 mg	铜 mg	硒 μg
梨（酸梨）	26	0.1	6.1	0.1	0	100	17	0.03	0.22	14	102	12	11	0.6	2.7	4.5	1.6

（续表）

食品名称	能量 kcal	蛋白质 g	碳水化合物 g	脂肪 g	维生素A μgRE	胡萝卜素 μg	视黄醇当量 μg	硫胺素 mg	核黄素 mg	抗坏血酸 mg	钾 mg	钙 mg	镁 mg	铁 mg	锌 mg	铜 mg	硒 μg
梨（香梨）	46	0.3	10.9	0.1	0	10	2	0	0	0	90	6	7	0.4	0.2	0.1	0.2
梨（雪花梨）	41	0.2	9.8	0.1	0	0	0	0.01	0.01	4	85	5	10	0.3	0.1	0.1	0.2
梨（鸭广梨）	50	0.6	11.4	0.2	0	0	0	0	0.02	4	110	18	8	0.2	0	0.2	0.3
梨（鸭梨）	43	0.2	10	0.2	0	0	0	0.03	0.03	4	77	4	5	0.9	0.1	0.2	0.3
苹果（国光苹果）	54	0.3	12.5	0.3	0	60	10	0.02	0.03	4	83	8	7	0.3	0.1	0.1	0.1
苹果（红富士苹果）	45	0.7	9.6	0.4	0	600	100	0.01	0	2	115	3	5	0.7	0	0.1	1
苹果（红香蕉苹果）	49	0.4	11.4	0.2	0	100	17	0.01	0.02	3	85	5	3	0.6	0	0.2	0.1
苹果（黄香蕉苹果）	49	0.3	11.5	0.2	0	20	3	0	0.03	4	84	10	5	0.3	0	0.2	0
葡萄	43	0.5	9.9	0.2	0	50	8	0.04	0.02	25	104	5	8	0.4	0.2	0.1	0.2
葡萄（红玫瑰）	37	0.4	8.5	0.2	0	0	0	0.03	0.02	5	119	17	8	0.3	0.2	0.2	0

(续表)

食品名称	能量 kcal	蛋白质 g	碳水化合物 g	脂肪 g	维生素A μgRE	胡萝卜素 μg	视黄醇当量 μg	硫胺素 mg	核黄素 mg	抗坏血酸 mg	钾 mg	钙 mg	镁 mg	铁 mg	锌 mg	铜 mg	硒 μg
葡萄（巨峰）	50	0.4	11.6	0.2	0	30	5	0.03	0.01	4	128	7	6	0.6	0.1	0.1	0.5
葡萄（马奶子）	40	0.5	8.7	0.4	0	50	8	0	0.03	0	0	0	0	0	0	0	0
葡萄（玫瑰香）	50	0.4	11.1	0.4	0	20	3	0.02	0.02	4	126	8	4	0.1	0	0.2	0.1
葡萄（紫）	43	0.7	9.3	0.3	0	60	10	0.03	0.01	3	151	10	9	0.5	0.3	0.3	0.1
桃（白粉桃）	24	1.3	4.6	0.1	0	0	0	0.01	0.04	9	0	0	0	0	0	0	0
桃（黄桃）	54	0.5	12.8	0.1	0	90	15	0	0.01	9	0	0	0	0	0	0	0.8
桃（久保桃）	41	0.6	9.4	0.1	0	0	0	0.04	0.04	8	100	10	8	0.4	0.1	0	0.1
桃（蜜桃）	41	0.9	9	0.2	0	10	2	0.02	0.03	4	169	10	9	0.5	0.1	0.1	0.2
桃（五月鲜）	42	0.4	10	0.1	0	0	0	0	0.29	0	0	7	10	0.3	0.1	0.1	0
桃（杨桃）	29	0.6	6.2	0.2	0	20	3	0.02	0.03	7	128	4	10	0.4	0.4	0	0.8
杏	36	0.9	7.8	0.1	0	450	75	0.02	0.03	4	226	14	11	0.6	0.2	0.1	0.2
橘（福橘）	45	1	9.9	0.2	0	600	100	0.05	0.02	11	127	27	14	0.8	0.2	0.1	0.1
橘（芦柑）	43	0.6	9.7	0.2	0	520	87	0.02	0.03	19	54	45	45	1.4	0.1	0.1	0.1
橘（蜜橘）	42	0.8	8.9	0.4	0	1660	277	0.05	0.04	19	177	19	16	0.2	0.1	0.1	0.5

（续表）

食品名称	能量 kcal	蛋白质 g	碳水化合物 g	脂肪 g	维生素A μgRE	胡萝卜素 μg	视黄醇当量 μg	硫胺素 mg	核黄素 mg	抗坏血酸 mg	钾 mg	钙 mg	镁 mg	铁 mg	锌 mg	铜 mg	硒 μg
芭蕉	109	1.2	25.8	0.1	0	0	0	0.02	0.02	0	330	6	29	0.3	0.2	0.1	0.8
香蕉	91	1.4	20.8	0.2	0	60	10	0.02	0.04	8	256	7	43	0.4	0.2	0.1	0.9
菠萝	41	0.5	9.5	0.1	0	200	33	0.04	0.02	18	113	12	8	0.6	0.1	0.1	0.2
芒果	32	0.6	7	0.2	0	8050	1342	0.01	0.04	23	138	0	14	0.2	0.1	0.1	1.4
橙	47	0.8	10.5	0.2	0	160	27	0.05	0.04	33	159	20	14	0.4	0.1	0	0.3
柚	41	0.8	9.1	0.2	0	10	2	0	0.03	23	119	4	4	0.3	0.4	0.2	0.7
草莓	30	1	6	0.2	0	30	5	0.02	0.03	47	131	18	12	1.8	0.1	0	0.7
番石榴	41	1.1	8.3	0.4	0	0	53	0.02	0.05	68	235	13	10	0.2	0.2	0.1	1.6
石榴（红粉皮石榴）	64	1.3	14.5	0.1	0	0	0	0.05	0.03	13	218	16	16	0.2	0.2	0.2	0
石榴（青皮石榴）	61	1.2	13.6	0.2	0	0	0	0.05	0.03	8	243	6	15	0.2	0.2	0.1	0
柿	71	0.4	17.1	0.1	0	120	20	0.02	0.02	30	151	9	19	0.2	0.1	0.1	0.2
红果	95	0.5	22	0.6	0	100	17	0.02	0.02	53	299	52	19	0.9	0.3	0.1	1.2
红果（干）	152	4.3	28.7	2.2	0	60	10	0.08	0.18	2	440	144	0	0.4	0.6	0.4	2.7
柑橘	51	0.7	11.5	0.2	0	890	148	0.08	0.04	28	154	35	11	0.2	0.1	0	0.3
桂圆（干）	273	5	62.8	0.2	0	0	0	0	0.39	12	1348	38	81	0.7	0.6	1.3	12

（续表）

食品名称	能量 kcal	蛋白质 g	碳水化合物 g	脂肪 g	维生素A μgRE	胡萝卜素 μg	视黄醇当量 μg	硫胺素 mg	核黄素 mg	抗坏血酸 mg	钾 mg	钙 mg	镁 mg	铁 mg	锌 mg	铜 mg	硒 μg
桂圆（鲜）	70	1.2	16.2	0.1	0	20	3	0.01	0.14	43	248	6	10	0.2	0.4	0.1	0.8
人参果	308	1.2	74.5	0.6	0	10	2	0	0.33	4	23	106	11	4	0.2	0.4	0.2
荔枝（鲜）	70	0.9	16.1	0.2	0	10	2	0.1	0.04	41	151	2	12	0.4	0.2	0.2	0.1
猕猴桃	56	0.8	11.9	0.6	0	130	22	0.05	0.02	62	144	27	12	1.2	0.6	1.9	0.3
杨梅	28	0.8	5.7	0.2	0	40	7	0.01	0.05	9	149	14	10	1	0.1	0	0.3
樱桃	46	1.1	9.9	0.2	0	210	35	0.02	0.02	10	232	11	12	0.4	0.2	0.1	0.2
柠檬	35	1.1	4.9	1.2	0	0	0	0.05	0.02	22	209	101	37	0.8	0.7	0.1	0.5
金橘	55	1	12.3	0.2	0	370	62	0.04	0.03	35	144	56	20	1	0.2	0.1	0.6
金瓜	14	0.5	2.7	0.1	0	60	10	0.02	0.02	2	152	17	8	0.9	0.2	0	0.3
木瓜	27	0.4	6.2	0.1	0	870	145	0.01	0.02	43	18	17	9	0.2	0.3	0	1.8
枇杷	39	0.8	8.5	0.2	0	700	117	0.01	0.03	8	122	17	10	1.1	0.2	0.1	0.7
白金瓜	24	0.4	5.7	0	0	100	17	0.05	0.08	17	182	12	10	0.4	0.3	0.1	0.4
白兰瓜	21	0.6	4.5	0.1	0	40	7	0.02	0.03	14	0	0	0	0	0	0	0
哈密瓜	34	0.5	7.7	0.1	0	920	153	0	0.01	12	190	4	19	0	0.1	0	1.1
香瓜	26	0.4	5.8	0.1	0	30	5	0.02	0.03	15	139	14	11	0.7	0.1	0	0.4
甜瓜	26	0.4	5.8	0.1	0	30	5	0.02	0.03	15	139	14	11	0.7	0.1	0	0.4

（续表）

食品名称	能量 kcal	蛋白质 g	碳水化合物 g	脂肪 g	维生素A μgRE	胡萝卜素 μg	视黄醇当量 μg	硫胺素 mg	核黄素 mg	抗坏血酸 mg	钾 mg	钙 mg	镁 mg	铁 mg	锌 mg	铜 mg	硒 μg
西瓜	25	0.6	5.5	0.1	0	450	75	0.02	0.03	6	87	8	8	0.3	0.1	0.1	0.2
西瓜（京欣一号）	34	0.5	7.9	0	0	80	13	0.02	0.04	7	79	10	11	0.5	0.1	0	0.1
菜瓜	18	0.6	3.5	0.2	0	20	3	0.02	0.01	12	136	20	15	0.5	0.1	0	0.6

豆 类

食品名称	能量 kcal	蛋白质 g	碳水化合物 g	脂肪 g	维生素A μgRE	胡萝卜素 μg	视黄醇当量 μg	硫胺素 mg	核黄素 mg	抗坏血酸 mg	钾 mg	钙 mg	镁 mg	铁 mg	锌 mg	铜 mg	硒 μg
黄豆	359	35.1	18.6	16	0	220	37	0.41	0.2	0	1503	191	199	8.2	3.3	1.4	6.2
黑豆	381	36.1	23.3	15.9	0	30	5	0.2	0.33	0	1377	224	243	7	4.2	1.6	6.8
毛豆（青豆）	123	13.1	6.5	5	0	130	22	0.15	0.07	27	478	135	70	3.5	1.7	0.5	2.5
黄豆芽	44	4.5	3	1.6	0	30	5	0.04	0.07	8	160	21	21	0.9	0.5	0.1	1
赤豆（红小豆）	309	20.2	55.7	0.6	0	80	13	0.16	0.11	0	860	74	138	7.4	2.2	0.6	3.8
绿豆	316	21.6	55.6	0.8	0	130	22	0.25	0.11	0	787	81	125	6.5	2.2	1.1	4.3
绿豆芽	18	2.1	2.1	0.1	0	20	3	0.05	0.06	6	68	9	18	0.6	0.4	0.1	0.5
芸豆（白）	296	23.4	47.4	1.4	0	0	0	0.18	0.26	0	0	0	0	0	0	0	0
芸豆（红）	314	21.4	54.2	1.3	0	180	30	0.18	0.09	0	1215	176	164	5.4	2.1	0.8	4.6
蚕豆	104	8.8	16.4	0.4	0	310	52	0.37	0.1	16	391	16	46	3.5	1.4	0.4	2
蚕豆（烤）	446	26.7	39.9	20	0	30	5	0.16	0.12	0	742	207	69	3.6	2.8	0.9	2.1

(续表)

食品名称	能量 kcal	蛋白质 g	碳水化合物 g	脂肪 g	维生素A μgRE	胡萝卜素 μg	视黄醇当量 μg	硫胺素 mg	核黄素 mg	抗坏血酸 mg	钾 mg	钙 mg	镁 mg	铁 mg	锌 mg	铜 mg	硒 μg
蚕豆（炸）	372	27	61.6	2	0	110	18	0.22	0.12	0	1083	229	138	5.3	3	1.3	4.9
豌豆	105	7.4	18.2	0.3	0	220	37	0.43	0.09	14	332	21	43	1.7	1.3	0.2	1.7
豌豆（干）	313	20.3	55.4	1.1	0	250	42	0.49	0.14	0	823	97	118	4.9	2.4	0.5	1.7
豇豆	29	2.9	3.6	0.3	0	250	42	0.07	0.09	19	112	27	31	0.5	0.5	0.1	0.7

豆 制 品

食品名称	能量 kcal	蛋白质 g	碳水化合物 g	脂肪 g	维生素A μgRE	胡萝卜素 μg	视黄醇当量 μg	硫胺素 mg	核黄素 mg	抗坏血酸 mg	钾 mg	钙 mg	镁 mg	铁 mg	锌 mg	铜 mg	硒 μg
豆浆	13	1.8	0	0.7	0	90	15	0.02	0.02	0	48	10	9	0.5	0.2	0.1	0.1
豆奶	30	2.4	1.8	1.5	0	0	0	0.02	0.06	0	92	23	7	0.6	0.2	5.6	0.7
豆腐	81	8.1	3.8	3.7	0	0	0	0.04	0.03	0	125	164	27	1.9	1.1	0.3	2.3
豆腐（北）	98	12.2	1.5	4.8	0	30	5	0.05	0.03	0	106	138	63	2.5	0.6	0.2	1.6
豆腐（内酯豆腐）	49	5	2.9	1.9	0	0	0	0.06	0.03	0	95	17	24	0.8	0.6	0.1	0.8
豆腐（南）	57	6.2	2.4	2.5	0	0	0	0.02	0.04	0	154	116	36	1.5	0.6	0.1	2.6
豆腐干	140	16.2	10.7	3.6	0	0	0	0.03	0.07	0	140	308	102	4.9	1.8	0.8	0
豆腐干（香干）	147	15.8	3.3	7.8	0	40	7	0.04	0.03	0	99	299	88	5.7	1.6	0.4	3.2
豆腐干（熏干）	153	15.8	8.5	6.2	0	10	2	0.03	0.01	0	136	173	109	3.9	1.8	0.2	8.9

（续表）

食品名称	能量 kcal	蛋白质 g	碳水化合物 g	脂肪 g	维生素A μgRE	胡萝卜素 μg	视黄醇当量 μg	硫胺素 mg	核黄素 mg	抗坏血酸 mg	钾 mg	钙 mg	镁 mg	铁 mg	锌 mg	铜 mg	硒 μg
豆腐花	401	10	84.3	2.6	0	250	42	0.02	0.03	0	339	175	60	3.3	0.8	0.3	1.7
豆腐卷	201	17.9	6.2	11.6	0	180	30	0.02	0.04	0	82	156	152	6.1	2.8	0.4	2.5
豆腐脑	10	1.9	0	0.8	0	0	6	0.04	0.02	0	107	18	28	0.9	0.5	0.3	0
豆腐脑（带卤）	47	2.6	5.2	1.8	0	0	0	0.01	0.01	0	108	301	35	1.7	0.5	0.1	0.5
豆腐皮	409	44.6	18.6	17.4	0	0	0	0.31	0.11	0	536	116	111	30.8	3.8	1.9	2.3
豆腐丝	201	21.5	5.1	10.5	0	30	5	0.04	0.12	0	74	204	127	9.1	2	0.3	1.4
豆腐丝（干）	451	57.8	3.6	22.8	0	0	0	0.3	0.6	0	7	5	0	1.3	3.6	0.3	2.7
豆腐丝（油）	300	24.2	12.3	17.1	0	20	3	0.02	0.09	0	208	152	93	5	3	0.3	6.1
腐乳（白）	133	10.9	3.9	8.2	0	130	22	0.03	0.04	0	84	61	75	3.8	0.7	0.2	1.5
腐乳（臭）	130	11.6	3.1	7.9	0	120	20	0.02	0.09	0	96	75	90	6.9	1	0.2	0.5
腐乳（红）	151	12	7.6	8.1	0	90	15	0.02	0.21	0	81	87	78	11.5	1.7	0.2	6.7
腐竹	459	44.6	21.3	21.7	0	0	0	0.13	0.07	0	553	77	71	16.5	3.7	1.3	6.7
腐竹皮	489	56.6	6.5	26.3	0	0	0	0.13	0.04	0	1093	48	63	11.2	3.8	0.2	0
素鸡	192	16.5	3.3	12.5	0	60	10	0.02	0.03	0	42	319	61	5.3	1.7	0.3	6.7
臭豆腐	130	11.6	3.1	7.9	0	120	20	0.02	0.09	0	96	75	90	6.9	1	0.2	0.5

（续表）

食品名称	能量 kcal	蛋白质 g	碳水化合物 g	脂肪 g	维生素A μgRE	胡萝卜素 μg	视黄醇当量 μg	硫胺素 mg	核黄素 mg	抗坏血酸 mg	钾 mg	钙 mg	镁 mg	铁 mg	锌 mg	铜 mg	硒 μg
豆瓣酱	184	7.9	24.8	5.9	0	0	0	0.04	0.26	0	549	66	84	9.9	1.4	0.3	0
豆瓣酱	178	13.6	15.6	6.8	0	0	0	0.11	0.46	0	772	53	125	16.4	1.5	0.6	10
豆豉（五香）	244	24.1	36.8	0	0	0	0	0.02	0.09	0	715	29	202	3.7	2.4	1	4.6
油脂类																	
花生油	899	0	0	99.9	0	0	0	0	0	0	1	12	2	2.9	8.5	0.2	2.3
豆油	899	0	0	99.9	0	0	0	0	0	0	3	13	3	2	1.1	0.2	3.3
菜籽油	899	0	0	99.9	0	0	0	0	0	0	2.4	9	2.9	3.7	0.5	0.2	2.3
菜籽油（特级）	899	0	0	99.9	0	0	0	0	0	0	2.4	9	2.9	3.7	0.5	0.2	2.3
葵花籽油	899	0	0	99.9	0	0	0	0	0	0	1	2	4	1	0.1	0	0
芝麻油	898	0	0.2	99.7	0	0	0	0	0	0	3	9	3	2.2	0.2	0.1	8.4
玉米油	895	0	0.5	99.2	0	0	0	0	0	0	2	1	3	1.4	0.3	0.2	3.9
色拉油	898	0	0	99.8	0	0	0	0	0	0	3	18	1	1.7	0.2	0.1	1.9
棕榈油	900	0	0	100	18	0	18	0	0	0	0	0	0	3.1	0.1	0	0
猪油（炼）	897	0	0.2	99.6	27	0	27	0.02	0.03	0	0	0	0	0	0	0	0
猪油（未炼）	827	0	7.2	88.7	89	0	89	0	0	0	14	0	1	2.1	0.8	0.1	0

(续表)

食品名称	能量 kcal	蛋白质 g	碳水化合物 g	脂肪 g	维生素A μgRE	胡萝卜素 μg	视黄醇当量 μg	硫胺素 mg	核黄素 mg	抗坏血酸 mg	钾 mg	钙 mg	镁 mg	铁 mg	锌 mg	铜 mg	硒 μg
牛油	742	0	0	82.7	534	0	534	0.01	0.06	0	43	1	2	1	0.8	0	0.6
牛油(炼)	898	0	0.1	99.7	89	0	89	0	0.03	0	0	0	0	0	0	0	0
羊油	824	0	8	88	33	0	33	0	0	0	12	0	1	1	0	0.1	0
羊油(炼)	895	0	0.9	99	0	0	0	0	0	0	0	0	0	0	0	0	0
奶油	720	2.5	0.7	78.6	1042	0	1042	0	0.05	0	2	1	0	0.7	0.1	0	1.8

水产类

食品名称	能量 kcal	蛋白质 g	碳水化合物 g	脂肪 g	维生素A μgRE	胡萝卜素 μg	视黄醇当量 μg	硫胺素 mg	核黄素 mg	抗坏血酸 mg	钾 mg	钙 mg	镁 mg	铁 mg	锌 mg	铜 mg	硒 μg
带鱼	127	17.7	3.1	4.9	29	0	29	0.02	0.06	0	280	28	43	1.2	0.7	0.1	37
八爪鱼	135	18.9	14	0.4	0	0	0	0.04	0.06	0	447	21	50	0.6	0.7	0.2	27
鲅鱼	122	21.2	2.2	3.1	19	0	19	0.03	0.04	0	370	35	50	0.8	1.4	0.4	52
白鲢	102	17.8	0	3.6	20	0	20	0.03	0.07	0	277	53	23	1.4	1.2	0.1	16
鲍鱼	84	12.6	6.6	0.8	24	0	24	0.01	0.16	2.2	136	266	59	22.6	1.8	0.7	21
比目鱼	107	21.1	0.5	2.3	117	0	117	0.03	0.04	0	264	107	32	0.4	0.9	0.1	29
草鱼	112	16.6	0	5.2	11	0	11	0.04	11	0	312	38	31	0.8	0.9	0.1	6.7
鲤鱼	109	17.6	0.5	4.1	25	0	25	0.03	0.09	0	334	50	33	1	2.1	0.1	15
鲢鱼	102	17.8	0	3.6	20	0	20	0.03	0.07	0	277	53	23	1.4	1.2	0.1	16
墨鱼	82	15.2	3.4	0.9	0	0	0	0.02	0.04	1.49	400	15	39	1	1.3	0.7	38

(续表)

食品名称	能量 kcal	蛋白质 g	碳水化合物 g	脂肪 g	维生素A μgRE	胡萝卜素 μg	视黄醇当量 μg	硫胺素 mg	核黄素 mg	抗坏血酸 mg	钾 mg	钙 mg	镁 mg	铁 mg	锌 mg	铜 mg	硒 μg
大马哈鱼	143	17.2	0	8.6	45	0	45	0.07	0.18	0	361	13	36	0.3	1.1	0	29
大黄花鱼	96	17.7	0.8	2.5	10	0	10	0.03	0.1	0	260	53	39	0.7	0.6	0	43
大黄鱼	96	17.7	0.8	2.5	10	0	10	0.03	0.1	0	260	53	39	0.7	0.6	0	43
小黄鱼	99	17.9	0.1	3	0	0	0	0.04	0.04	0	228	78	28	0.9	0.9	0	55
大虾	90	18.5	3	0.4	12	0	79	0.03	0.06	0	386	36	47	2.9	1.6	0.6	9.1
对虾	93	18.6	2.8	0.8	15	0	15	0.01	0.07	0	215	62	43	1.5	2.4	0.3	34
基围虾	101	18.2	3.9	1.4	0	0	0	0.02	0.07	0	250	83	45	2	1.2	0.5	40
龙虾	90	18.9	1	1.1	0	0	0	0	0.03	0	257	21	22	1.3	2.8	0.5	39
江虾	87	10.3	9.3	0.9	102	0	102	0.04	0.12	0	683	78	131	8.8	2.7	3.5	18
河虾	84	16.4	0	2.4	48	0	48	0.04	0.03	0	329	325	60	4	2.2	0.6	30
草虾（塘水虾）	112	16.6	0	5.2	11	0	11	0.04	11	0	312	38	31	0.8	0.9	0.1	6.7
白米虾	81	17.3	2	0.4	54	0	54	0.05	0.03	0	255	403	26	2.1	2	1	0
海虾	79	16.8	1.5	0.6	0	0	0	0.01	0.05	0	228	146	46	3	1.4	0.4	56
明虾	85	13.4	3.8	1.8	0	0	0	0.01	0.04	0	238	75	31	0.6	3.6	0.1	25
琵琶虾	81	11.6	4.8	1.7	0	0	0	0.04	0.04	0	132	22	32	1.7	3.3	3	47
刀鱼	127	17.7	3.1	4.9	29	0	29	0.02	0.06	0	280	28	43	1.2	0.7	0.1	37

(续表)

食品名称	能量 kcal	蛋白质 g	碳水化合物 g	脂肪 g	维生素A μgRE	胡萝卜素 μg	视黄醇当量 μg	硫胺素 mg	核黄素 mg	抗坏血酸 mg	钾 mg	钙 mg	镁 mg	铁 mg	锌 mg	铜 mg	硒 μg
罗非鱼	98	18.4	2.8	1.5	0	0	0	0.11	0.17	0	289	12	36	0.9	0.9	0.1	23
桂鱼	117	19.9	0	4.2	12	0	12	0.02	0.07	0	295	63	32	1	1.1	0.1	27
海参	262	50.2	4.5	4.8	39	0	39	0.04	0.13	0	356	0	1047	9	2.2	0.3	150
海参（水浸）	24	6	0	0.1	11	0	11	0	0.03	0	41	240	31	0.6	0.3	0	5.8
海参（鲜）	71	16.5	0.9	0.2	0	0	0	0.03	0.04	3.14	43	285	149	13.2	0.6	0.1	64
海米	195	43.7	0	2.6	21	0	21	0.01	0.12	0	550	555	236	11	3.8	2.3	75
海蜇皮	85	13.4	3.8	1.8	0	0	0	0.01	0.04	0	238	75	31	0.6	3.6	0.1	25
海蜇头	74	6	11.8	0.3	14	0	14	0.07	0.04	2.82	331	120	114	5.1	0.4	0.2	17
蚶子	71	12.2	2.3	1.4	0	0	0	0	0.06	0.55	76	49	59	7.3	1.6	0.1	86
河蚌	36	6.8	0.8	0.6	202	0	202	0.01	0.13	1.36	27	306	9	3.1	4	0.1	20
河鳗	181	18.6	2.3	10.8	0	0	0	0.02	0.02	0	207	42	34	1.5	1.2	0.2	34
黑鱼	85	19.5	0	1.2	26	0	26	0.02	0.14	0	313	152	33	0.7	0.8	0.1	25
鲫鱼	108	17.1	3.8	2.7	17	0	17	0.04	0.09	0	290	79	41	1.3	1.9	0.1	14
胖头鱼	100	15.3	4.7	2.2	34	0	34	0.04	0.11	0	229	82	26	0.8	0.8	0.1	19
鳜鱼	117	19.9	0	4.2	12	0	12	0.02	0.07	0	295	63	32	1	1.1	0.1	27
黄鳝	89	18	1.2	1.4	50	0	50	0.06	0.98	0	263	42	18	2.5	2	0.1	35

（续表）

食品名称	能量 kcal	蛋白质 g	碳水化合物 g	脂肪 g	维生素A μgRE	胡萝卜素 μg	视黄醇当量 μg	硫胺素 mg	核黄素 mg	抗坏血酸 mg	钾 mg	钙 mg	镁 mg	铁 mg	锌 mg	铜 mg	硒 μg
黄鳝（鳝丝）	61	15.4	0	0.8	0	0	0	0.04	2.08	0	278	57	0	2.8	1.8	0	36
鲈鱼	100	18.6	0	3.4	19	0	19	0.03	0.17	0	205	138	37	2	2.8	0.1	33
鱿鱼	84	17.4	0	1.6	35	0	35	0.02	0.06	1.68	290	44	42	0.9	2.4	0.5	38
牡蛎	73	5.3	8.2	2.1	27	0	27	0.01	0.13	0.81	200	131	65	7.1	9.4	8.1	87
生蚝	57	10.9	0	1.5	0	0	0	0.04	0.13	0.13	375	35	10	5.5	71	12	0.4
鲜扇贝	60	11.1	2.6	0.6	0	0	0	0	0.1	11.85	122	142	39	7.2	12	0.5	20
虾皮	153	30.7	2.5	2.2	19	0	19	0.02	0.14	0	617	991	265	6.7	1.9	1.1	74
鲜贝	77	15.7	2.5	0.5	0	0	0	0	0.21	1.46	226	28	31	0.7	2.1	0	57
畜肉类																	
猪肝	129	19.3	5	3.5	4972	0	4972	0.21	2.08	20	235	6	24	22.6	5.8	0.7	19
猪肝（卤煮）	203	26.4	5.6	8.3	37	0	37	0.36	0.42	0	188	68	12	2	0.4	0.4	29
猪排胃肉	339	13.6	2.2	30.6	10	0	10	0.36	0.15	0	168	6	15	1.3	2.2	0.1	6.1
猪肉（肥）	816	2.4	0	90.4	29	0	29	0.08	0.05	0	23	3	2	1	0.7	0.1	7.8
猪肉（肥、瘦）	395	13.2	2.4	37	114	0	0	0.22	0.16	0	204	6	16	1.6	2.1	0.1	12
猪肉（后蹄膀）	320	17	0	28	8	0	8	0.37	0.18	0	188	6	12	1	1.8	0.2	6.9

（续表）

食品名称	能量 kcal	蛋白质 g	碳水化合物 g	脂肪 g	维生素A μgRE	胡萝卜素 μg	视黄醇当量 μg	硫胺素 mg	核黄素 mg	抗坏血酸 mg	钾 mg	钙 mg	镁 mg	铁 mg	锌 mg	铜 mg	硒 μg
猪肉（后臀尖）	331	14.6	0	30.8	16	0	16	0.26	0.11	0	178	5	12	1	0.8	0.1	2.9
猪肉（脊背）	155	20.2	0.7	7.9	5	0	5	0.47	0.12	0	317	6	28	1.5	2.3	0.2	5.3
猪肉（肋条肉）	568	9.3	0	59	10	0	10	0.09	0.04	0	214	6	17	1	1.6	0.1	3.7
猪肉（奶脯）	349	7.7	0	35.3	39	0	39	0.14	0.06	0	53	5	5	0.8	0.7	0.1	2.2
猪肉（奶面）	339	13.6	2.2	30.6	10	0	10	0.36	0.15	0	168	6	15	1.3	2.2	0.1	6.1
猪肉（前蹄膀）	338	15.1	0	31.5	13	0	13	0.23	0.14	0	117	5	17	1.2	0.8	0.2	3.2
猪肉（清蒸）	1198	18.4	0	13.8	0	0	0	0.09	0.07	0	134	4	9	3.4	3.2	0.2	11
猪肉（瘦）	143	20.3	1.5	6.2	44	0	44	0.54	0.1	0	305	6	25	3	3	0.1	9.5
猪肉（腿）	190	17.9	0.8	12.8	3	0	3	0.53	0.24	0	295	6	25	0.9	2.2	0.1	13
猪肉松	396	23.4	49.7	11.5	44	0	44	0.04	0.13	0	313	41	55	6.4	4.3	0.1	8.8
牛肝	139	19.8	6.2	3.9	20220	0	20220	0.16	1.3	9	185	4	22	6.6	5	1.3	12
牛肉（冻）	106	20.2	1.2	2.3	6	0	6	0.07	0.13	0	284	9	21	2.8	3.7	0.2	11
牛肉（肥）	190	18.1	0	13.4	9	0	9	0.03	0.11	0	211	8	25	3.2	3.7	0.1	20
牛肉（肥，瘦）	190	18.1	0	13.4	9	0	9	0.03	0.11	0	211	8	25	3.2	3.7	0.1	20

（续表）

食品名称	能量 kcal	蛋白质 g	碳水化合物 g	脂肪 g	维生素A μgRE	胡萝卜素 μg	视黄醇当量 μg	硫胺素 mg	核黄素 mg	抗坏血酸 mg	钾 mg	钙 mg	镁 mg	铁 mg	锌 mg	铜 mg	硒 μg
牛肉（腑肋）	123	18.6	0	5.4	7	0	7	0.06	0.13	0	217	19	14	2.7	4.1	0.1	2.4
牛肉（后腱）	93	18	1.1	1.8	3	0	3	0.02	0.18	0	218	6	13	2.3	2.4	0.1	2.6
牛肉（后腿）	98	19.8	0.1	2	2	0	2	0.02	0.18	0	236	7	15	2.1	1.2	0.1	5.1
牛肉（前腱）	100	18.4	1.8	2.1	2	0	2	0.02	0.18	0	223	6	17	3	2.4	0.1	6.3
牛肉（前腿）	95	15.7	2.7	2.4	2	0	2	0.02	19	0	217	7	14	1.6	2.1	0.1	2.5
牛肉（瘦）	106	20.2	1.2	2.3	6	0	6	0.07	0.13	0	284	9	21	2.8	3.7	0.2	11
牛肉（腿）	106	20.2	1.2	2.3	6	0	6	0.07	0.13	0	284	9	21	2.8	3.7	0.2	11
牛肉干	550	45.6	1.9	40	0	0	0	0.06	0.26	0	510	43	107	15.6	7.3	0.3	9.8
牛肉松	445	8.2	67.7	15.7	90	0	90	0.04	0.11	0	128	76	52	4.6	0.6	0.1	2.7
羊肝	134	17.9	7.4	3.6	20972	0	20972	0.21	1.75	0	241	8	14	7.5	3.5	4.5	18
羊肉（里脊）	94	17.1	2	2	6	0	6	0.05	0.29	0	109	14	14	1.7	2.1	0.1	6.5
羊肉（肥）	198	19	0	14.1	22	0	22	0.05	0.14	0	232	6	20	2.3	3.2	0.8	32
羊肉（肥，瘦）	198	19	0	14.1	22	0	22	0.05	0.14	0	232	6	20	2.3	3.2	0.8	32
羊肉（后腿）	102	15.5	0.9	4	8	0	8	0.06	0.22	0	147	11	17	1.7	2.2	0.1	3.5
羊肉（脊背）	94	17.1	2	2	6	0	6	0.05	0.29	0	109	14	14	1.7	2.1	0.1	6.5
羊肉（颈）	109	20.9	0	2.8	7	0	7	0.06	0.25	0	113	15	10	2.1	2.5	0.1	5.4

（续表）

食品名称	能量 kcal	蛋白质 g	碳水化合物 g	脂肪 g	维生素A μgRE	胡萝卜素 μg	视黄醇当量 μg	硫胺素 mg	核黄素 mg	抗坏血酸 mg	钾 mg	钙 mg	镁 mg	铁 mg	锌 mg	铜 mg	硒 μg
羊肉（前腿）	111	19.7	0	3.6	11	0	11	0.06	0.24	0	126	12	8	1.5	2	0.1	5.2
羊肉（青羊）	99	21.3	1	1.1	0	0	0	0.08	0.14	0	151	9	9	4.5	0.9	0.2	3.2
羊肉（瘦）	118	20.5	0.2	3.9	11	0	11	0.15	0.16	0	403	9	22	3.9	6.1	0.1	7.2
羊肉（熟）	215	23.2	0	13.8	18	0	18	0.01	0.2	0	239	13	18	1.9	2.1	0.1	8.1
羊肉（胸脯）	109	17.2	0	4.5	16	0	16	0.04	0.22	0	107	12	9	2.3	2.1	0.1	6.2

禽肉和蛋类

食品名称	能量 kcal	蛋白质 g	碳水化合物 g	脂肪 g	维生素A μgRE	胡萝卜素 μg	视黄醇当量 μg	硫胺素 mg	核黄素 mg	抗坏血酸 mg	钾 mg	钙 mg	镁 mg	铁 mg	锌 mg	铜 mg	硒 μg
鸡	167	19.3	1.3	9.4	48	0	48	0.05	0.09	0	251	9	24	1.4	1.1	0.1	12
鸡（母，一年肉鸡）	256	20.3	5.8	16.8	139	0	139	0.05	0.04	0	275	2	19	1.2	1.5	0.1	0
鸡（肉鸡，肥）	389	16.7	0.9	35.4	226	0	226	0.07	0.07	0	123	37	7	1.7	1.1	0.1	5.4
鸡（土鸡，家养）	124	21.6	0	4.5	64	0	64	0.09	0.08	0	276	9	40	2.1	1.1	0.1	13
鸡（乌骨鸡）	111	22.3	0.3	2.3	0	0	0	0.02	0.2	0	323	17	51	2.3	1.6	0.3	7.7
鸡翅	194	17.4	4.6	11.8	68	0	68	0.01	0.11	0	205	8	17	1.3	1.1	0.1	11
鸡肝	121	16.6	2.8	4.8	10414	0	10414	0.33	1.1	0	222	7	16	12	2.4	0.3	39

（续表）

食品名称	能量 kcal	蛋白质 g	碳水化合物 g	脂肪 g	维生素A μgRE	胡萝卜素 μg	视黄醇当量 μg	硫胺素 mg	核黄素 mg	抗坏血酸 mg	钾 mg	钙 mg	镁 mg	铁 mg	锌 mg	铜 mg	硒 μg
鸡肝（肉鸡）	121	16.7	3.5	4.5	2867	0	2867	0.32	0.58	0	321	4	17	9.6	3.5	0.4	0
鸡肝（土鸡）	118	17.1	4.2	3.6	0	0	0	0	0	0	0	0	0	0	0	0	0
鸡肉松	440	7.2	65.8	16.4	90	0	90	0.03	0.11	0	109	76	29	7.1	0.6	0.1	3.1
鸡腿	181	16.4	0	13	44	0	44	0.02	0.14	0	242	6	34	1.5	1.1	0.1	12
鸡心	172	15.9	0.6	11.8	910	0	910	0.46	0.26	0	220	54	11	4.7	1.9	0.3	4.1
鸡胸脯肉	133	19.4	2.5	5	16	0	16	0.07	0.13	0	338	3	28	0.6	0.5	0.1	11
鸡血	49	7.8	4.1	0.2	56	0	56	0.05	0.04	0	136	10	4	25	0.5	0	12
鸡胗	118	19.2	4	2.8	36	0	36	0.04	0.09	0	272	7	15	4.4	2.8	2.1	11
鸡爪	254	23.9	2.7	16.4	37	0	37	0.01	0.13	0	108	36	7	1.4	0.9	0.1	10
鸡蛋（白皮）	138	12.7	1.5	9	310	0	310	0.09	0.31	0	98	48	14	2	1	0.1	17
鸡蛋（红皮）	156	12.8	1.3	11.1	194	0	194	0.13	0.32	0	121	44	11	2.3	1	0.1	15
鸡蛋白	60	11.6	3.1	0.1	0	0	0	0.04	0.31	0	132	9	15	1.6	0	0.1	7
鸡蛋白（乌骨鸡）	44	9.8	1	0.1	0	0	0	0	0.31	0	109	9	10	0	0	0	3
鸡蛋黄	328	15.2	3.4	28.2	438	0	438	0.33	0.29	0	95	112	41	6.5	3.8	0.3	27
鸡蛋黄（乌骨鸡）	263	15.2	5.7	19.9	179	0	179	0.07	0.36	0	105	107	16	0.5	3.1	0.7	23

(续表)

食品名称	能量 kcal	蛋白质 g	碳水化合物 g	脂肪 g	维生素A μgRE	胡萝卜素 μg	视黄醇当量 μg	硫胺素 mg	核黄素 mg	抗坏血酸 mg	钾 mg	钙 mg	镁 mg	铁 mg	锌 mg	铜 mg	硒 μg
鸡蛋黄（洋鸡蛋）	644	31.6	5.3	55.1	776	0	776	0	0.25	0	103	266	22	10.6	6.7	0.1	28
鸭	240	15.5	0.2	19.7	52	0	52	0.08	0.22	0	191	6	14	2.2	1.3	0.2	12
鸭（北京烤鸭）	424	9.3	3.9	41.3	30	0	30	0.05	0	0	139	15	6	1.6	1.3	0	5.8
鸭（公麻鸭）	360	14.3	6.1	30.9	238	0	238	0.06	0.11	0	109	4	16	3	1.9	0.3	0
鸭（母麻鸭）	461	13	1.4	44.8	476	0	476	0.02	0.09	0	155	9	20	2.9	1.4	0.2	0
鸭翅	146	16.5	6.3	6.1	14	0	0	0.26	0.16	0	100	20	5	2.1	0.7	0	10
鸭肝	128	14.5	0.5	7.5	1040	0	1040	0.15	1.05	18	230	18	18	23.1	3.1	1.3	57
鸭肝（公麻鸭）	136	14.7	10.1	4.1	2850	0	0	0.35	0.34	0	236	1	12	35.1	3.9	3.5	0
鸭肝（母麻鸭）	113	16.8	5.9	2.5	4675	0	4675	0.01	0.65	0	289	1	13	50.1	6.9	6.3	0
鸭皮	538	6.5	15.1	50.2	21	0	21	0.01	0.04	0	38	6	0	3.1	0.6	0	4.7
鸭肉（胸脯肉）	90	15	4	1.5	0	0	0	0.07	0	126	6	24	4.1	1.2	0.3	13
鸭舌	245	16.6	0.4	19.7	35	0	35	0.01	0.21	0	44	13	6	2.2	0.7	0	13
鸭心	92	17.9	2.1	1.3	6	0	6	0.04	0.15	0	284	12	18	4.3	2.8	0.2	16

（续表）

食品名称	能量 kcal	蛋白质 g	碳水化合物 g	脂肪 g	维生素A μgRE	胡萝卜素 μg	视黄醇当量 μg	硫胺素 mg	核黄素 mg	抗坏血酸 mg	钾 mg	钙 mg	镁 mg	铁 mg	锌 mg	铜 mg	硒 μg
鸭血（白鸭）	112	19.8	5.4	1.2	0	0	0	0.05	0.08	0	351	2	19	3.9	3.7	0.1	0
鸭血（公麻鸭）	126	20.4	1.6	4.2	102	0	102	0.04	0.09	0	349	1	1	4	4	0.1	0
鸭血（母麻鸭）	143	12.8	2.9	8.9	24	0	24	0.14	0.87	4	233	20	18	5	1.4	0.4	15
鸭肫（公麻鸭）	117	21.7	1	2.9	6	0	6	0.02	0.78	9	84	20	41	1.9	4.2	0.1	26
鸭肫（母麻鸭）	150	13.4	19.7	1.9	11	0	11	0	0.17	0	28	24	3	1.3	0.5	0	5.4
鸭蛋	180	12.6	3.1	13	261	0	261	0.17	0.35	0	135	62	13	2.9	1.7	0.1	16
鸭蛋（咸）	190	12.7	6.3	12.7	134	0	134	0.16	0.33	0	184	118	30	3.6	1.7	0.1	24
鸭蛋白	47	9.9	1.8	0	23	0	23	0.01	0.07	0	84	18	21	0.1	0	0.1	4
鸭蛋黄	378	14.5	4	33.8	1980	0	1980	0.28	0.62	0	86	123	22	4.9	3.1	0.2	25
鸭蛋黄（咸）	378	14.5	4	33.8	1980	0	1980	0.28	0.62	0	86	123	22	4.9	3.1	0.2	25
鹅	245	17.9	0	19.9	42	0	42	0.07	0.23	0	232	4	18	3.8	1.4	0.4	18
鹅肫	100	19.6	1.1	1.9	51	0	51	0.05	0.06	0	410	2	11	4.7	4	0.1	0
鹅肝	129	15.2	9.3	3.4	6100	0	6100	0.27	0.25	0	336	2	18	7.8	3.6	7.8	0
鹅蛋	196	11.1	2.8	15.6	192	0	192	0.08	0.3	0	74	34	12	4.1	1.4	0.1	27

（续表）

食品名称	能量 kcal	蛋白质 g	碳水化合物 g	脂肪 g	维生素A μgRE	胡萝卜素 μg	视黄醇当量 μg	硫胺素 mg	核黄素 mg	抗坏血酸 mg	钾 mg	钙 mg	镁 mg	铁 mg	锌 mg	铜 mg	硒 μg
鹅蛋白	48	8.9	3.2	0	7	0	7	0.03	0.04	0	36	4	9	2.8	0.1	0.1	8
鹅蛋黄	324	15.5	6.2	26.4	1977	0	1977	0.06	0.59	0	0	13	10	2.8	1.6	0.3	26
鹌鹑	110	20.2	0.2	3.1	40	0	40	0.04	0.32	0	204	48	20	2.3	1.2	0.1	12
鹌鹑蛋	160	12.8	2.1	11.1	337	0	337	0.11	0.49	0	138	47	11	3.2	0.6	0.1	25
鹌鹑蛋（熟）	160	12.8	2.1	11.1	337	0	337	0.11	0.49	0	138	47	11	3.2	0.6	0.1	25
鹌鹑蛋黄	160	12.8	2.1	11.1	337	0	337	0.11	0.49	0	138	47	11	3.2	0.6	0.1	25
松花蛋（鸡）	178	14.8	5.8	10.6	310	0	310	0.02	0.13	0	148	26	8	3.9	2.7	0.1	44
松花蛋（鸭）	171	14.2	4.5	10.7	215	0	215	0.06	0.18	0	152	63	13	3.3	1.5	0.1	25

菌 藻 类

食品名称	能量 kcal	蛋白质 g	碳水化合物 g	脂肪 g	维生素A μgRE	胡萝卜素 μg	视黄醇当量 μg	硫胺素 mg	核黄素 mg	抗坏血酸 mg	钾 mg	钙 mg	镁 mg	铁 mg	锌 mg	铜 mg	硒 μg
冬菇	211	20	30.1	1.2	0	20	3	0.19	1.26	5	464	83	147	10.5	8.6	1	6.2
冬菇（干）	212	17.8	32.3	1.3	0	30	5	0.17	1.4	5	1155	55	104	10.5	4.2	0.5	7.5
大红菇	200	24.4	19.3	2.8	0	80	13	0.26	6.9	2	228	1	30	7.5	3.5	2.3	11
蘑菇（干）	252	21	31.7	4.6	0	1640	273	0.1	1.1	5	1225	127	94	0	6.3	1.1	39
蘑菇（鲜）	20	2.7	2	0.1	0	10	2	0.08	0.35	2	312	6	11	1.2	0.9	0.5	0.6
香菇（鲜）	19	2.2	1.9	0.3	0	0	0	0	0.08	1	20	2	11	0.3	0.7	0.1	2.6
香菇（干）	211	20	30.1	1.2	0	20	3	0.19	1.26	5	464	83	147	10.5	8.6	1	6.2

（续表）

食品名称	能量 kcal	蛋白质 g	碳水化合物 g	脂肪 g	维生素A μgRE	胡萝卜素 μg	视黄醇当量 μg	硫胺素 mg	核黄素 mg	抗坏血酸 mg	钾 mg	钙 mg	镁 mg	铁 mg	锌 mg	铜 mg	硒 μg
平菇（鲜）	20	1.9	2.3	0.3	0	10	2	0	0.16	4	258	5	14	1	0.6	0.1	1.1
金针菇	26	2.4	3.3	0.4	0	30	5	0.15	0.19	0	195	0	17	1.4	0.4	0.1	0.3
松蘑	112	20.3	0.4	3.2	0	0	0	0.01	1.48	0	93	14	0	86	6.2	10	98
白蘑	242	38.7	14.4	3.3	0	0	0	0.07	0.08	0	3106	169	167	19.4	9	5.9	0
黑木耳	205	12.1	35.7	1.5	0	100	17	0.01	0.44	0	757	247	152	97.4	3.2	0.3	3.7
黑木耳（水发）	21	1.5	3.4	0.2	0	20	3	0.06	0.05	1	52	34	57	5.5	0.5	0	0.5
银耳	200	10	36.9	1.4	0	50	8	0.05	0.25	0	1588	36	54	4.1	3	0.1	2.6
海带（干）	77	1.8	17.3	0.1	0	240	40	0.01	0.1	0	761	348	129	4.7	0.7	0.1	5.8
海带（浸）	14	1.1	2.1	0.1	0	310	52	0.02	0.1	0	222	241	61	3.3	0.7	0	4.9

坚果类

食品名称	能量 kcal	蛋白质 g	碳水化合物 g	脂肪 g	维生素A μgRE	胡萝卜素 μg	视黄醇当量 μg	硫胺素 mg	核黄素 mg	抗坏血酸 mg	钾 mg	钙 mg	镁 mg	铁 mg	锌 mg	铜 mg	硒 μg
花生（生）	298	12.1	5.2	25.4	0	10	2	0	0.04	14	390	8	110	3.4	1.8	0.7	4.5
花生（炒）	589	21.9	17.3	48	0	60	10	0.13	0.12	0	563	47	171	1.5	2	0.7	3.9
花生仁（生）	563	25	16	44.3	0	30	5	0.72	0.13	2	587	39	178	2.1	2.5	1	3.9
花生仁（炒）	581	24.1	21.2	44.4	0	0	0	0.12	0.1	0	674	284	176	6.9	2.8	0.9	7.1
核桃（鲜）	327	12.8	1.8	29.9	0	0	0	0.07	0.14	10	0	0	0	0	0	0	0

(续表)

食品名称	能量 kcal	蛋白质 g	碳水化合物 g	脂肪 g	维生素A μgRE	胡萝卜素 μg	视黄醇当量 μg	硫胺素 mg	核黄素 mg	抗坏血酸 mg	钾 mg	钙 mg	镁 mg	铁 mg	锌 mg	铜 mg	硒 μg
核桃（干）	627	14.9	9.6	58.8	0	30	5	0.15	0.14	1	385	56	131	2.7	2.2	1.2	4.6
枣（鲜）	122	1.1	28.6	0.3	0	240	40	0.06	0.09	243	375	22	25	1.2	1.5	0.1	0.8
枣（干）	264	3.2	61.6	0.5	0	10	2	0.04	0.16	14	524	64	36	2.3	0.7	0.3	1
枣（干，大）	298	2.1	71.6	0.4	0	0	0	0.08	0.15	7	185	54	39	2.1	0.5	0.3	1.5
枣（金丝小枣）	322	1.2	76.7	1.1	0	0	0	0.04	0.5	0	65	23	24	1.5	0.2	0.4	1
枣（蜜枣）	320	1	78.9	0.1	0	30	5	0	0.14	104	104	24	7	2.4	0.3	0.1	2.2
黑枣（无核）	228	1.7	54.7	0.3	0	40	7	0	0	0	478	108	32	1.2	0.4	0.2	0.5
乳类及其制品																	
母乳（人乳）	65	1.3	7.4	3.4	11	0	11	0.01	0.05	5	0	30	32	0.1	0.3	0	0
牛乳（鲜）	54	3	3.4	3.2	24	0	24	0.03	0.14	1	109	104	11	0.3	0.4	0	1.9
牛乳（酸）	54	3	3.4	3.2	24	0	24	0.03	0.14	1	109	104	11	0.3	0.4	0	1.9
牛乳粉（母乳化奶粉）	510	14.5	51.9	27.1	303	0	303	0.35	1.16	5	643	251	69	8.3	1.8	0	71
牛乳粉（强化维生素）	484	19.9	49.9	22.7	77	0	77	0.28	6.68	9	1910	1797	22	1.4	3.7	0.1	17

（续表）

食品名称	能量 kcal	蛋白质 g	碳水化合物 g	脂肪 g	维生素A μgRE	胡萝卜素 μg	视黄醇当量 μg	硫胺素 mg	核黄素 mg	抗坏血酸 mg	钾 mg	钙 mg	镁 mg	铁 mg	锌 mg	铜 mg	硒 μg
牛乳粉（全脂）	478	20.1	51.7	21.2	141	0	141	0.11	0.73	4	449	676	79	1.2	3.1	0.1	12
牛乳粉（全脂,速溶）	466	19.9	54	18.9	272	0	272	0.08	0.8	7	541	659	73	2.9	2.2	0.1	8
牛乳粉（脱脂）	510	14.5	51.9	27.1	303	0	303	0.35	1.16	5	643	251	69	8.3	1.8	0	71
牛乳粉（婴儿奶粉）	443	19.8	57	15.1	28	0	28	0.12	1.25	0	703	998	100	5.2	3.5	0.2	24
羊乳（鲜）	59	1.5	5.4	3.5	84	0	84	0.04	0.12	0	135	82	0	0.5	0.3	0	1.8
羊乳粉（全脂）	498	18.8	49	25.2	0	0	0	0.06	1.6	0	0	0	0	0	0	0	0
婴儿配方鲜奶	81	1.7	5	6	60	0	60	0.03	0.04	0	93	48	4	1	0.4	0	0
酸奶	72	2.5	9.3	2.7	26	0	26	0.03	0.15	1	150	118	12	0.4	0.5	0	1.7
干酸奶	426	55.1	17.7	15	0	0	0	0.05	0.24	2	314	730	49	18.7	5.2	2.2	15
酸奶（高蛋白）	62	3.2	7.3	2.2	0	0	0	0.07	0.08	0	135	161	15	0	0.5	0	1.7
酸奶（果料）	67	3.1	10.4	1.4	19	0	19	0.03	0.19	2	111	140	11	0.4	0.6	0	1
酸奶（脱脂）	57	3.3	10	0.4	0	0	0	0.02	0.1	1	156	146	10	0.1	0.5	0	1.5
奶酪	328	25.7	3.5	23.5	152	0	152	0.06	0.91	0	75	799	57	2.4	7	0.1	1.5

(续表)

食品名称	能量 kcal	蛋白质 g	碳水化合物 g	脂肪 g	维生素A μgRE	胡萝卜素 μg	视黄醇当量 μg	硫胺素 mg	核黄素 mg	抗坏血酸 mg	钾 mg	钙 mg	镁 mg	铁 mg	锌 mg	铜 mg	硒 μg
酸奶酪	62	3.2	7.3	2.2	0	0	0	0.07	0.08	0	135	161	15	0	0.5	0	1.7
奶皮子	460	12.2	6.3	42.9	0	0	0	0.02	0.23	0	4	818	28	1.3	2.2	0.1	4.6
糕点类																	
饼干	572	10.8	42.9	39.7	0	0	0	0.08	0.04	0	99	0	54	1.9	0.7	0.2	23
蛋糕	347	8.6	66.7	5.1	54	190	86	0.09	0.09	0	77	39	24	2.5	1	1.2	14
蛋黄酥	386	11.7	76.1	3.9	0	200	33	0.15	0.04	0	105	47	38	3	1.5	0.5	12
面包	312	8.3	58.1	5.1	0	0	0	0.03	0.06	0	88	49	31	2	0.8	0.2	3.2
面包（咸）	274	9.2	50.5	3.9	0	0	0	0.02	0.01	0	89	89	28	2.8	0.8	0.2	34
加工肉类																	
火腿	330	16	4.9	27.4	46	0	46	0.28	0.09	0	220	3	20	2.2	2.2	0.1	3
腊肉（培根）	181	22.3	2.6	9	0	0	0	0.9	0.11	0	294	2	3	2.4	2.3	0	5.5
肠（粉肠）	260	10.2	20.3	15.3	0	0	0	0.05	0.11	0	145	22	7	4.7	1.1	0.1	4.4
肠（火腿肠）	212	14	15.6	10.4	5	0	5	0.26	0.43	0	217	9	22	4.5	3.2	0.4	9.2
肠（猪肉香肠）	290	7.9	1.3	28.1	0	0	0	0.23	0.18	0	70	6	8	0.6	1	0.1	2.1
调味料																	
大葱（鲜）	30	1.7	5.2	0.3	0	60	10	0.03	0.05	17	144	29	19	0.7	0.4	0.1	0.7

（续表）

食品名称	能量 kcal	蛋白质 g	碳水化合物 g	脂肪 g	维生素A μgRE	胡萝卜素 μg	视黄醇当量 μg	硫胺素 mg	核黄素 mg	抗坏血酸 mg	钾 mg	钙 mg	镁 mg	铁 mg	锌 mg	铜 mg	硒 μg
小葱	24	1.6	3.5	0.4	0	840	140	0.05	0.06	21	143	72	18	1.3	0.4	0.1	1.1
大蒜	126	4.5	26.5	0.2	0	30	5	0.04	0.06	7	302	39	21	1.2	0.9	0.2	3.1
大蒜（紫皮）	136	5.2	28.4	0.2	0	20	3	0.29	0.06	7	437	10	28	1.3	0.6	0.1	5.5
八角	195	3.8	32.4	5.6	0	40	7	0.12	0.28	0	202	41	68	6.3	0.6	0.6	3.1
丁香	359	0.3	50.7	17.2	0	0	0	0	0.07	0	47	137	0	0.2	1	0.8	13
大料	195	3.8	32.4	5.6	0	40	7	0.12	0.28	0	202	41	68	6.3	0.6	0.6	3.1
花椒	258	6.7	37.8	8.9	0	140	23	0.12	0.43	4	204	639	111	8.4	1.9	1	2
姜	41	1.3	7.6	0.6	0	170	28	0	0.03	0	295	27	44	1.4	0.3	0.1	0.6
蒜	30	1	5.7	0.4	0	680	113	0.03	0.12	28	231	89	13	1.2	0.5	0	1.2
绵白糖	396	0.1	98.9	0	0	0	0	0	0	0	2	6	2	0.2	0.1	0	0.4
红糖	389	0.7	96.6	0	0	0	0	0.01	0	0	240	157	54	2.2	0.4	0.2	4.2
醋	31	2.1	4.9	0.3	0	0	0	0.03	0.05	0	351	17	13	6	1.3	0	2.4
醋（白醋）	3	0.1	0	0.6	0	0	0	0	0	0	12	26	5	2.2	0	0.1	0.4
盐（土盐）	399	0	0	0	0	0	0	0	0	0	30	49	248	2.6	0.1	0.2	3.6
酱油	63	5.6	9.9	0.1	0	0	0	0.05	0.13	0	337	66	156	8.6	1.2	0.1	1.4
甜面酱	136	5.5	27.1	0.6	0	30	0	0.03	0.14	0	189	29	26	3.6	1.4	0.1	5.8

注：RE 指视黄醇当量，1μgRE=1μg 视黄醇，视黄醇当量是指包括视黄醇和 β-胡萝卜素在内的具有维生素 A 活性物质所相当的视黄醇量。

（摘自：杨月欣，王光亚，潘兴昌. 中国食物成分表 [M]. 北京：北京大学医学出版社，2012.）

后 记

随着国家生育政策的调整和贯彻实施，0—3岁婴幼儿保育教育问题得到了社会各界广泛的关注与讨论。一方面，家庭亟需专业支持与指导；另一方面，现有的公共托育服务机构远远无法满足实际需要。为了更好地服务家庭，提升0—3岁婴幼儿保育教育质量，国家积极制定、颁布纲领性文件，加强对我国0—3岁婴幼儿保育教育的规范和管理。为了响应国家政策，顺应社会发展的需要，促进我国0—3岁婴幼儿保育教育事业更好更快地发展，上海科技教育出版社积极发起并组织全国部分高校长期从事早期教育的专家学者，编写了一套关于0—3岁婴幼儿保育教育的丛书，并且邀请参与讨论、制定相关文件的专家对本套丛书进行审核，力求保证本套丛书具有鲜明的理念引领性、教育科学性和实践指导性。

婴幼儿保育教育质量关系到人一生的身心健康，但是要顺利实施科学有效的保育教育却是非常困难的。一方面，目前关于婴幼儿保育教育的理论阐释还比较少，没有形成完善的理论体系。为了弥补这一缺憾，本套丛书广泛收集国内外相关资料开展深入研究，深入浅出地阐释了婴幼儿动作、语言、认知、情感与社会性、心理等方面发展的相关理论。同时，结合托育服务机构多年的实践经验，撰写了大量的教育教学活动观察案例，辅助实施保育教育活动的教师更好地理解和运用。另一方面，由于0—3岁的婴幼儿还不能完全表达自己的需要与情感，对教师和家庭的主要抚养者而言，如何准确地觉察他们的需要和情感，提供适宜的支持性环境显得至关重要。因此，本套丛书从实践需要出发，就婴幼儿行为观察、婴幼儿家庭保育教育、特殊婴幼儿的保育教育等方面进行翔实的阐述，以期对家庭和早教机构起到积极的指导作用。与此同时，为了更好地推动我国0—3岁早期教育健康发展，提升0—3岁婴幼儿保育教育质量，本套丛书还对如何研究婴幼儿身心发展、如何推进家庭保育教育、如何管理早教机构等问题进行了思考与总结，相信这些努力会对0—3岁婴幼儿保育教育发展产生广泛而深远的影响。

本套丛书的组织编写与出版凝聚了许多人的心血与汗水，也得到了多方面的帮助与支持，正是基于此，本套丛书才能按时顺利出版。在此，首先感谢丛书的所有编者们，大家对丛书的编写倾注了大量的心血和努力。其次，感谢上海科技教育出版社领导的理解与支持，感谢有关编辑为本套丛书的出版付出了大量的精力与时间。同时，也要感谢幼教界同仁的关心和鼓励。此外，丛书中还引用了国内外同行的研究成果，在此一并表示衷心的感谢。由于时间紧张，本套丛书难免有不妥之处，敬请批评指正，以期不断修正、完善。

中国学前教育研究会教师发展专业委员会

张明红

2017年7月于华东师范大学